KB034479

리리언니의

# 슬기로운
# 중국생활

리리언니의
슬기로운 중국생활

| | |
|---|---|
| **인쇄일** | 2019년 8월 22일 |
| **발행일** | 2019년 9월 2일 |

| | |
|---|---|
| **저자** | 안명희 |
| **감수** | 엄상천 |
| **발행인** | 윤우상 |
| **총괄** | 윤병호 |
| **책임편집** | 최다연 |
| **발행처** | 송산출판사 |
| **북디자인** | Design Didot 디자인디도 |
| **표지디자인** | 김진영 |
| **주소** | 서울특별시 서대문구 통일로 32길 14 |
| **전화** | (02) 735-6189 |
| **팩스** | (02) 737-2260 |
| **홈페이지** | www.songsanpub.co.kr |
| **등록일자** | 1979년 2월 2일. 제 9-40호 |

| | |
|---|---|
| **ISBN** | 978-89-7780-251-3 (13720) |

* 이 교재의 내용을 사전 허가없이 전재하거나 복제할 경우
  법적인 제재를 받게 됨을 알려 드립니다.
* 잘못된 책은 구입하신 서점이나 본사에 교환해 드립니다.
* 정가는 표지에 표시되어 있습니다.

리리언니의

# 슬기로운
# 중국생활

안명희 지음 · 엄상천 감수

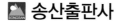 송산출판사

# 머/리/말

중국 닝보(宁波)에서 살아온 지난 시간을 다시 돌아보며 정리를 하는 작업은 힘들었지만 즐거웠습니다.

기억을 더듬고 기록을 찾아가며 적응기를 쓰는 동안 때로는 웃음이 나기도, 때로는 눈물이 나기도 했는데요, 제 평생 결코 잊을 수 없을 추억이 가득한 중국 닝보에서의 이야기를 여러분께 들려 드릴까 합니다.

또한 이 책은 중국어 병음과 기초 문법을 이미 공부하셨거나 중국에 가시는 분들이 중국 생활에 적응하는데 도움을 주고자 썼습니다.

많은 사람들이 중국에서 몇 년 살다 보면 저절로 중국어를 잘하게 될 거라고 착각합니다. 하지만 단순히 중국에 살고 있다고 해서 중국어 실력이 느는 게 아니란 걸 저는 경험을 통해 알게 되었습니다.

아는 만큼 보이고 아는 만큼 들립니다. 많이 듣고 많이 말해 보면서 틀린 발음과 잘못된 표현을 바로 잡아 나가려는 적극적인 노력이 있어야만 중국어 실력이 좋아집니다.

이 책이 나오기까지 많은 도움을 주신 엄상천 선생님께 감사드립니다. 아울러 중국어 병음 표기의 번거로운 작업을 도와준 제 아들 규민에게도 고마움을 전합니다.

중국 닝보에서 莉莉 안명희

# 차례

# 리리언니의 좌충우돌 중국 적응기

# 새로운 출발

"나 중국에 가려고 해."

다니던 회사를 그만두고 중국으로 가겠다는 남편의 말도 놀라웠지만, 생전 들도 보도 못한 닝보라는 곳으로 가겠다니 참으로 황당했습니다. 하지만 남편은 이미 마음을 굳힌 것 같았습니다.

우리 가족이 중국 닝보(宁波)라는 곳에서 살기 시작한 것이 그러니까 벌써 6년 전의 일이네요. 중국에서 몇 년 살아 봤다고 "중국은 이렇더라, 중국 사람들은 이렇더라"라고 함부로 말할 수는 없겠지요. 시대와 지역에 따라 다르고, 똑같은 경험을 하더라도 개인마다 느끼는 생각과 감정은 또 다르니까요.

다만 닝보에 와서 사는 동안 제가 보고 듣고 느낀 것들을 있는 그대로 써 내려 갈까 합니다. 아주 개인적이고 주관적인 경험이겠지만, 중국으로 가시는 분들이 낯선 중국 생활에 적응하는 데에 조금이나마 도움이 되길 바라는 마음입니다.

저는 중국에 오기 전 오랫동안 다니던 직장을 육아 문제로 그만두고 학교 방과 후 강사로 근무하고 있었습니다. 파트타임의 일과 육아를 병행하던 저의 일상은 그리 힘들지 않았습니다. 한번 마음 먹은 일은 끝까지 해내지만, 마음을 먹기까지 시간이 많이 걸리는 저로서는 우리 가족에게 일어난 변화를 어떻게 받아들여야 할지 판단이 서지 않았습니다.

남편은 우선 혼자 가겠다고 하더군요. 작은 도시에서 가족들이 혹시라도 고생할 것을 염려했던 겁니다. 본인이 먼저 가서 적응하고 안정이 되었을 때 오는 게 어떻겠냐고 합니다. 마음이 조급해진 건 오히려 저입니다. 가족이란 '공통의 시간과 기억을 공유하는 것'이라는 누군가의 말에 저는 100% 공감합니다.

가족과 떨어져 혼자 지낼 남편도 안쓰럽고, 네 살밖에 안 된 작은애가 아빠에 대해 어떤 감정을 갖고 자라게 되는지도 걱정이 되었습니다. 손자들 보는 낙으로 사시는 시부모님도 마음에 걸리고 방과 후 강사를 그만두는 것도 아쉬

웠지요. 하지만 역시 '가족은 함께 사는 게 맞다'라는 결론을 내렸습니다.

주변을 정리할 시간이 필요했기 때문에 저는 한국에 남았고, 남편은 몇 개월 먼저 중국으로 떠났습니다. 그날부터 저는 닝보가 대체 어떤 도시인지, 또 큰애가 다닐 만한 국제학교는 어디에 있는지, 몇 날 며칠을 눈이 빠지라고 검색을 했습니다. 또 중국어 과외 선생님을 급하게 구해서 중국어 병음과 기본적인 인사말 정도를 배웠지요.

제가 근무하던 학교에는 후임 강사를 추천해 주었습니다. 집과 자동차는 일단 그대로 두고, 우편물은 가능하면 메일 수신으로 다 돌리고, 가능하지 않다면 수령지를 부모님 댁으로 옮겼습니다. 의료 보험 정지에 관한 사항도 알아보고, 큰애가 다니던 초등학교에는 제적 보류 신청이라는 걸 했습니다.

남편이 중국에 가고 없는 동안 저는 머리가 숭숭 빠지고 목에는 알 수 없는 이물감이 생겼습니다. 병원에서 갑상선 검사와 위내시경을 받아 보았지만 이상이 없었습니다. 한의원에 가니 목의 이물감은 '매핵기'라는 병이고 원인은 스트레스라고 하더군요. 이 매핵기 증상은 과연 제가 중국으로 간 후로 서서히 나아졌습니다.


## 좌충우돌 적응의 시작

중국으로 떠나던 날

제가 두 아이를 데리고 중국 닝보에 처음 온 2012년 7월 28일은 정말이지 숨이 막히도록 더웠습니다. 그해 닝보의 여름이 유난히 덥기도 했지만, 남의 나라 낯선 곳에서 앞으로 어떻게 살아갈까 하는 막막함에 더 숨이 막힌 게 아니었나 싶네요.

한국에서 비행기를 타고 항주에 도착하니 남편 회사의 운전기사가 마중을 나와 있었습니다. 기사가 우리 캐리어들을 보더니 "워라이 워라이(我来我来)" 하면서 차 트렁크에 짐을 싣는 거예요. 정황상 "내가 하겠다" 이런 말을 해야 할 것 같은데 왜 "나는 온다 나는 온다" 라고 하는 건지 그때는 몰랐었지요.

기사가 운전하는 차를 타고 닝보로 이동하던 중에 휴게소에 들렀습니다. 과일을 썰어 일회용 용기에 담아서 파는 것도 신기한데 땡볕에 놓아둬 따뜻하게 데워진 과일을 사람들이 돈을 주고 사 먹더군요. 이것이 제가 중국에 와서 첫 번째로 느낀 식(食)문화의 차이였습니다.

고속도로 휴게소에서 파는 과일.
햇볕에 데워져 따뜻했다.

한국은 보통 과일을 냉장 보관해서 차게 먹지요. 계곡에 놀러 가면 냉장고가 없으니 찬물에라도 담가 놓구요. 아무튼 운전을 해 주던 기사가 우리 가족에게 내밀었던 과일은 무척이나 따뜻했었답니다. 마치 기사의 마음처럼요.

기사의 따뜻한 마음은 그 후로도 계속되었습니다. 닝보로 오는 동안 내내 차에서 들은 중국 노래들을 USB에 담아 남편에게 주더랍니다. 저는 그 노래들을 무한 반복해 들으면서 그해 여름을 보냅니다. 지금도 그때 들었던 노래를 들으면 닝보에 막 오던 그해의 여름이 아련히 떠오른답니다.

항주 공항에서 닝보까지는 자동차로 한 시간 반 정도가 걸립니다. 닝보에 도착했을 때는 그렇게나 강렬하던 그날의 해가 뉘엿뉘엿 지기 시작할 무렵이었습니다. 집에 들러 짐을 놔두고 저녁을 먹으러 집 근처 완다광장(万达广场)이라는 곳에 갔습니다. 한국에서 광장이라면 통상 넓은 공터를 뜻하지만, 중국에서는 쇼핑몰도 광장이라고 한다는 것을 그때 알았습니다.

광장 안은 토요일 저녁이라 많은 사람으로 시끌벅적하고 스피커에선 시끄러운 음악이 나오고 있었습니다. 시끄러운 음악 소리를 뚫고 귀에 확확 꽂히는 목소리들이 있었는데요, 바로 가게마다 직원이 앞에 나와서 열정적으로 손님을 부르는 목소리였습니다. 우리나라에서는 관광지나 시장통의 식당들에서나 봄 직한 호객 행위를 고급 쇼핑몰에서 하는 모습이 꽤 낯설게 느껴졌답니다.

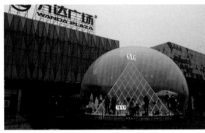
완다광장

완다광장 아이돌 댄스 대회

아직 중국 음식을 잘 모를 때라 광장에 있는 한국 식당에 갔는데요, 韓式烤肉, 즉 한국식 숯불 고기 식당이었습니다. 중국에 불어온 한류 열풍으로 숯불에 고기를 구워 먹고 생야채를 안 먹던 중국인들이 상추에 쌈을 싸 먹게 되었다고 하더군요. 메뉴판에 음식 사진이 다 있어서 주문은 어렵지 않았습니다. 한국 식당이라고는 하나 맛은 기대에 미치지 못했습니다. 여하튼 우리 가족은 그렇게 중국에서의 첫 만찬을 가졌습니다.

과연 나와 애들은 앞으로 이곳에서 적응을 잘할 수 있을까? 적응하고 난 후에는 무엇을 하며 어떻게 살아갈 것인가? 설렘 반 두려움 반으로 중국 닝보에서의 첫날밤을 보냈습니다.

이튿날은 일요일이라 남편이 쉬는 날. 라면을 끓여 느지막이 아침을 먹고 남편 혼자 살던 집을 대청소를 하고 나니 몸은 힘들지만 마음은 후련했지요. 한국에서 가져온 짐들을 풀어 정리하는 일도 한참이 걸렸습니다.

중국에 온 지 3일 차. 남편은 출근했고 집에는 저와 애들만 덩그러니 남았습니다. 우리 아파트 안에 있는 가게에 가서 처음으로 물건을 샀습니다. 아저씨한테 "뚜어샤오치엔(多少钱)?"하고 아는 중국어를 처음 써먹어 봤지요. 그

다음에 비닐봉투를 달라고 "게이워(给我) 비닐"이라고 말했지만 이건 통하지 않더군요. 제가 비닐봉투를 손으로 가리키자 웃으면서 '따이즈(袋子)'라고 가르쳐 주시네요. 푸근한 아저씨의 첫인상에 저도 모르게 마음이 놓입니다. 막막하게 느껴진 중국 생활, 중국인들의 작은 친절 하나도 저에겐 이렇게 소중하고 절실했었나 봅니다.

오후에는 남편 회사 직원이 도와주어 휴대폰을 개통했습니다. 휴대폰이 되지 않아 불안했었는데 이제는 안심입니다. 한국에서는 휴대폰 번호 앞자리가 010으로 같아서 뒷자리 여덟 개만 외우면 되지만 중국은 열한 자리를 다 외워야 하니 자기 휴대폰 번호 외우기도 쉽지가 않네요. 그다음, 은행에 가서 계좌와 카드까지 만들고 나니 갑자기 부자라도 된 듯 마음이 든든해졌습니다.


중국 생활 4일 차. 애들과 완다광장 안에 있다는 월마트를 찾아가 보기로 합니다. 완다광장은 출입구가 일곱 개나 되는 큰 쇼핑몰입니다. 애들을 데리고 복잡한 쇼핑몰에서 월마트를 찾는 일이 길치인 제가 스스로 내린 첫 미션이었습니다.

지나가는 중국인들을 붙잡고 영어로 월마트에 어떻게 가는지를 물어봤지만 모두 고개를 저으며 돌아섭니다. 월마트가 중국어로 '워얼마(沃尔玛)'라는 것만 알았어도 길 찾기가 그리 어렵지는 않았을 텐데요. 그 쉬운 걸 나에게 알려 줄 사람이 당장 옆에 없다는 게 문득 외롭게 느껴졌습니다.

남편은 저보다 몇 개월 먼저 중국에 왔지만 중국어를 못해서 영어를 할 수밖에 없었는데요. 영어를 하면 직원들이 못 알아듣고, 직원들이 중국어를 하면 남편이 못 알아들으니 그 시기 의사소통의 어려움으로 남편이 얼마나 고충을 겪었을지 짐작이 갑니다.

어쨌든 저의 영어를 알아듣는 중국인이 구세주처럼 나타나 길을 알려 주었고, 나와 애들은 월마트에 들어가게 되었습니다. 완다광장 안의 월마트는 우리나라의 마트와 비슷한 풍경인데 한 가지 다른 점은 중국 향신료 특유의 '냄새'가 난다는 겁니다. 작은애는 "이상한 냄새 나서 싫어~" 하면서 코를 싸쥐질 않나. 두리안을 지날 때 나는 고약한 냄새에 큰애는 토할 것 같다고 하질 않나 우리 가족이 중국의 향기에 적응하기까지는 시간이 좀 걸릴 듯합니다.

월마트. 말린 오리고기 (腊鸭)

두리안은 냉동해서 먹으면 더 맛있다고 한다.

이제부터는 집에서 밥을 해 먹어야 하니 장을 봅니다. 중국어를 몰라도 마트에서 장보기는 그리 어렵지 않으니 그나마 다행입니다. 한국에 있을 때는 친정집이 가까워 수시로 반찬을 가져다 먹곤 했었는데 이젠 그럴 수 없다는 것이 이렇게 아쉬울 수가 없습니다.

이날은 큰애의 생일이기도 했습니다. 케이크를 사러 빵집에 들어갔지요. 적당한 케이크를 하나 골랐는데 직원이 뭐라 뭐라 하는 게 안 된다는 것 같아요. 밑에 메모지가 끼워진 케이크들은 미리 주문을 받아 만든 모양입니다. 메모지가 없는 케이크를 고르니 "하오더(好的)"라고 하며 일회용 접시와 포크 세트를 함께 넣어 포장해 주네요.

저녁을 먹고 바람을 쐬려고 아파트 밑에 내려가니, 주민들이 모여 춤을 추고 있었지요. 이게 바로 말로만 듣던 광장무(广场舞)라는 거구나. 경쾌한 음악에 맞추어 남녀노소 어울려 춤을 추는데 너무나 즐거운 표정들입니다.

한국인을 가리켜 흥이 많은 민족이라고 하는데 제가 볼 땐 중국도 둘째가라면 서러울 것 같습니다. 이후 아파트뿐 아니라 공원이나 공터에서도 광장무를 흔히 보게 되었는데요. 에어로빅 같은 춤을 단체로 추기도 하고 남녀가 짝을 이뤄 빙글빙글 돌아가며 추기도 합니다.

광장무(广场舞)

태극권(太极拳)
이른 아침 공터에서 많이 볼 수 있다.

　　이른 아침 공터의 풍경은 또 다른데요. 태극권은 조용하고 느리면서도 그 속에 힘과 절제가 엿보이는 것 같습니다. 중국에 있는 동안 꼭 한번 배워 보고 싶다는 생각이 듭니다.

　　바뀐 환경 탓인지 작은애는 일주일이 넘도록 변을 보지 못했습니다. 특단의 조치로 관장을 시켜 보기로 하고 약국에 갔지요. 네이버 사전에서 '관장약'을 쳐서 나온 단어 '灌肠剂'를 보여 주었더니 고개를 갸웃거리며 약국엔 없으니 병원에 가라고 합니다. 그러면서 다른 약을 하나 권하길래 "츠마(吃吗)？"라고 물으니 손을 막 젓네요. 열어 보니 제가 찾던 바로 그 관장약! 하마터면 아이에게 관장약을 먹일 뻔했지요.


## 중국어를 배우자

　　남편은 남에게 뭘 부탁하거나 폐 끼치는 걸 무지 싫어하는 성격입니다. 휴대폰을 개통할 때와 은행 계좌를 만들 때는 어쩔 수 없이 회사 직원의 도움을 받았지만, 앞으로는 가능하면 문제를 알아서 해결하자고 합니다.

　　중국에 온 지 열흘도 되지 않은 어느 날 아침. 집에 생수가 떨어졌습니다. 남편이 "이 정도는 슈퍼에 전화해서 배달해 달라고 할 수 있지?" 하고는 출근을 했습니다. 아파트 슈퍼에 전화를 걸어 제가 해야 할 말은 "여기는 1동 ○○○○호인데요, 생수 두 통 배달해 주세요."입니다.

네이버 사전에서 단어를 찾아 문장을 만들고 읽기 연습을 여러 번 한 끝에 슈퍼에 전화를 걸어 연습한 대로 말을 했지요. 하지만 저쪽에서는 제 말을 알아들었는지 못 알아들었는지 뭐라고 한참을 떠드네요. 저는 아저씨 말을 알아듣지 못하고 또 제가 연습한 말만 합니다. "여기는 1동 ○○○○호인데요……"

결국 아저씨가 그냥 전화를 끊네요. 한두 시간을 기다려 봤지만 생수는 끝내 오지 않더군요. 남편한테 연락하니 "바쁜데 알아서 좀 하지" 라고 구시렁대며 슈퍼에 전화를 걸어 주었고 생수가 집으로 배달되었습니다. 목마른 사람이 우물을 파야지요. 출장도 잦은 남편만 믿고 있다간 아무것도 할 수 없을 것 같네요. 머릿속은 온통 중국어를 빨리 배워야겠다는 생각으로 가득했습니다.


아이와 집 주변을 산책하다 우연히 한 유치원을 발견했습니다. 중국말을 하나도 할 줄 모르면서 무슨 용기로 들어가 상담을 받았는지 모르겠습니다. 중국은 유치원과 초중고 모든 학교 입구에 보안실이 있고 외부인이 함부로 들어가지 못하도록 철저히 관리합니다. 중국어를 못한다고 하니 경비 아저씨가 영어를 할 줄 아는 선생님과 원장을 불러 주더군요.

당시 그 유치원은 여름 방학이라 아이들은 없었고, 원장과 교사들이 나와서 신학기 준비를 하고 있었어요. 제가 대뜸 물었죠. "우린 한국인이고, 이 유치원이 우리집에서 가까워서 이 아이를 9월부터 보내고 싶은데 가능하냐?" 원장으로부터 돌아온 대답은 NO!

왜 안 되느냐고 물으니 입학 신청 기간도 이미 지났고 정원도 꽉 찼고 아이가 중국어도 못하고 무엇보다 큰 이유는 우리가 '집이 없어서' 라고 하는 겁니다. 알고 보니 중국은 공립 유치원이나 공립 초등학교에 가려면 그 학군 내에 집을 소유하고 있어야 한다는군요. 단호박 같은 원장을 향해 뭐라고 반박도 못 하고 발걸음을 돌릴 수밖에 없었지요.

남편은 남편대로 저더러 무모한 짓을 했다고 나무랍니다. 중국 온 지 얼마나 되었다고 아이를 벌써 기관에 보내려고 하느냐, 갑자기 눈앞에 나타난 외국인을 원장이 뭘 믿고 주겠느냐는 겁니다. 들고 보니 남편의 말이 다 맞는데도 냉정한 말투에 기분이 상하고 맙니다.

어느 집 아이 할 것 없이 아이는 호기심이 많지요. 우리집도 예외는 아니어서 호기심으로 똘똘 뭉친 네 살짜리 우리 작은애는 끊임없이 세상을 탐색하고 몸소 실험하려 합니다.

하루는 길가에 세워진 오토바이를 밀어 넘어뜨리네요. 삐용삐용 시끄럽게 경보음이 울려대고 오토바이 앞쪽의 보호용 플라스틱이 깨졌습니다. 오토바이 주인이 달려왔겠지요. 작은애 말이 자기 힘으로 오토바이를 밀면 쓰러질까 궁금했었다고 합니다.

또 하루는 갑자기 어떤 가게 앞으로 쪼르르 뛰어가더니 열려 있던 무거운 유리문을 굳이 닫네요. 그 문 앞에는 마침 강아지가 두 발을 앞으로 하고 잠을 자고 있었는데요. 그 바람에 강아지의 두 발이 문에 끼어 버리고 말았습니다. 이번엔 문이 열렸길래 닫아 주고 싶었답니다. 강아지는 낑낑 울어대고 주인이 쫓아 나왔겠죠. 워더티엔아(我的天啊)!

전동차를 쓰러뜨리고 강아지를 문에 끼게 했을 때 제가 할 수 있었던 말은 오로지 "뚜이부치, 뚜이부치(对不起，对不起)." 변상을 해주고 싶었으나 말로 표현할 길이 없으니 그저 죄송합니다만 반복할 수밖에요. 내가 이러려고 중국에 왔나. 아! 정말 중국에서 살기 너무 힘이 듭니다.

중국에 온 지 어느덧 한 달이 되어 갑니다. 하지만 아직 중국 생활은 낯설기만 합니다. 우리 가족이 떠나올 때 공항에서 눈시울을 붉히시던 친정엄마도 보고 싶고 친정엄마가 해 주시던 음식도 너무 그립습니다. 한국에 있을 땐 언제나 친정엄마가 김치를 담궈 주셨어요. 중국에 와서 처음으로 김치를 담궈 보지만 엄마의 손맛이 나지 않습니다.

지나가는 쓰레기차에서 흘러 나오는 '오나라 오나라 아주 오나~' 하는 대장금 노래와 과자 봉지에 찍힌 이민호 얼굴과 광고 포스터에 나온 전지현에게 왜 마음이 울컥하는 걸까요? 외국 나가면 다 애국자가 된다더니 촌스럽게도 조금이라도 한국과 관계된 게 나오면 반갑고, 엉터리로 번역된 한국어라도 보게 되면 잠시나마 웃을 수 있어 좋았습니다.

9월이 되어 큰애는 닝보에 있는 영국계 국제학교에 입학했습니다. 한국에서 6학년 1학기를 마치고 중국에 온 큰애는 생일에 맞춰 7학년에 배정이 되었습니다. 국제학교의 모든 수업은 영어로 진행이 되는데요, 첫날 수업을 받고 온 큰애가 선생님 말씀을 하나도 못 알아듣겠더라고 합니다. 한국에 있을 때 영어 학원을 3년이나 다녔건만, 그동안 학원에 전기세만 보태 주었나 봅니다.

수학은 그래도 수식을 보고 눈치로 풀면 되는데 특히 선생님이 많은 말을 하는 역사 시간이 제일 힘들다고 합니다. 정 힘들면 영어 과외 선생님을 찾아볼까 물으니 한 학기만 혼자 부딪쳐 보겠다고 하더군요. 그런데 놀랍게도 한 학기가 끝날 때쯤 "엄마, 나 이제 다 들려, 과외 선생님 필요 없겠어"라고 합니다. 언어 방면에 남다른 재주가 있나 봅니다. 아무튼 돈 굳었지요.

우리나라에서는 시험에서 흔히 O/X로 맞고 틀림을 표시하는데 중국과 다른 나라들에서는 ✓/X로 표시한다는 것 알고 계시나요? 또 숫자 7을 쓸 때는 반드시 7로 써야 합니다. 우리나라에서는 7자의 왼쪽 부분에 작게 1을 덧붙여 쓰는 사람이 많은데요, 이렇게 쓰면 중국인들이나 외국인들은 이게 1이냐 9냐 하고 되물어 보더군요. 이미 손에 밴 습관을 의식적으로 고치는 데에도 시간이 좀 걸렸습니다.

남편은 회사에 다니고 큰애는 학교에 다니는데 집에 있는 작은애 때문에 저는 여전히 자유롭지가 못했습니다. 아직 낮잠을 재워야 하고 먹여 주고 입혀 주고 씻겨 주고 놀아 주고 책 읽어 주고 재워 주고… 일일이 제 손이 가야만 했지요.

그렇게 여름이 가고 가을이 가고 겨울이 가고 봄이 올 무렵 드디어 제가 보내고 싶었던 바로 그 유치원에 아이를 보내게 되었습니다. 야호! 이제야 저만의 시간이 생겼습니다.

아침마다 신나게 유치원으로 달려가는 아이는 엄마와 헤어질 땐 꺼이꺼이 울었습니다. 제가 돌아가고 나면 언제 그랬냐는 듯 잘 논다고 하는데, 엄마와 헤어지는 순간만큼은 슬픈 모양이에요.

담임선생님이 중국어를 못하는 저를 배려해 특별히 수첩을 하나 주었습니다. 유치원에서 아이가 어떻게 하루를 보냈는지를 적은 수첩이었지요. 집에 와서 사전을 뒤져가며 해석을 했고, 제가 하고 싶은 말을 사전에서 찾아 적어 다음 날 아이 편으로 보냈지요. 이렇게 필담을 통한 유치원 선생님과의 소통은 제가 중국어를 배우기 시작하면서 점차 줄어들게 되었습니다.

드디어 학원에 가서 중국어를 배우기 시작했습니다. 빨리 말을 배우고 싶은 욕심에 빠른 속도로 진도를 나갔습니다. 몇 개월이 지나자 선생님이 영어를 쓰지 않고 중국어로만 설명을 해 줘도 대충은 이해가 되더군요. 발음이 좋다, 어법도 잘 이해하고 문장도 잘 만든다는 칭찬을 계속 들으면서 전 제가 정말로 중국어를 잘하는 듯한 착각에 빠졌습니다.

하지만 학원에서 나와 밖에서 부딪치는 저의 현실적인 문제는 '팅리(听力: 듣기)'가 부족하다는 것이었습니다. 중국어 선생님은 언제나 정확한 발음으로 천천히, 제가 이해할 수 있는 단어로 바꾸어 말을 해 주지만 밖에서 만나는 중국인들은 제각각입니다. 복화술을 하는 사람도 있고 얼얼거리는 사람도 있고 권설음을 안 하는 사람도 있지요. 중국어 선생님은 나가서 많이 듣고 많이 말해라, 실수해도 괜찮다고 격려해 주었지만 말이 쉽지 실천하기란 쉽지 않았습니다.

학원의 중국어 선생님이 타오바오 앱을 알려 주셨습니다. 처음에는 컴퓨터에 타오바오 사이트를 깔고 은행 계좌로 결제를 했는데, 나중에는 휴대폰에 앱을 깔고 즈푸바오로 결제를 할 수 있게 되었습니다. 쇼핑의 신세계가 열렸습니다. 웬만한 한국 식품들도 타오바오를 통해서 다 살 수 있었지요. 타오바오에 한 번 빠지면 헤어나오기 힘들다는 걸 그때 알았습니다. 빨끈부터 냉장고까지 안 사 본 물건이 없습니다. 또 옷이나 신발은 싸다고 막 사서는 몇 번 쓰고 버린 것도 부지기수였어요. 지금은 물론 꼭 필요한 것만 산답니다.

## 차이가 보여요

싼룬쳐(三轮车), 도심에서는 사라졌다.

아이를 유치원에 보내고 시간이 날 때면 천천히 동네를 돌아봅니다. 한국에서는 볼 수 없는 재미난 모습을 발견할 때마다 연신 카메라 버튼을 누르게 됩니다. 왜냐하면 기억에 꼭꼭 담아 두고 싶은데 제 기억력을 스스로 믿지 못하기 때문이지요. 중국엔 이런 것도 있구나, 이렇게 살아가는 사람들도 있구나 모든 게 새롭고 신기하기만 합니다.

닝보에 와서 신기했던 것 중 하나가 바로 세발자전거처럼 생긴 싼룬쳐(三轮车)였습니다. 걷기에는 좀 멀고 택시를 타기에는 돈이 아까운 거리에 타면 딱 좋았었는데, 지금은 도심에서 사라져 버렸고 호수 주변과 같은 관광지에서나 볼 수 있게 되었네요.

닝보는 곳곳에 하천(河)이 많은데요, 아직도 닝보에는 날씨가 좋은 날이면 물가에 나와 빨래를 하는 아주머니들을 볼 수 있답니다. 나무와 나무 사이에 줄을 매어 이불을 널어 말리고, 길거리에 빨래 건조대를 내놓고 속옷들을 떠억 하니 널어 말리기도 합니다. 참, 빨랫줄에는 빨래만 너는 게 아니더군요. 채소며 생선이며 고기가 널린 것도 많이 보이니 말입니다.

물가에 나와 빨래하는 아주머니들

길가에 널어놓은 빨래

거리의 노점상에서 숙련된 솜씨로 지단삥(鸡蛋饼)이나 쇼쮸아삥(手抓饼)을 만들고, 껍질이 두꺼운 사탕수수와 파인애플을 쓱쓱 까는 빠른 손놀림은 정말 놀랍습니다. 또 길거리에 아저씨들이 삼삼오오 모여 카드놀이

개업한 가게 앞에서 고사를 지내고 있다.

를 하는 모습이 정겨운가 하면, 추운 날 엉덩이가 살짝 보이는 갈래 바지를 입고 노는 아이를 보면 안쓰럽기도 합니다.

단속을 나온 경찰을 보고 주섬주섬 물건을 챙겨 도망가는 좌판 장사꾼들의 모습, 개업한 가게 앞에서 정성스레 고사를 지내는 모습, 몸이 찌뿌둥하다고 부항을 뜨고 목욕탕에 때를 밀러 가는 중국인들을 보면 사람 사는 게 다 거기서 거기네 싶기도 합니다.

장례식 모습
악기를 연주하고 폭죽을 터뜨린다.

길을 지나가다 장례 치르는 모습을 볼 기회도 있었는데, 상복을 입은 가족들 옆에서 관악대가 곡을 연주하고 폭죽을 팡팡 터뜨리는 게 우리나라의 엄숙한 장례 분위기와는 또 다르더군요.

대도시에서는 폭죽놀이를 제한한다고 하는데 닝보는 아직 빈번합니다. 처음에 폭죽 소리를 들었을 땐 무슨 폭발

사고라도 난 줄 알고 깜짝 놀랐었지요. 이 폭죽 소리는 명절은 물론 결혼식과 장례식 날에도 들을 수 있습니다.

남편 회사 직원의 결혼식에 참석한 적이 있었습니다. 금요일 저녁 호텔 뷔페에서 진행된 결혼식이었는데요, 먹고 마시고 경품 추첨도 하는 등 자유로운 분위기였어요. 주례나 혼인서약 같은 형식적인 절차는 없었고 신랑 신부가 무

명절, 결혼식, 장례식 때도 폭죽을 터뜨린다.

레드카펫이 깔렸다. 이웃이 결혼하는 날이다.

대에서 말도 하고 노래도 하고 춤도 추네요. 신랑 신부의 들러리들이 무대에서 축하 공연도 하고 신랑 신부를 따라다니며 하객의 시중도 들구요. 신랑 신부가 하객을 향해 건배를 외치자 하객이 일제히 잔을 들고 축하해 주는 모습이 보기 좋았습니다.

교차로에서 초록불에 횡단보도를 건너는데 우리나라와 교통 신호 체계가 좀 다른 점을 발견했습니다. 사람들이 횡단보도를 건너는 동안 자동차들에게 좌회전이 허용되는 곳이 많더군요. 그러니 횡단보도를 건널 때는 우회전하는 차량은 물론 왼쪽 대각선 차도에서 좌회전해서 들어오는 차량도 조심해야겠습니다.

거리를 걷다 보면 닝보를 위해 일하시는 고마운 분들을 많이 봅니다. 교통정리, 거리 청소, 공공 자전거 관리, 거리 화단에 꽃 심기, 하천에 버려진 쓰레기 수거, 오성홍기 계양 등등 힘들지만 누군가는 해야만 하는 일을 하시는 분들이 있어 제가 편안히 산책

닝보를 위해 일하시는 분들

할 수 있는 지도 모르겠네요.

닝보의 기후는 대체로 온화하고 습한 편입니다. 여름엔 기온이 40도를 웃돌 만큼 무덥고 소나기가 자주 내립니다. 그래서 외출할 땐 작은 우산을 늘 가지고 다녀야 해요. 가을이면 닝보는 온통 달콤한 향기기 코를 찌릅니다. 바로 곳곳에 핀 노란 꾸이화(桂花)의 향기인데요, 색깔도 예쁘고 향기도 좋아서 차도 만들고 케이크를 만들 때 넣기도 한답니다.

지금은 적응이 많이 되었지만 닝보에서 처음으로 맞은 겨울은 나기가 힘들었습니다. 영하로 내려가는 날은 별로 없는데 해안 도시라 그런지 바람이 많이 불어 체감온도는 그보다 낮은 것 같습니다. 그리고 중국은 좌식 문화가 아니라 한국처럼 바닥 난방이 되는 집이 드문데요, 집의 단열도 시원찮고 천장에 달린 에어컨(히터)으로 집안 전체 공기를 데우기란 역부족입니다. 바닥은 차갑고 창문 틈으로 새어 들어온 웃풍으로 냉랭합니다.

우리 집은 특히 여름과 겨울이면 에어컨을 늘 켜고 지내기 때문에 전기요금이 많이 나오는데요, 하루는 앞집의 중국인 아줌마가 우리 집 문에 붙은 전기요금 고지서를 보고는 깜짝 놀라면서 잘못된 것 아니냐고 묻더군요.

보아하니 앞집은 여름엔 창문을 수시로 열어 놓고 지내고 겨울엔 집에서도 두툼한 외투를 입고 생활을 하더라구요. 부유해 보이는 앞집이 결코 전기요금을 아끼려고 그런 것 같지는 않아요. 그저 오랜 세월 몸에 밴 생활 습관이고 문화인 것 같습니다.

살면서 좋은 이웃을 만나는 것도 큰 복(福)이지요. 중국에 처음 왔을 때 앞집은 늘 문이 닫혀 있고 사람들을 통 볼 수가 없었어요. 그래서 그냥 빈 집인가 보다 했는데 어느 날 복도가 시끌벅적해서 나가 보니, 그 집에 둘째가 태어나 온 가족이 외가에서 두어 달을 지내다 돌아온 것이었습니다.

무역업을 하는 앞집 부부는 해외 출장이 잦아 집안일을 도와주는 아줌마가 상주하고, 친할머니와 외할머니가 번갈아 오셔서 아이들을 봐주시더군요. 마주 본 두 집이 문을 열어 두고 있으면 아이들이 마음대로 왔다 갔다 하면서 놀았습니다. 후에 아이들은 같은 유치원에 다니게 되었고, 저녁이면 서로 음식이 오고 가기도 했답니다.

처음 보는 과일을 앞집에서 먹어 보라고 주는데, 바로 양메이(楊梅)와 샨쮸(山竹)였습니다. 양메이는 새콤달콤한 맛이 환상이었고 샨쮸는 손으로 누르면 마늘 같은 흰 속살이 쏙 나오는 게 신기하더군요.

양메이(楊梅). 가운데 씨가
있고 새콤달콤한 맛이 난다.

샨쮸(山竹). 속살이 하얗고 물렁물렁하다.
역시 새콤달콤한 맛

앞집의 일하는 아줌마가 쓰는 닝보 사투리나 닝보식 보통화는 얼마나 웃긴지 저와 애들은 아줌마 흉내를 내며 깔깔대곤 했지요. 복도를 사이에 두고 마주 본 두 집은 마치 드라마 〈응답하라 1988〉의 쌍문동 같은 느낌이랄까요? 중국에 오자마자 좋은 중국인 이웃을 만난 건 정말 행운이었습니다.

큰애를 국제학교에 보내면서 한국 엄마들을 알게 되었습니다. 중국에서 산다는 공통점만으로도 엄마들은 참 할 말이 많습니다. 애들 키우는 얘기는 기본이고 닝보에 살면서 각자 겪은 다양한 경험들을 나누고 도움을 주고받습니다.

요즘 흔히 쓰는 말 중에 '워라밸'이라는 말이 있습니다. work와 life의 balance 즉, 일과 생활이 조화와 균형을 유지하는 상태를 일컫는데요, 여가 시간을 어떻게 잘 보내느냐에 따라 개인의 행복 지수가 달라지는 것 같습니다.

직장인이든 학생이든 전업주부든 현대인은 모두 나름의 스트레스가 있습니다. 더군다나 익숙하고 편안한 환경이 아닌 새로운 환경에서 산다는 것, 모국을 떠나 외국에서 살아간다는 것은 분명 또 하나의 스트레스지요.

외국에 나온 사람은 모국으로 돌아가고, 직장인은 업무에서, 학생은 공부에서, 전업주부는 집안일에서 벗어난다면 근본적인 스트레스가 사라지겠지만 현실적으로 그럴 수는 없으니, 현재 자신의 처지에서 주어진 여가 시간을 최대한 누리고 활용하면서 행복 지수를 높여 나가는 것이 현명하겠지요.

한국인 엄마 중에 시간만 나면 혼자 지도를 보고 닝보 곳곳을 찾아 구경하러 다닌다는 엄마가 있었어요. 오오 재밌겠다며 저를 포함해 몇몇 엄마들이 따라붙었습니다. 그때부터 저는 3년 정도 닝보 투어를 하며 즐거운 시간을 보냈습니다. 투어에 관한 이야기는 뒤에 다시 들려 드릴게요.


중국은 기본적으로 흡연에 대해 관대한 것 같습니다. 심지어 실내 광장에서, 좁은 엘리베이터에서, 아기 앞에서도, 결혼식을 하는 호텔에서도 담배 피우는 사람들을 처음 봤을 때 상당한 문화 충격을 받았습니다.

친한 사람끼리는 으레 담배를 권하고 연장자에게 담배를 던져 주기도 합니다. 길거리에 나와서 담배를 피우는 여자들도 많고, 남의 집 실내에서 담배를 피워도 집주인이 진심 개의치 않는 것 같습니다. 실내 공공장소에서 흡연하는 사람들이 많이 줄긴 했지만 지금도 작은 식당에서나 버스 정류장 같은 실외에서의 흡연은 자유롭습니다.

듣던 대로 중국은 남녀를 막론하고 자전거와 전동차들을 타는 사람들이 정말 많더군요. 가끔은 미니스커트를 입은 여자가 자전거나 전동차를 타기도 하는데, 맞은편에서 달려오는 여인의 속옷 색깔을 확인했을 때 어째서 부끄러움은 나의 몫일까요… 그리고 나이가 많은 여자들도 자신 있게 미니스커트나 짧은 바지를 즐겨 입는 걸 보면 놀랍고 부럽습니다.

우리나라에는 아직도 알게 모르게 여자가 강요당하는 구시대적인 관념이 많습니다. 치마가 너무 짧으면 안 되고 앉았을 때 다리를 벌리면 안 된다고 하지요. 또 직장인 여성이 화장을 안 하는 건 예의가 아니라고 하고, 노브라로 다니면 이상하게 쳐다보고, 나이 든 여자가 미니스커트나 핫팬츠를 입는 건 상상도 못 합니다.

우리나라에서는 다른 사람이 나를 어떻게 볼지 지나치게 의식을 하면서 살아가는데 중국은 어떤 면에서는 훨씬 자유롭고 개방적인 것 같습니다. 그런데 여기서 남을 의식하지 않는 것, 자유로운 것, 예의 없는 것, 검소한 것 그들 사이의 경계는 어디일까요?

중국 식당에 가면 흔히 이 빠진 그릇이나 컵을 보지요. 또 가게에서는 거스름돈을 던지듯 주고 병원 약국에서는 약을 던져서 주지요. 처음엔 몹시 기분이 나쁘고 당황스러웠습니다. 자주 접하다 보니 언제부터인가 더는 개의치 않게 되었지만요.

하루는 버스를 탔는데 버스가 갑자기 노선을 벗어나 가스 충전소로 가더군요. 버스 기사가 승객한테 양해를 구하지도 않고 미안해하는 기색도 없는데, 더 신기한 건 불평을 하는 승객이 아무도 없다는 것입니다. 저처럼 약속 시각에 쫓겨 초조한 사람이 없었던 걸까요? 아직도 풀리지 않는 미스터리입니다.

제가 닝보에 온 처음 몇 년은 병원에 가면 환자들이 진료실 밖에서 차례를 기다리는 게 아니라 진료실에 우르르 들어와 있어 참 이상했습니다. 아예 진료실 문은 열려 있구요. 의사 입장에서 봐도 정신이 없을 것 같고, 진료받는 환자 입장에서 봐도 민망할 법한데 왜 그러는지 이해가 되지 않았지요. 지금은 다행히 전광판의 대기 상황을 보다 호명이 되면 들어가는 식으로 많이 바뀌어 가고 있습니다.

쓰레기를 분리 배출하자는 캠페인이 몇 년 전부터 있었지만 닝보는 아직 자리를 잡지 못하고 있는 듯합니다. 또 길에 가래나 침을 뱉는 사람, 길을 가면서 무심코 쓰레기를 버리는 사람, 버스가 오자 마시던 음료 컵을 땅에 내던지고 버스에 타는 사람, 심지어는 자동차를 타고 가다가 창문을 열고 화단으로 쓰레기를 던지는 사람, 마트에서 카트를 쓰고 아무 데다 버려두는 사람들이 있습니다.

물론 그런 사람들은 어느 나라에도 다 있겠지만, 한 가지 확실한 건 어려서부터 쓰레기를 쓰레기통에 버리고 물건을 제자리에 정리하는 습관이 몸에 배지 않았기 때문에 그렇게 한다는 것입니다.

중국은 스타벅스나 패스트푸드점 같은 곳에서도 먹고 난 쓰레기들을 치우지 않고 그냥 나옵니다. 그것들을 치우는 일도 직원의 업무이므로 그냥 놔두는 게 맞다고 말합니다. 손님들이 알아서 다 치우면 직원이 일자리를 잃는다고 말하는 사람도 있습니다. 과연 고용 창출을 위한 것인지, 정리하지 않는 손님들로 인한 어쩔 수 없는 고용인지 잘 모르겠네요.

정지선을 잘 지켜 차를 세워 주시는 버스 기사분들께 박수를 보냅니다. 닝보만 그런지 모르겠지만 횡단보도에서 길을 건너려는 사람이 있으면 버스는 무조건 차를 세워 주더군요. 요즘은 교통법규가 강화되고 횡단보도 앞에 감시카메라가 많이 설치되어 택시나 승용차들도 잘 세워 준답니다.

또 버스 승객 중에는 종종 버스가 떠나가라 큰 소리로 전화 통화를 하는 사람들도 있지만 착하고 예의 바른 사람들도 많습니다. 아이를 데리고 탄 사람이나 노인에게 양보하는 모습도 자주 봤는데요, 저 역시도 아이를 데리고 탔을 때 여러 번 양보를 받았고, 언젠가는 잔돈이 모자라 쩔쩔매고 있을 때 누군가 대신 요금을 내준 일도 있었답니다.

2013년 10월 닝보에는 태풍의 영향으로 엄청난 폭우가 내렸습니다. 혹시나 해서 지하 주차장에 내려가 보니 맙소사! 바닥에 물이 차 있네요. 바깥의 도로 침수는 더욱 심각한 상황이었지요. 닝보에서 50년 만에 일어난 큰 홍수라고

물난리에도 학교 안 간다고 신난 아이들

물난리. 우리 아파트 앞 도로도 침수되었다.

합니다. 며칠 동안 닝보 전역에 휴교령과 휴무령이 내렸습니다.

유치원과 학교에 안 가게 된 아이들은 좋아했지만 침수된 도로를 건너던 사람이 감전사했다는 뉴스도 나오고 저 많은 물이 과연 빠질 수 있을런가 의심스러웠습니다. 다행히도 빠지지 않을 것 같던 물은 며칠이 지나자 거의 다 빠졌습니다. 아이들은 다시 유치원과 학교에 갔고, 학교에선 수재민 돕기 모금을 했습니다.

## 살아지네요

중국에서 별일을 다 겪으며 생활하는 동안 저는 면역력이 많이 떨어졌었나봅니다. 산에 놀러 갔다가 몇 군데를 벌레에 물렸는데요. 그날 저녁부터 스멀스멀 가렵기 시작하더니 두드러기가 나는 겁니다. 이튿날엔 팔과 다리에 온통 두드러기가 번졌고 극도의 가려움으로 정신이 없을 정도였습니다.

병원에 가니 구진성 알레르기라고 하더군요. 같이 벌레에 물린 다른 사람들은 다 괜찮은데 저만 유독 알레르기 반응이 났습니다. 두드러기는 물집으로 변했고 물집이 터지고 딱지가 생기고 딱지가 떨어질 때까지 한참을 병원에 다니며 치료를 받아야 했습니다.

작은애는 중국의 공립 유치원을 2년 반 다니고 졸업을 했습니다. 체격도 너무 작고 중국어도 아직 잘 못할 텐데 초등학교 수업을 따라갈 수 있을까, 유치원을 한 해 더 시킬까 고민하다 유치원 선생님과 상담을 했습니다. 체격은 작아도 말 잘하고 똑똑하니까 걱정하지 말고 학교에 보내라고 합니다.

아이는 겨우 2년 반 유치원을 다녔을 뿐인데 제가 생각했던 것보다 훨씬 더 중국어를 잘하더군요. 우리집 해당 학군의 초등학교(小学)는 다행히도 경쟁이 치열한 학교가 아니었기에 입학하는데 어려움은 없었습니다.

가정 방문을 온 담임 선생님이 저더러 방과 후 수업에 한국어반을 만들면 수업을 해 줄 수 있는지 물어보네요. 제가 수업을 하면 선생님들이 우리 아이를 더 잘 봐주겠지 하는 다소 불순한 마음으로 그 자리에서 승낙했습니다.

매주 금요일 한 시간씩 꼬박 2년 동안 방과 후 수업을 했습니다. 한국어 수업이라 해도 중국 학생들에게 중국어로 설명을 해야 하는 데다 자료 준비까지 쉽지 않았는데요, 학교에 가면 安老师! 하며 저를 반기는 아이들과 서툰 발음으로 한국어를 따라 하는 아이들이 있어 힘든 줄 모르고 2년을 보냈습니다.

한국인들이 많이 사는 도시에는 보통 '한글학교'가 있습니다. 한글학교란 중국에 사는 한국 어린이들을 위한 학교로 토요일마다 국어 과목을 위주로 수업을 합니다. 우리 작은애는 6살 때부터 한글학교에 다니면서 한글을 뗐고 초등 2학년까지 한글학교에 다녔습니다. 그리고 저도 한글학교에서 유치반과 4학년 학급의 교사를 맡기도 했습니다.

중국학교에서 3학년으로 올라간 작은애는 공부가 어려워지고 숙제도 많아졌습니다. 학교에서 하는 숙제와 집에 가서 하는 숙제가 따로 있습니다. 어문 숙제만 해도 이미 아주 많은데 미술 숙제도 잊을 만하면 내줍니다. 저학년 때 만들기 숙제는 곧 엄마의 숙제라는 걸 선생님만 모르는 걸까요?

아무튼 3학년 1학기까지는 중국학교와 한글학교 두 마리 토끼를 잡느라 아이는 힘이 들었는지 비염이 심해지고 코피도 자주 쏟고 급기야 병원에 입원까지 하게 되었습니다. 조그만 몸으로 중국인과 한국인으로 동시에 살아가려니 아이도 힘이 들었던 모양이에요.

아이는 고열이 1주일 이상 지속되었습니다. 집 근처의 병원에서 매일 치료를 받았지만, 열도 안 잡히고 염증 수치도 점점 높아진다며 큰 병원으로 가보라고 합니다. 심장이 쿵쾅거리고 앞이 캄캄했지요. 그 길로 부녀아동병원(妇儿医院)이라는 큰 병원에 아이를 입원시키게 되었습니다.

닝보에서 나름 크다는 병원인데도 입원 환자에게 환자복도 갈아입히지 않고 작은 이름표만 달아 주더군요. 한국의 병원과 다른 점은 또 있었는데요, 영양사의 식단에 따라 환자에게 식사를 제공하는 게 아니라 환자가 식단을 골라 주문하더군요. 하루 한 번 아줌마가 병실을 돌며 식단 신청을 받고 다음 날 배식을 하는 겁니다. 그러니 환자 상태에 맞게 보호자가 알아서 식단을 잘 관리

환자복을 입지 않는다.

병원 입원실 식사 메뉴판.
환자가 골라서 주문을 한다.

해야겠습니다.

병원의 의사들과 간호사들은 모두 친절하고 세심했습니다. 진료 후 설명도 꼼꼼히 잘해 주고, 간호사들도 수시로 와서 환자 상태를 체크하고 불편한 건 없는지 물어봐 주었지요. 입원한 지 꼭 일주일 만에 건강해져 퇴원하기까지 아이를 돌봐 준 의사들과 간호사들에게 감사한 마음은 두고두고 잊지 못할 것입니다.

작은애의 학교에서는 행사 때면 종종 부모님들에게 도움을 요청합니다. 공연하는 여자애들 화장, 교실 환경판 꾸미기, 자매 학교인 한국 순천 대석초 손님들 통역, 소풍날 아이들 사진 찍어주기, 노래대회 심사, 바자회 물건 판매, 운동회 본선에 진출하는 아이들 연습 지도 등 요구도 다양한데 저는 또 아이를 위해 기꺼이 도움을 주러 달려갑니다.

학교 방과 후 한국어 수업에다 주말이면 한글학교 교사를 하고 평일엔 외국인들에게 한국어 과외를 하면서 수시로 학교 행사에도 불려 다녀야 했으니 힘이 들었겠지요? 하지만 집에서 육아와 살림만 하며 지낸다는 건 오랫동안 직장 생활을 해온 저로서는 지루하고 답답하게 느껴졌을 거예요. 중국에 와서도

초등학교 예술제 공연 전에 화장을 해주고 있다.

엄마들이 교실 환경판을 꾸미고 있다.

한국 순천 대석초와의 우호교류 학생들의 우정공연

바자회. 좋은 일을 할 때는 모두가 즐겁다.

한글학교 유치반 수업. 망원경 만들기

화동지역 한글학교 교사연수회에 참석한
닝보 한글학교 교장선생님과 교사들

'바쁘게 살기'를 선택한 것에 대해서는 후회하지 않습니다.

어느 날 학교에 간 작은애가 앞니 두 개가 깨져서 돌아왔습니다. 친구들과 뛰어놀다 넘어졌는데 친구가 우리 아이 몸을 덮치는 바람에 앞니를 바닥에 찧어서 그렇게 되었다고 해요. 아이를 데리고 치과에 가서 깨진 이를 때웠습니다. 영구치라서 성인이 될 때까지는 이렇게 때우기만 하다가 성인이 되면 이를 씌워야 한답니다.

안타까웠지만 친구가 고의로 그런 것도 아니고 잘 놀다가 우연히 난 사고이니 어쩌겠어요? 선생님이 학교에서 보험 처리가 되는지를 알아보니 깨진 이를 때우는 것은 치료가 아니라 미용 시술이므로 해당이 안 된다고 합니다.

다음날 그 친구의 엄마가 과일 바구니를 들고 우리 집을 찾아왔습니다. 정중한 사과와 함께 치과 비용을 물어주겠다고 합니다. 저는 깜짝 놀라서 아이들끼리 놀다가 그렇게 된 거니 괜찮다고 한사코 거절했겠지요.

그런데 제가 괜찮다는 데도 선생님이 안 된다고 하는 겁니다. 고의였든 우연이었든 다치게 만든 쪽이 당연히 비용을 물어주는 것이다. 중국에선 이런 경우 이렇게 처리하니 비용을 받으라고 합니다. 그래서 할 수 없이 돈을 받고 그 엄마의 마음 부담을 덜어 주었지요. 그후로도 아이들은 여전히 좋은 친구로 잘 지내고 있답니다.

초등학교 운동회 개막식.
전교생이 반별로 모두 정렬해 있다.

초등학교 운동회. 다리 밑으로 공 통과시키기

체육을 못해도 공부를 하지 않아 신나는 운동회 날. 워낙에 학생 수가 많다 보니 운동회 당일에는 반 예선을 거쳐 본선에 오른 학생들만 시합합니다. 종목별로 1, 2, 3위를 가려 시상을 하는데요, 그래서 체육을 잘하는 학생 중에는 몇 종목에 걸쳐 두세 개의 메달을 목에 걸기도 합니다. 본선에 오르지 못한 학생들은 자기 반 친구를 응원하거나 자유롭게 돌아다니더군요.

제 기억에 한국에서 보던 초등학교 운동회는 좀 달랐습니다. 반별로 운동장에 마련된 활동 영역들을 돌면서 모든 아이가 체육 활동에 참여했고, 마지막 릴레이 때만 반별로 대표 선수들을 뽑아 시합했습니다. 그때도 학급별로 모여 앉아 반 친구를 목이 터져라 응원을 했는데 말입니다.

큰애가 다니는 국제학교는 여름에는 춥고 겨울에는 더울 정도로 에어컨을 빵빵하게 틀어 준다는데, 작은애가 다니는 공립 초등학교는 환경이 열악합니다. 에어컨도 없이 몇 해를 보내다 드디어 작년에 처음으로 에어컨이 보급되었습니다. 좁은 교실에 45명의 아이가 더위, 추위와 씨름하며 공부하는 게 안됐었는데 조금이나마 교육 환경이 나아져서 다행입니다.

큰애는 영국계 국제학교에서 7학년(중1)부터 11학년(고2)까지 공부를 했는데요, 공부를 공부답고 의미있게 시키는 학교였습니다. 우리나라처럼 입시 위주로 또는 교사가 일방적으로 강의하는 게 아니라 학생들이 조사해 온 내용을 발표하고 다 같이 토론하는 기회를 많이 주어 좋았습니다.

학급별로 학생 수는 15명 내외로 수업 시간은 자유로운 분위기로 먹을 걸 나눠 먹기도 한답니다. 흔한 교과목 외에 드라마, 요리, 수영 수업도 있었습니다. 국제학교를 한마디로 표현한다면 '자유로움'이라 하겠습니다.

심지어 학생들이 10학년쯤 되니 펍을 드나들며 자유롭게 술을 마시더군요. 특히 주말 밤이면 펍에서 술을 마시다 학교 선생님들을 우연히 보기도 하는데요, 선생님들이 먼저 건배를 청하기도 하고 전날 월급을 탔다며 학생들의 술값을 계산해 준 적도 있다니 놀랍지요?

큰애는 막연하게 중국이나 호주에서 유학하고 싶다는 생각을 하고 있었습니다. 하지만 11학년이 끝나도록 목표 대학은 결정을 못 한 상태였지요. 12학년으로 올라가기 직전 상해에 놀러 간 우리 가족은 우연히 눈에 들어온 유학원에서 상담을 받아 봅니다.

중국 대학 진학에 대해 상담을 받은 아이가 며칠을 고민하더니 복단대학

국제학교 인터내셔널데이. 전통의상도 입어보고, 각 나라의 음식도 맛볼 수 있는 날이다

국제학교 윈터콘서트. 고학년의 마임 공연

(复旦大学)을 목표로 공부하겠다고 합니다. 하지만 닝보에서 학교를 다니면서는 복단대 시험을 준비하기가 어려울 거라는 판단에 상해에 있는 학교로 전학을 가기로 결정을 내립니다. 복단대 시험 날짜가 겨우 7개월밖에 남지 않았을 때였지요.

큰애는 혼자 그렇게 가족을 떠나 상해로 갔고 그 좋아하던 게임도 끊고 열심히 시험 준비를 했습니다. 예전의 국제학교에서 배우던 영국 A레벨의 교육 과정과는 다른 공부를 하려니 처음엔 아주 어려웠다고 해요. 그래도 포기하지 않고 노력하다 보니 대학 합격이라는 결실을 이루었네요.

하지만 이게 끝이 아닙니다. 통계에 의하면 중국대학에 입학한 유학생 중 절반만이 졸업을 한다고 해요. 그만큼 대학 공부가 어렵다는 방증이겠지요. 입학하면 졸업이 걱정이고 졸업을 하면 취업이 걱정인 현실이지만 암튼 7개월 간 빡세게 고생한 우리 큰애 앞에 탄탄대로가 펼쳐지면 좋겠습니다. 물론 그 길은 스스로 만들어 가야겠지만요.


시간이 지나고 세월이 흐르는 동안 애들은 이렇게 커가고 우리의 부모님은 점점 더 나이가 들어가시지요. 우리 가족이 중국에 와 있는 동안에 연로하신 친정엄마와 시부모님이 돌아가신 일은 말로 다할 수 없는 슬픔이었습니다. 그런가 하면 또 늘 그리운 친정 식구들이 닝보로 와서 함께 즐거운 시간을 보낸 일도 있었습니다. 모처럼의 휴가에 더 좋은 관광지를 마다하고 닝보 우리집으로 와준 친정 식구들. 역시 사람이 곧 최고의 선물입니다.


## 소중한 인연들

이렇듯 반가운 만남이 있으면 헤어짐이 있어 아쉽고 아프지만, 또 다른 만남에 우린 또 마음이 설레기도 합니다. 이제 중국 닝보에서 사는 동안 제가 만난 중국인들에 대한 이야기를 해 볼까 합니다.

왕슈가 건축한 닝보박물관(宁波博物馆).
한국에서 놀러온 친정식구들과 함께.

범흠이 만든 중국 최대의 장서각 티엔이꺼(天一阁)

월호공원(月湖公园) 고려사관 유적지

월호공원(月湖公园) 고려사관.
고려 사신들이 와서 머물렀던 곳이라고 한다.

　　우선 여러 중국어 선생님들을 만났는데요, 가장 기억에 남는 선생님을 꼽는다면 스테피와 룰루. 스테피는 예쁘고 발랄한 아가씨로 원래 중국어 학원의 강사였습니다. 제가 맨 처음 중국어 학원에서 인연을 맺은 선생님은 비나였는데요, 비나가 아기를 출산하느라 학원을 그만두었고, 뒤이어 만난 선생님이 바로 스테피였습니다.

　　스테피는 약속 시각을 잘 지키지 않습니다. 늦게 온 핑계도 가지가지로 댑니다. 매번 저의 소중한 시간을 허비하게 만드니 미워할 만도 한데요, 필살기 애교로 매번 용서를 구하니 마음 약한 저로서는 미워할래야 미워할 수가 없습니다. 영어 이름이 Lily인 제게 중국어로 莉莉(리리)라는 이름을 붙여준 친구입니다

　　저는 스테피로부터 일 년 정도 중국어를 배웠습니다. 제가 욕심을 부려 빠른 속도로 교재들을 떼다 보니 어느 순간 과부하가 걸려 쉬어야겠다는 생각이

들더군요. 책으로 배운 양은 엄청난데 모두 내 것으로 만들지 못하고 있다는 생각에 혼자 차근차근 복습을 해나가기로 했지요.

그러던 어느 날, 스테피가 저한테 한국어를 배우고 싶다고 하네요. 그래서 일주일에 한 번씩 한국어 수업을 하고 밥도 먹고 놀러도 다니면서 친해졌고, 나중엔 우리 가족들과 여행도 같이 가는 가까운 사이가 되었어요. 나이 차이가 스무 살인데 언니, 언니 하며 스스럼없이 살갑게 구는 스테피가 참 신기합니다.

매년 추석이면 월병을 손수 만들어 주는 스테피 덕분에 우리집 차례상에는 송편 대신 위에삥(月饼)을 올린답니다. 매일 마스크팩을 하는 스테피는 제가 한국에 갈 때면 마스크팩을 사다 달라고 주문합니다. 지금은 중국어 강사를 그만두고 금융회사에 취직해서 바쁜 직장생활을 하고 있는데요, 혹시라도 지각해서 잘리지는 않을까 제가 다 걱정입니다.

내가 다닌 중국어학원

스테피 이후로 중국어 공부를 손 놓고 있던 중 룰루를 알게 되었습니다. 저는 룰루와 중국 드라마를 보면서 수업을 했고 큰애는 HSK 6급 준비를 했습니다. 스테피와는 달리 룰루는 약속 시각에 한 번도 늦는 법이 없었고 중국어를 하는 데 있어 제가 가려워하는 부분을 시원하게 긁어 주었지요. 성실하고 꼼꼼한 룰루는 한국인들 사이에 인기 최고의 중국어 과외선생님이었습니다.

그러던 중 룰루는 사진 스튜디오를 개업한 남편의 일을 돕느라 중국어 과외를 전면 그만두게 되었습니다. 그녀에게 중국어를 배우던 모든 학생이 길을 잃은 양처럼 우왕좌왕했지요. 부디 남편의 사업이 대박 나서 다른 직원을 채용하고, 룰루가 다시 우리 곁으로 돌아올 수 있길 바랍니다.

그러고 보니 중국어 학원에서 제일 처음 만난 비나 선생님도 **빼놓을** 수가 없네요. 같이 수업을 한 건 두어 달밖에 되지 않지만 소탈하고 정이 많은 사람이에요. 앞에도 말씀드렸듯이 아기를 출산하느라 학원을 그만두었는데요. 그 이유는 아기를 돌봐 줄 어른들이 안 계셔서 직접 아기를 돌봐야 하기 때문이랍니다.

저는 한국에서 첫애를 낳고 직장을 계속 다니느라 베이비시터를 들였었습니다. 친정엄마가 봐 주신다면 가장 안심이 되었겠지만, 그 당시 편찮으셨기 때문에 그럴 수가 없었어요. 직장과 육아를 놓고 저 역시 고민이 많았었기에 비나의 일이 남 일처럼 느껴지지 않았습니다.

비나가 학원을 그만둔 후로는 웨이신(微信)으로 계속 안부를 주고받았는데요, 비나의 아이가 드디어 유치원에 들어갔다는 소식을 전합니다. 아이를 유치원에 보내고 자유의 몸이 된 비나와 만났습니다. 유효기간이 다 끝나가는 쿠폰이 있다며 비나가 저의 손을 끌고 간 곳은 미용실. 머리 감기 쿠폰이 있었네요. 미용실에 가서 머리도 안 자르고 감기만 한 건 그때가 처음이었습니다.

하지만 얼마 후 비나가 둘째를 가졌다는 소식을 전합니다. 그 후 둘째가 태어나고 일 년쯤 되었을 때 이사를 했다며 저를 집으로 초대했어요. 막 걸음을 뗀 아이에게서 눈을 못 떼겠다고, 그래서 음식을 직접 할 수가 없었다고 미안해합니다. 비록 배달 음식들이지만 식탁 가득 정성스럽게 차린 음식들은 저를 감동시키기에 충분했답니다.

아는 지인이 언어교환을 해 보라며 제게 중국인 한 명을 소개해 주었습니다. 저보다 한 살이 많은 락이언니는 한국어 학원에서 한국어 기초를 배웠는데 저를 만나 한국말 하는 것을 영 쑥스러워했어요. 언제나 '다음 시간'부터 한국말을 하겠다는 말만 몇 년을 해오다 얼마 전에는 그러더군요. 한국말을 어디 가서 쓸 데가 없어 안 되겠다며 그냥 중국어로만 이야기하자구요.

락이언니의 차를 타고 종종 야외에 놀러 가기도 했습니다. 애들끼리 나이가 같아 락이언니와 저는 통하는 공감대가 있었지요. 공부를 잘하는 아들이 닝보에서 가장 좋은 고등학교에 들어갔다는 자랑을 들은 게 엊그제 같은데

올해 9월 대학에 들어간다고 하네요.

작은애를 매일 아침 학교까지 차를 태워주는 고마운 이웃도 있습니다. 집에서 학교까지는 자동차로 가면 금방이지만 걷기에는 멀고 바로 가는 버스도 없는 애매한 거리입니다.

작은애가 초등학교에 들어간 지 며칠 안 되어 아침에 택시를 기다리는데, 운전석 창문을 내리고 우리에게 얼른 타라고 하는 이웃집 엄마가 있었지요. 자기도 애들을 같은 학교에 등교시키는 길이라구요. 그때부터 지금까지 매일 아침 차를 태워주는 고마운 이웃집 엄마. 작은 선물로 고마움을 표하는데요, 그 엄마 역시 고향에 다녀올 때면 우리에게 고향 특산물을 주곤 합니다.

우연히 병원에서 만나 인연을 맺은 중국인들도 있습니다. 병원에서 링거를 맞고 있는 제게 마스크를 쓴 간호사가 뭐라고 하는 걸 못 알아들었더니 옆에 앉아 있던 어떤 아가씨가 영어로 다시 말을 해 주는 겁니다.

이름이 수지라는 이 친구는 다른 지방에서 대학을 다니는데 방학을 맞아 고향인 닝보에 왔다고 하더군요. 그 당시 〈주군의 태양〉이라는 드라마가 한참 인기 있을 때였는데 그 드라마를 보고 있다고 하네요. 마침 저도 그 드라마를 보고 있었기에 신이 나서 수다를 떨었답니다.

집이 가까워서 그 친구가 우리 집에 종종 놀러도 오고, 만나서 밥도 먹고 잘 지냈는데요, 얼마 지나지 않아 그 친구는 미국으로 유학을 떠났습니다. 위챗 모멘트에 올리는 사진들을 보면 미국에서 아주 잘 지내고 있는 것 같아 엄마 미소가 절로 난답니다.

작은애가 비염에 걸려 비염을 잘 본다는 이혜리병원(李惠利医院)에 갔을 때입니다. 이비인후과 진료실이 어디 있는지 몰라 지나가는 사람에게 물어보았는데, 친절하게도 진료실까지 우릴 데려다주고 자기 명함을 주면서 도움이 필요하면 연락하라고 합니다. 명함을 보니 암웨이를 하는 사람이었습니다. 제 주변에 암웨이를 하는 친구가 있다 보니 왠지 모를 친근감에 웨이신에 또 친구추가를 했지요.

중추절이 다가오던 어느 날, 병원에서 만난 암웨이 친구로부터 연락이 왔습니다. 암웨이 모임에서 위에삥(月餅) 만드는 법을 배워서 만들었는데, 우리 아파트를 지나는 길이니 집에 있으면 빨리 나오라고 하는 겁니다. 아직 따끈따끈 온기가 그대로 남아 있던 그때의 월병 맛을 잊을 수가 없습니다.

그 밖에도 우리 가족의 일을 도와주는 남편 회사의 직원들, 앞집에 살던 엘리트 중국인 가족, 저한테 천부적인 재능이 있다며 격려해 주시는 서예 선생님, 저에게 한국어를 배우다 지금은 한국으로 유학을 간 왕호 학생, 우리 부부를 위해 맥주를 차갑게 보관해 주시는 가게 아저씨, 4년 동안 한 번도 월세를 올리지 않으신 집주인 아주머니, 수첩에 아이의 하루를 꼼꼼히 적어 주시던 유치원 선생님들, 우리 애들을 이뻐해 주시는 학교의 여러 선생님, 아이의 숙제를 봐 주는 대학생 과외선생님들 등 지금까지 이렇게 많은 중국인과 인연을 맺고 살았네요.

제가 만난 좋은 중국인들 덕분에 처음 중국에 왔을 때의 막막함이 점점 익숙함으로 바뀌지 않았나 싶습니다. 저 역시 그들에게 좋은 한국인으로 기억되길 바라는 마음입니다.


이제 닝보에서 만난 한국인들에 대한 이야기를 할까 합니다.

제가 닝보에서 최초로 알게 된 한국인은 미정 언니. 아침에 스쿨버스 타는 큰애를 배웅하러 나갔다가 우연히 만났지요. 미정 언니네는 저보다 몇 개월 먼저 닝보에 와서 살고 있었고 같은 국제학교에 애들을 보내고 있었습니다. 저랑은 나이 차이가 두 살밖에 나지 않고 집도 가까워 자주 만나다 보니 금세 가까운 사이가 되었지요. 그 당시 이미 '묻지마 나홀로 버스 투어'를 하고 있던 미정 언니는 심각한 방향치이자 길치인 제 눈에는 마냥 신기했습니다.

저를 비롯해 미정 언니를 따라 닝보 투어를 하고 싶다는 사람들이 생겨났어요. 아기자기한 소품을 좋아하는 기정 언니, 남편이 영국인인 수연씨, 늘 신혼의 신부 같은 인정씨까지 닝보 투어를 시작한 이 다섯 명의 원년 멤버가 바로 '닝보 소녀시대'입니다.

그러나 이 중 세 명이 한국과 영국으로 돌아가고, 새 멤버 화정씨, 인영씨,

영은씨가 영입되면서 '백원파'로 이름을 바꿉니다. 무슨 일이 있더라도 모임 날 지출액이 일 인당 백 원을 넘기지 않겠다는 의지를 담은 이름이었지요. 그 후 선영씨가 새롭게 들어오면서 모임은 '타이양더아이(太阳的阿姨: 태양의 아줌마)'로 거듭납니다. 한참 인기가 하늘을 찌르던 드라마 '타이양더호이(太阳的后裔: 태양의 후예)'를 본따 지은 이름이었습니다.

즐거웠던 닝보투어

일주일에 한 번, 애들을 등교시키고 나면 바로 도시락을 싸서 버스 정류장에 모입니다. 유치원과 학교에서 돌아오는 아이들 때문에 4시 반 전에는 집으로 돌아가야 하는 신데렐라 같은 운명의 주인공들이 모여 닝보 투어를 하면서 일 주일간 쌓인 피로와 스트레스를 수다와 함께 날려 보냅니다.

시장, 공원, 박물관, 절, 유적지, 산, 계곡, 호수 강, 바다, 다리, 시골, 논밭 등 닝보의 구석구석 우리의 발길이 닿지 않은 곳이 없었습니다. 닝보 토박이인 중국 친구에게 내가 어딜 갔다 왔노라고 말하면 그런 곳도 있느냐고 반문할 정도였으니까요.

비 내리는 츠후(慈湖)의 풍경은 항주의 시후(西湖)만큼 아름다웠고, 안개 낀 날 차밭에 오르면 신선놀음을 하는 것 같았지요. 버스를 타고 울퉁불퉁 비포장도로를 달리기도 하고 채석장을 찾아 돌산을 오르기도 했습니다. 배를 타고 원숭이들이 사는 섬에 간 적도 있었네요. 또 대대로 진사(进士)가 많이 배출된 마을을 찾아가 '기'를 받기도 하고, 봄이면 꽃구경을 하고 여름이면 시원한 계곡을 찾아 떠났습니다.

집에서 각자 싸 온 나물들로 쓱쓱 비빔밥도 해 먹고 추운 날씨에는 컵라면을 먹기도 했습니다. 생일 맞은 멤버에게는 생일 파티도 열어 주고 어쩌다 벌

배를 타고간 지우룽후(九龙湖) 원숭
이섬

다섯 개의 못이 있다 하여 우롱탄
(五龙潭)

꾸로우(鼓楼). 기념품과
공예품 상점들이 많다.

츠후(慈湖) 풍경

채석장을 찾아서

레에 물려 생긴 알러지로 병원 신세를 진 일도 있었고⋯ 정말 많은 일이 있었
지요. 3년간 이어온 닝보 투어는 미정 언니가 한국으로 가게 되면서 끝이 났
지만 지금까지도 좋은 추억으로 남아 있습니다.

    세상의 모든 어머니는 강하고 위대하다고 했던가요. 여기 남다른 재주로
중국 닝보에 와서도 누구보다 열심히 사는 주부들을 보면 확실히 드는 생각입
니다.

    대원씨는 닝보에 와서 집 주위를 둘러보다 한국어 학원을 발견합니다. 저
기에 가면 한국어를 할 줄 아는 중국인이 있을 테니 중국어 학원이 어디 있나
물어보면 되겠구나 했답니다. 결과는 뜻밖에도 학원에서 한국어 수업을 맡아
달라는 요청을 받았지요. 대원씨는 한국어 수업을 하면서 여러 중국인과 인연
을 맺게 됩니다.

친정엄마의 어깨 너머로 처음 떡 만드는 법을 배운 은주씨는 상해에 가서 전문적인 떡 기술을 전수받아 옵니다. 그리하여 닝보에서 유일한 한국 떡집을 열게 되었지요. 먹기도 아까울 만큼 예쁘게 만든 떡은 중국인들에게 선물하기에도 딱입니다.

선영씨는 중국에 오기 전 한국에서 연예인 스타일리스트로 일한 경력에다 이미지 컨설팅 과정을 수료하고 반영구화장 자격증도 가진 재주꾼입니다. 닝보에서 반영구화장 샵을 내고 운영을 해오다 지금은 닝보의 큰 성형외과에 전격 스카우트 되었답니다.

식당을 하시는 친정 부모님의 음식 솜씨와 경영 노하우를 물려받은 영은씨는 매사에 적극적이고 부지런한데요, 얼마 전 닝보 최초로 '홈찬'이라는 한국 반찬가게를 열었습니다. 아직은 초창기라 홍보 단계이고 시행 착오를 거치면서 신메뉴 개발을 하고 있답니다.

정인씨는 한글학교의 교감으로 일하고 있습니다. 아이들을 가르치는 일은 사명감이 없다면 할 수 없는 일인데 벌써 8년째 한글학교에 몸을 담고 있지요. 한글학교에 대한 지원 및 후원이 많아져서 고생하시는 교장, 교감 이하 교사들에 대한 처우와 아이들의 교육 환경이 더 나아진다면 좋겠네요.

북경 유학파 출신 희선씨는 중국어를 아주 잘합니다. 한국인에게 중국어 수업은 물론, 닝보 모 초등학교의 특별 수업 시간에 한국어 수업도 하고 있습니다. 큰 목소리와 활달한 성격으로 볼 때 수업을 얼마나 재미나게 할지는 보지 않고도 상상이 된답니다.

그 밖에도 한국 옷가게를 운영하는 주부, 정육과 한국 식품들을 판매하는 주부 그리고 한국 식당을 운영하는 주부도 있어요. 아내이자 엄마로서의 역할도 충실히 하면서 경제 활동까지 하는 주부들은 정말 능력자들입니다.

언제가 될지는 모르지만 저도 닝보를 떠날 때가 있겠지요. 제게 있어 닝보는 분명 아름다운 추억으로 남아 있을 것입니다. 그동안 닝보에서 살면서 보고 듣고 느낀 모든 것, 인연을 맺은 사람들 모두가 말입니다.

## 슬기로운 중국 생활을 위하여

혹시 여러분 중에도 6년 전의 저처럼 막막한 심정으로 중국에 가시는 분이 있을지도 모르겠네요. 만약 6년 전 제가 중국어를 할 줄 알았더라면 중국 생활에 적응하기가 훨씬 수월했을 거라는 생각을 해 봅니다. 여러 가지로 힘든 상황이 있겠지만 언어로 소통할 수 없다는 것만큼 절실한 문제가 있을까요?

중국에 와서 간체자를 사용하면서 저는 한국에서 익숙하게 보아 온 번체자를 하나씩 까먹고 있어요. 노래방에서 어쩌다 번체로 자막이 나오면 분명 아는 노래인데 막히곤 하지요. 역시 언어는 습관입니다. 글자를 정확히 익혔다면 그다음은 정확한 표현을 익혀야 합니다. 한국어 문장을 직역하려 하지 말고 중국인들이 실제로 사용하는 표현을 듣고 반복해서 외워 보세요.

이 책은 중국어 병음과 기초 문법을 이미 공부하셨거나 중국에 가시는 분들이 중국 생활에 적응하는 데 도움을 주고자 썼습니다. 살면서 겪은 저의 개인적인 경험과 더불어 그동안 제가 하나씩 익히고 정리해 두었던 생생한 중국어 표현들을 많이 담았습니다. 반드시 책 앞장에서부터 차례로 보지 않으셔도 됩니다. 나한테 당장 필요하고 급한 부분부터 찾아서 공부해 보세요.

'슬기로운 대화'의 내용은 대부분 저의 실제 경험에 바탕을 두고 구성한 것입니다. 물론 이 책에 담지 못한 수많은 일이 있을 거예요. 제가 빠뜨린 부분은 여러분들의 경험을 통해 책의 여백에 더 채워 나가시기 바랍니다. 중국은 모든 게 시시각각 변하고 있으니까요.

그럼 여러분, 즐겁고 후회 없는, 슬기로운 중국 생활 되시기 바랍니다. 加油 !

슬기로운 시작 - 인사

# 大家好 Dà jiā hǎo 인사

여러분은 엘리베이터를 같이 탄 모르는 사람한테 인사를 받으면 기분이 어떠세요? 언제 봤다고 아는 척을 하지? 라고 생각하는 사람도 있을 것이고, 또 누가 나한테 관심을 가져주니 고맙다고 생각하는 사람도 있을 거예요.

중국에 온 지 얼마 되지 않았을 때의 일입니다. 같은 엘리베이터를 탄 이웃에게 인사를 하려고 눈을 맞추었는데 글쎄 모른 척 바로 고개를 돌려 버리는 바람에 어찌나 무안하던지. 또 가만히 보니 매일 아파트 정문을 지키는 경비 아저씨한테도 인사를 건네는 중국인은 거의 없더군요.

어색하고 불편한 마음으로 아파트 입구를 드나들던 어느 날 제가 경비 아저씨한테 "니하오(你好)"하고 인사를 건네자 그동안 무뚝뚝한 표정으로 일관하던 경비 아저씨의 입꼬리가 사정없이 올라가는 거예요.

그 후로 멀리서도 저만 보면 씨익 웃는 경비 아저씨, 출입카드가 있다는데도 굳이 본인 것을 대어 줍니다. 엘리베이터에서 만나는 이웃들에게도 먼저 인사를 하기 시작하니 이제는 웃으며 인사를 주고받는 사이가 되었답니다.

내 주위 매일 오며 가며 자주 부딪치는 중국인에게 먼저 인사를 건네 보세요. 인사를 받고 기분 나빠할 중국인은 없을 테니까요. 인간관계의 시작은 바로 친절한 인사입니다.

## 만날 때와 헤어질 때 인사

1. 안녕하세요?     你好。Nǐ hǎo.

2. 하이.     嗨。Hāi.
   헬로우.     哈罗。Hāluó.

3. 좋은 아침입니다.     早。Zǎo.
   早上好。Zǎoshang hǎo.

4. 좋은 정오입니다.     中午好。Zhōngwǔ hǎo.

5. 좋은 오후입니다.     下午好。Xiàwǔ hǎo.

6. 좋은 저녁입니다.     晚上好。Wǎnshang hǎo.

7. 잘 자요. 안녕히 주무세요.     晚安。Wǎn' ān.

8. 어서 오세요.     欢迎光临。Huānyíng guānglín.

9. 조심해서 가세요.     慢走。Mànzǒu.

10. 만나서 반갑습니다.     认识你很高兴。Rènshi nǐ hěn gāoxìng.
    见到你很高兴。Jiàndào nǐ hěn gāoxìng.

11. 존함은 오래전에 들었습니다.     久仰大名。Jiǔyǎng dàmíng.

12. 만나서 영광입니다.     幸会幸会。Xìnghuì xìnghuì.

13. 잘 부탁해요.     请多多关照。Qǐng duōduō guānzhào.
    많이 가르쳐 주세요.     请多多指教。Qǐng duōduō zhǐjiào.

14. 안녕히 가세요.     再见。Zàijiàn.
    拜拜。Bàibài.

15. 내일 만나요.     明天见。Míngtiān jiàn.

16. 다음에 만나요.     下次见。Xiàcì jiàn.

17. 좀 이따 만나요.     一会儿见。Yíhuìr jiàn.
    回头见。Huítóu jiàn.

18. 오랜만입니다.     好久不见。Hǎojiǔ bú jiàn.

19. 어떻게 지내세요?     你过得怎么样? Nǐ guòde zěnmeyàng?

| | |
|---|---|
| 20. 잘 지내세요? | 你过得好吗? Nǐ guòde hǎo ma? |
| 21. 잘 지냅니다. 당신은요? | 很好。你呢? Hěn hǎo. Nǐ ne? |
| 22. 어디 가세요? | 你去哪儿? Nǐ qù nǎr? |
| | 干嘛去? Gànmá qù? |

## 감사의 인사

| | |
|---|---|
| 23. 고마워요. | 谢谢。Xièxie. |
| 24. 정말 감사합니다. | 非常感谢。Fēicháng gǎnxiè. |
| 25. 천만에요. 별말씀을요. | 不客气。Bú kèqi. |
| | 不用谢。Búyòng xiè. |

## 사과의 인사

| | |
|---|---|
| 26. 미안해요. | 不好意思。Bù hǎoyìsi. |
| 27. 죄송합니다. | 对不起。Duì bu qǐ. |
| 28. 정말 죄송합니다. | 真抱歉。Zhēn bàoqiàn. |
| 29. 폐를 끼쳤네요. | 麻烦你了。Máfan nǐ le. |
| 30. 괜찮아요. | 没事。Méishì. |
| | 没关系。Méi guānxi. |

## 문의·부탁의 표현

| | |
|---|---|
| 31. 실례합니다. | 打扰一下。Dǎrǎo yíxià. |
| 32. 말씀 좀 여쭐게요. | 请问一下。Qǐngwèn yíxià. |
| 33. 좀 지나갈게요. | 借过一下。Jièguò yíxià. |
| 34. 부탁드립니다. | 拜托了。Bàituō le. |
| 35. 좋아요. 오케이. | 好的。Hǎode. |

## 칭찬 · 축하의 인사

36. 축하해요.　　　　　　恭喜恭喜。Gōngxǐ gōngxǐ.
　　　　　　　　　　　　祝贺你 Zhùhè nǐ.
37. 생일 축하해요.　　　　生日快乐。Shēngrì kuàilè.
38. 정말 대단해요.　　　　太棒了。Tài bàng le.
39. 덕분이에요.　　　　　托你的福。Tuō nǐde fú.

## 격려 · 위로의 인사

40. 힘내세요.　　　　　　加油。Jiāyóu.
41. 수고하셨습니다.　　　辛苦了。Xīnkǔ le.
42. 고인의 명복을 빕니다.　节哀顺变 Jié'āi shùnbìan.

## 기원의 인사

43. 즐거운 주말 보내세요.　周末快乐。Zhōumò kuàilè.
44. 새해 복 많이 받으세요.　新年快乐。Xīnnián kuàilè.
45. 명절 잘 보내세요.　　　节日快乐。Jiérì kuàilè.
46. 건강하시길 빕니다.　　注意身体。Zhùyì shēntǐ.
　　　　　　　　　　　　祝你身体健康。Zhù nǐ shēntǐ jiànkāng.
47. 감기 조심하세요.　　　小心感冒。Xiǎoxīn gǎnmào.
48. 운전 조심하세요.　　　小心开车。Xiǎoxīn kāichē.
49. 빨리 건강 회복하세요.　祝你早日康复。Zhù nǐ zǎorì kāngfù.
50. 부자되세요.　　　　　恭喜发财。Gōngxǐ fācái.
51. 잘 다녀오세요.　　　　一路平安。Yílù píng'ān.
　　가시는 길 평안하세요.　一路顺风。Yílù shùnfēng.

# 1장

## 통신과 결제

· 휴대폰

· 인터넷

· 은행

· 알리페이/위챗/큐큐

# 手机 Shǒujī 휴대폰

휴대폰이 없는 생활 여러분 상상해 보셨나요? 휴대폰을 분실했거나 고장나서 잠시 수리라도 맡겼을 때 그 답답하고 불안함은 누구나 한 번쯤 느껴 보셨을 거예요. 하물며 언어 소통도 자유롭지 못하고 지리도 익숙치 않은 외국에서는 어떨까요? 가족이나 지인과 연락이 닿지 않는 상황은 생각만 해도 아찔하네요.

중국에 오신 여러분, 이미 휴대폰(공기계)이 있다면 호환 가능한 유심칩만 구입하여 개통을 하면 되지만 그렇지 않다면 휴대폰부터 사야겠지요?

중국인들도 역시 품질이 우수한 아이폰을 선호합니다. 그 외에 중국산 화웨이(华为), 샤오미(小米), 오포(OPPO)도 가격 대비 품질이 좋은 편이고, 한국인에게 익숙한 삼성폰도 괜찮습니다. 그리고 중국의 대표적인 세 통신사는 쭝궈이똥(中国移动:차이나모바일), 쭝궈리엔통(中国联通:차이나유니콤), 쭝궈띠엔신(中国电信:차이나텔레콤)입니다.

휴대폰이 고장났을 때에는 서비스센터로 바로 가지 말고, 우선 폰을 구입했던 매장으로 가서 문의를 해 보세요. 보통은 매장 직원이 서비스를 대행해 주고 임시로 쓸 폰을 줍니다.

저는 중국에 처음 왔을 때 삼성 갤럭시를 구입해서 2년 정도 썼는데요, 어느 날 통화를 하는데 상대방 목소리가 안 들리는 겁니다. 서비스센터에 문의를 하니 메인보드를 교체해야 한다는데 비용이 너무 비싸서 수리를 포기했지요.

그 후 삼성 노트로 바꾸어 다시 2년 정도를 썼는데요, 이번엔 또 액정이 나갔지 뭡니까. 액정을 바꾸는데 무려 인민폐 1,500원(한화 25만원 정도)이나 들어 마음이 쓰렸던 기억이 납니다.

지금은 아이폰을 고장 없이 2년째 쓰고 있긴 있지만 제 마이너스의 손에 언제 또 망가질 지는 알 수 없네요.

1. 휴대폰을 하나 사고 싶은데요.

**我想买一部手机。**

Wǒ xiǎng mǎi yí bù shǒujī.

2. 아이폰 8이 새로 나왔습니다.

**苹果8新上市了。**

Píngguǒ bā xīn shàngshì le.

3. 괜찮은 요금제를 추천해 주세요.

**给我推荐一下划算的话费套餐。**

Gěi wǒ tuījiàn yíxià huásuànde huàfèi tàocān.

4. 좋아요, 이걸로 할게요.

**好的，我要这个。**

Hǎode, wǒ yào zhège.

5. 폰이 고장났어요.

**手机出故障了。**

Shǒujī chū gùzhàng le.

6. 인터넷에 연결이 안돼요.

**手机连不上网了。**

Shǒujī lián bú shàngwǎng le.

7. 요금이 연체되었어요. 요금을 충전하세요.

**欠费了，充个话费吧。**

Qiànfèi le, chōng gè huàfèi ba.

| | | |
|---|---|---|
| 1. | 휴대폰 | 手机 [shǒujī] |
| 2. | 휴대폰 매장 | 手机商场 [shǒujī shāngchǎng] |
| 3. | 통신사 | 运营商 [yùnyíngshāng] |
| 4. | 폰기종 | 机型 [jīxíng] |
| | | 手机品牌 [shǒujī pǐnpái] |
| 5. | 아이폰 | 苹果手机 [píngguǒ shǒujī] |
| 6. | 화웨이 | 华为 [huáwéi] |
| 7. | 샤오미 | 小米 [xiǎomǐ] |
| 8. | 오포 | OPPO |
| 9. | 삼성폰 | 三星手机 [sānxīng shǒujī] |
| 10. | 유심카드 | SIM卡 [SIM kǎ] |
| | | 手机芯卡 [shǒujī xīnkǎ] |
| 11. | 메모리 | 内存 [nèicún] |
| | | 容量 [róngliàng] |
| 12. | 요금 | 话费 [huàfèi] |
| 13. | 요금을 충전하다. | 充话费 [chōng huàfèi] |
| 14. | 요금이 체납되다. | 欠费 [qiànfèi] |
| 15. | 요금제 | 话费套餐 [huàfèi tàocān] |
| 16. | 기본 요금 | 固定费 [gùdìngfèi] |
| 17. | 데이터 | 流量 [liúliàng] |
| 18. | 보조 배터리 | 充电宝 [chōngdiànbǎo] |
| 19. | 충전하다. | 充电 [chōngdiàn] |
| 20. | 충전 케이블 | 充电线 [chōngdiànxiàn] |
| 21. | 충전기 헤드 | 充电头 [chōngdiàntóu] |
| 22. | 메인보드 | 主板 [zhǔbǎn] |

| 23. 부품 | 零件 [língjiàn] |
| 24. 휴대폰 케이스 | 手机壳 [shǒujīké] |
| 25. 보호필름을 붙이다. | 贴膜 [tiēmó] |
| 26. 인터넷에 연결하다. | 连上网 [lián shàngwǎng] |
| 27. 액정 | 屏幕 [píngmù] |
| 28. 음질 | 音质 [yīnzhì] |
| 29. 배터리 수명 | 续航能力 [xùháng nénglì] |
| 30. 서비스센터 | 售后服务中心 [shòuhòu fúwù zhōngxīn] |
| 31. 보증기간 | 保修期 [bǎoxiūqī] |
| 32. 출시되다. | 上市 [shàngshì] |
| 33. 고장나다. | 出故障 [chū gùzhàng] |

휴대폰 – 삼성(三星)매장

휴대폰 – 시아오미(小米) 매장. 전자제품까지 다양하다.

휴대폰 – 화웨이(华为) 매장

손님1: 휴대폰을 하나 사고 싶은데요.

**顾客1: 我想买一部手机。**
Wǒ xiǎng mǎi yí bù shǒujī.

판매원: 어떤 기종을 찾으세요?

**售货员: 你要什么品牌?**
Nǐ yào shénme pǐnpái?

요즘은 화웨이가 잘 팔리는데요, 사진이 잘 나와요.

**最近华为卖得不错，拍照功能比较好。**
Zuìjìn huáwéi màide búcuò, pāizhào gōngnéng bǐjiào hǎo.

손님1: 저는 평소 음악듣는 걸 좋아해요.

**我平时喜欢听音乐。**
Wǒ píngshí xǐhuan tīng yīnyuè.

배터리가 오래 가는 기종으로 하고 싶어요.

**我要手机续航能力好的品牌。**
Wǒ yào shǒujī xùháng nénglì hǎode pǐnpái.

판매원: 아이폰 8이 새로 나왔어요.

**售货员: 苹果 8刚刚上市。**
Píngguǒ bā gānggāng shàngshì.

손님1: 이 폰은 메모리가 얼마나 되나요?

**顾客1: 这个手机的容量是多少?**
Zhège shǒujīde róngliàng shì duōshao?

판매원: 64기가입니다.

**售货员1: 这个手机是64GB。**
Zhège shǒujī shì liù shí sì jī.

손님1:　좋아요, 이걸로 할게요.

顾客1: **好的，我要这个。**
Hǎode, wǒ yào zhège.

손님2:　유심카드를 한 장 사려고 합니다.

顾客2: **我要买一张手机卡。**
Wǒ yào mǎi yì zhāng shǒujīkǎ.

괜찮은 요금제를 추천해 주세요.

**给我推荐一下划算的话费套餐。**
Gěi wǒ tuījiàn yíxià huásuànde huàfèi tàocān.

판매원:　이 요금제를 추천 드릴게요.

售货员: **我推荐这个话费套餐。**
Wǒ tuījiàn zhège huàfèi tàocān.

매월 기본 요금 88원에 데이터는 5기가입니다.

**每月固定费是88元，有5个GB的流量。**
Měiyuè gùdìngfèi shì bā shí bā yuán, yǒu wǔ gè jīde liúliàng.

손님2:　5기가라면 제가 쓰기에 충분하겠네요.

顾客2: **5个GB应该够我用的。**
Wǔ gè jī yīnggāi gòu wǒ yòngde.

좋아요, 이걸로 할게요.

**好的，我要这个。**
Hǎode, wǒ yào zhège.

판매원:　제가 유심카드를 끼워 드릴게요.

售货员: **我帮你插入SIM卡。**
Wǒ bāng nǐ chārù xīnkǎ.

손님1: 폰이 고장났어요.

顾客1: **手机出故障了。**
Shǒujī chū gùzhàng le.

전화할 때 상대방 목소리가 들리지 않아요.

**打电话的时候, 听不见对方的声音。**
Dǎ diànhuàde shíhou, tīng bú jiàn duìfāngde shēngyīn.

기사: 메인보드를 교체해야 하는데 좀 비쌉니다.

师傅: **要换主板, 可是换主板有点贵。**
Yào huàn zhǔbǎn, kěshì huàn zhǔbǎn yǒudiǎn guì.

손님2: 액정이 나갔는데요, 보증기간이 이미 지났어요.

顾客2: **屏幕坏了, 保修期已经过了。**
Píngmù huài le, bǎoxiūqī yǐjing guò le.

기사: 그럼 액정 교체 비용을 내셔야 합니다.

师傅: **那你换屏幕, 要付费用。**
Nà nǐ huàn píngmù, yào fù fèiyòng.

손님3: 충전이 잘 되지 않아요.

顾客3: **手机充不进电。**
Shǒujī chōng bú jìn diàn.

기사: 이 부분의 부품을 교체하면 되겠습니다.

师傅: **更换这部分的零件就可以了。**
Gēnghuàn zhè bùfende língjiàn jiù kěyǐ le.

손님4: 갑자기 인터넷 연결이 안돼요.

顾客4: **手机突然连不上网了。**
Shǒujī tūrán lián bú shàngwǎng le.

기사: 요금이 연체된 것 같네요. 요금을 충전해 보세요.

师傅: **可能是欠费了，充个话费试试。**
Kěnéng shì qiànfèi le, chōng gè huàfèi shìshi.

통신사 – 쭝궈리엔통(中国联通) 대리점

통신사 – 쭝궈이똥(中国移动) 대리점

# 网络 Wǎngluò 인터넷

만약 무인도에 혼자 남겨진다면 무엇을 가지고 가겠냐는 물음에 노트북과 와이파이 라우터만 있으면 된다는 우스갯소리가 있습니다. 차가운 세상에서 유일한 안식처가 되어 줄 우리집, 일명 '스윗홈'을 꾸미는 법을 소개한 한 책의 첫 장에서도 인터넷 설치를 먼저 다루는 만큼 인터넷은 이미 현대 사회에서 없어서는 안 될 중요한 요소가 되었지요.

휴대폰은 쭝궈이똥(中国移动)이, 인터넷은 쭝궈띠엔신(中国电信)이 비교적 속도가 빠르고 신호가 안정적이라고 해요. 중국에도 휴대폰은 4G가 대중화되었고, 인터넷 속도는 20메가, 50메가, 100메가, 광속까지 다양하게 있는데요, 참고로 집에 설치하는 인터넷을 콴따이(宽带)라고 합니다.

그런데, 저는 집에 100메가 짜리 인터넷을 설치하고도 느린 연결 속도 때문에 무슨 문제가 있는 건 아닌지 의심이 들었는데, 중국은 기본적으로 한국에 비해 인터넷 속도가 느리기 때문이라고 하더군요.

또한, 중국 정부에서는 우리나라의 카카오톡과 구글, 페이스북, 유튜브 등 많은 사이트를 통제하기 때문에 이들 사이트에 들어가기 위해서는 VPN을 통한 서버 우회가 필요합니다. 저는 개인적으로 VPN Robot, Betternet, Turbo VPN 등 무료 VPN을 쓰고 있지만 가끔은 연결이 안 될 때도 있으니까요, 안정적인 VPN을 원하신다면 유료 VPN을 이용하시기 바랍니다.

1. 휴대폰 번호가 몇 번이에요?
   **手机号是多少?**
   Shǒujīhào shì duōshao?

2. 전화해 주세요.
   **给我打电话.**
   Gěi wǒ dǎ diànhuà.

3. 문자 보낼게요.
   **给你发短信。**
   Gěi nǐ fā duǎnxìn.

4. 안 들려요.
   **听不见。**
   Tīng bú jiàn.

5. 이 앱을 다운 받아 써 보세요.
   **下载这个软件用吧。**
   Xiàzài zhège ruǎnjiàn yòng ba.

6. 우리 같이 셀카 찍자.
   **我们自拍吧。**
   Wǒmen zìpāi ba.

7. 폰 배터리가 없어요.
   **手机没电了。**
   Shǒujī méi diàn le.

1. 휴대폰 　　手机 [shǒujī]
2. 휴대폰 번호 　　手机号(码) [shǒujī hào(mǎ)]
3. 비밀번호 　　密码 [mìmǎ]
4. 폰을 켜다. 　　打开手机 [dǎkāi shǒujī]
5. 폰을 끄다. 　　关闭手机 [guānbì shǒujī]
6. 폰이 먹통이 되다. 　　手机死机了 [shǒujī sǐjī le]
　　手机卡机了 [shǒujī kǎjī le]
7. 폰을 다시 켜다. 　　重新启动手机 [chóngxīn qǐdòng shǒujī]
8. 폰이 안 켜진다. 　　手机打不开 [shǒujī dǎ bù kāi]
9. 폰이 꺼졌다. 　　手机关机了 [shǒujī guānjī le]
10. 진동모드 　　振动模式 [zhèndòng móshì]
11. 비행모드 　　飞行模式 [fēixíng móshì]
12. 폰 배터리가 없다. 　　手机没电 [shǒujī méidiàn]
13. 전화를 걸다. 　　打电话 [dǎ diànhuà]
14. 전화를 받다. 　　接电话 [jiē diànhuà]
15. 전화를 끊다. 　　挂电话 [guà diànhuà]
16. 통화 중 　　占线 [zhànxiàn]
17. 신호 　　信号 [xìnhào]
18. 주소록 　　通讯录 [tōngxùnlù]
19. 사진 　　照片 [zhàopiàn]
20. 사진 찍다. 　　拍照 [pāizhào]
21. 셀기꾼 　　照骗 [zhàopiàn]
22. 셀카 찍다. 　　自拍 [zìpāi]
23. 셀카봉 　　自拍杆 [zìpāigǎn]
24. 이어폰 　　耳机 [ěrjī]

| | | |
|---|---|---|
| 25. 동영상 | 视频 [shìpín] | |
| 26. 스크린샷 | 截图 [jiétú] | |
| 27. 녹음 | 录音 [lùyīn] | |
| 28. 와이파이 | WiFi | |
| 29. 블루투스 | 蓝牙 [lányá] | |
| 30. 핫스팟 | 热点 [rèdiǎn] | |
| 31. 문자 | 短信 [duǎnxìn] | |
| 32. 이메일 | 电子邮件 [diànzǐ yóujiàn] | |
| 33. 문자를 보내다. | 发短信 [fā duǎnxìn] | |
| 34. 이메일을 보내다. | 发电邮 [fā diànyóu] | |
| 35. 사진을 보내다. | 发照片 [fā zhàopiàn] | |
| 36. 어플 | 软件 [ruǎnjiàn] · 应用 [yìngyòng] | |
| 37. 앱스토어 | 软件商店 [ruǎnjiàn shāngdiàn] | |
| 38. 무료앱 | 免费软件 [miǎnfèi ruǎnjiàn] | |
| 39. 유료앱 | 收费软件 [shōufèi ruǎnjiàn] | |
| 40. 컴퓨터 | 电脑 [diànnǎo] | |
| 41. 노트북 | 笔记本 [bǐjìběn] | |
| 42. 백신프로그램 | 杀毒软件 [shādú ruǎnjiàn] | |
| 43. 부팅하다. | 启动 [qǐdòng] | |
| 44. 인터넷하다. | 上网 [shàngwǎng] | |
| 45. 웹 사이트 | 网站 [wǎngzhàn] | |
| 46. 블로그 | 博客 [bókè] | |
| 47. 팟캐스트 | 播客 [bōkè] | |
| 48. 인터넷을 설치하다 | 安装宽带 [ānzhuāng kuāndài] | |
| 49. 인터넷속도 | 网速 [wǎngsù] | |

| | | |
|---|---|---|
| 50. 회원가입. 등록하다. | 注册 [zhùcè] | |
| 51. PC방 | 网吧 [wǎngbā] | |
| 52. 인터넷 친구 | 网友 [wǎngyǒu] | |
| 53. 네티즌 | 网友们 [wǎngyǒumen] | |
| 54. 인터넷 용어 | 网络语 [wǎngluòyǔ] | |
| 55. 로그인하다. | 登录 [dēnglù] | |
| 56. 로그아웃하다. | 退出账号 [tuìchū zhànghào] | |
| 57. 웹서핑하다. | 浏览 [liúlǎn] | |
| 58. 다운로드하다. | 下载 [xiàzài] | |
| 59. 업로드하다. | 上传 [shàngchuán] | |
| 60. 파일 | 文件 [wénjiàn] | |
| 61. 외장하드 | 移动硬盘 [yídòng yìngpán] | |
| 62. USB메모리 | U盘 [U pán] | |
| 63. 클릭하다. | 点击 [diǎnjī] | |
| 64. 더블클릭하다. | 双击 [shuāngjī] | |
| 65. 백업하다. | 备份 [bèifèn] | |
| 66. 검색하다. | 搜索 [sōusuǒ] | |
| 67. 댓글을 달다. | 回帖 [huítiě] | |
| | 留评论 [liú pínglùn] | |
| 68. 호평 | 好评 [hǎopíng] | |
| 69. 악평 | 差评 [chàpíng] · 恶评 [èpíng] | |
| 70. 팬. 팔로워 | 粉丝 [fěnsī] | |
| 71. 맞팔하다. | 互粉 [hùfěn] | |
| 72. 팔로우하다. | 关注 [guānzhù] | |
| 73. 구독하다. | 订阅 [dìngyuè] | |

전화 음성 안내

지금 거신 번호는 없는 번호입니다.
**您拨打的号码是空号。**
Nín bōdǎde hàomǎ shì kōnghào.

다시 확인하시고 걸어 주십시오.
**请核对后再拨。**
Qǐng héduì hòu zài bō.

지금 거신 전화는 통화중입니다.
**您所拨打的电话正在通话中。**
Nín suǒ bōdǎde diànhuà zhèngzài tōnghuàzhōng.

잠시 후 다시 걸어 주십시오.
**请您稍后再拨。**
Qǐng nín shāohòu zài bō.

전화기가 꺼져 있습니다.
**您所拨打的电话已关机。**
Nín suǒ bōdǎde diànhuà yǐ guānjī.

지금 거신 전화는 서비스 구역이 아닙니다.
**您所拨打的电话不在服务区。**
Nín suǒ bōdǎde diànhuà búzài fúwùqū.

지금 거신 전화는 사용이 정지되었습니다.
**您所拨打的电话已停机。**
Nín suǒ bōdǎde diànhuà yǐ tíngjī.

민: 휴대폰 번호가 몇 번이에요?

旼: **手机号是多少？**

Shǒujīhào shì duōshao?

리리: 18823456789예요.

莉莉: **是幺八八二三四五六七八九。**

Shì yāo bā bā èr sān sì wǔ liù qī bā jiǔ.

내일 퇴근할 때 전화 주세요.

**明天下班的时候给我打电话。**

Míngtiān xiàbānde shíhou gěi wǒ dǎ diànhuà.

민: 네, 내일 만납시다.

旼: **好的，明天见。**

Hǎode, míngtiān jiàn.

리리: 여보세요, 여기 신호가 나빠서 안 들려요.

莉莉: **喂，喂，这里信号不好，听不见。**

Wéi, wéi, zhèlǐ xìnhào bù hǎo, tīng bú jiàn.

민: 그럼 제가 문자를 보낼게요.

旼: **那我给你发短信。**

Nà wǒ gěi nǐ fā duǎnxìn.

---

\* 숫자 一(yī)와 七(qī)의 발음이 비슷해 헷갈릴수 있어서 숫자 1은 야오 幺(yāo)라고도 잘 씁니다.

\* 低头族 [dītóuzú] : 스마트폰에 빠져 있거나 고개를 숙인 채 폰만 보며 걷는 사람들

민: 이 어플 써 봤어? 정말 재밌어. 강추야.

旻: **你用过这个软件吗? 真有意思，强推给你。**
Nǐ yòng guo zhège ruǎnjiàn ma? Zhēn yǒu yìsi, qiángtuī gěi nǐ.

리리: 안 써 봤어. 다운 받아서 한 번 써 볼게.

莉莉: **没用过。我下载用一下吧。**
Méi yòng guo. Wǒ xiàzài yòng yíxià ba.

민: 여기 와이파이가 없어서 인터넷 연결이 안돼. 데이터 켜자.

旻: **这里没有无线，我上不了网。打开4G吧。**
Zhèlǐ méiyǒu wúxiàn, wǒ shàng bù liǎo wǎng. Dǎkāi sì jī ba.

리리: 폰 데이터를 다 썼어. 핫스팟 좀 켜줄래?

莉莉: **手机流量用完了。你帮忙开个热点。**
Shǒujī liúliàng yòngwán le. Nǐ bāngmáng kāi gè rèdiǎn.

민: 좋아. 근데 여기 인터넷이 너무 느리네.

旻: **好的，不过这里网速太慢。**
Hǎode, búguò zhèlǐ wǎngsù tài màn.

리리: 그럼 그만 두고 우리 셀카 찍자. 어머, 배터리가 떨어졌어.

莉莉: **那算了吧。我们自拍吧。哎呀，手机没电了。**
Nà suàn le ba. Wǒmen zìpāi ba. Āiyā, shǒujī méi diàn le.

# 银行 Yínháng 은행

　　우리가 보통 은행 계좌를 만드는 목적은 은행에 돈을 보관해 두고 자유롭게 입출금을 하기 위한 것인데요. 지금은 즈푸바오(支付宝)나 웨이신즈푸(微信支付) 등 모바일 결제(手机支付)를 위해서라도 은행 계좌 개설은 꼭 필요하답니다. 은행 계좌와 결제 어플 간에 연동을 시켜 놓아야만 모바일 결제가 가능하니까요.

　　중국에서 가장 크고 믿을 만한 은행은 공상은행(ICBC), 중국은행, 건설은행, 농업은행입니다. 중국은 이미 종이통장이 없어졌어요. 계좌를 개설하면 주카드를 뜻하는 이레이카(一类卡)와 보조카드를 뜻하는 얼레이카(二类卡) 두 종류의 카드를 만들 수 있는데, 주카드는 아무런 제한이 없지만 보조카드는 출금액이나 송금액에 있어 제한이 있습니다.

　　참, 중국에서 ATM기를 이용할 때는 용무가 끝났다고 해서 카드가 저절로 나오지 않는다는 사실! 반드시 카드 반환 버튼, 투이카(退卡)버튼을 눌러 카드를 꺼내야 한다는 것 잊지 마세요. 만약 카드가 기계에 먹혀 버렸을 땐 여권을 가지고 은행에 가면 찾을 수 있습니다. 저처럼 한 건망증 하는 사람들은 한 번쯤 실수를 하고서야 정신을 차리게 되지요.

　　그리고 ATM기는 입출금이 모두 가능한 것도 있고 출금만 가능한 것도 있으니까 기계 상단에 쓰인 글씨를 잘 살펴 보고 이용하시기 바랍니다.

1. 은행 계좌를 개설하려고 합니다.

**我想开个银行账户。**
Wǒ xiǎng kāi gè yínháng zhànghù.

**我想办一张卡。**
Wǒ xiǎng bàn yì zhāng kǎ.

2. 번호표를 뽑고 이 신청서를 작성하세요.

**先取号，请填写这张申请表。**
Xiān qǔhào, qǐng tiánxiě zhè zhāng shēnqǐngbiǎo.

3. 비밀번호를 누르고 확인버튼을 눌러 주세요.

**请输入密码，按确认按钮。**
Qǐng shūrù mìmǎ, àn quèrèn ànniǔ.

4. 달러를 인민폐로 바꾸고 싶습니다.

**我要把这些美元兑换成人民币。**
Wǒ yào bǎ zhèxiē měiyuán duìhuànchéng rénmínbì.

5. 얼마를 바꾸고 싶으세요?

**您要换多少？**
Nín yào huàn duōshao?

6. 좀 전에 ATM기로 돈을 찾고 카드를 깜박했어요.

**我刚在ATM机取钱，忘了拿出我的卡。**
Wǒ gāng zài ATMjī qǔqián, wàng le náchū wǒde kǎ.

69

| | | | |
|---|---|---|---|
| 1. | 은행 | 银行 | [yínháng] |
| 2. | 창구 | 窗口 | [chuāngkǒu] |
| 3. | 번호표를 뽑다. | 取号 | [qǔhào] |
| 4. | 신청서 | 申请表 | [shēnqǐngbiǎo] |
| 5. | 여권 | 护照 | [hùzhào] |
| 6. | 계좌 | 帐户 | [zhànghù] |
| 7. | 은행계좌를 만들다. | 开帐户 | [kāi zhànghù] |
| 8. | 은행카드 | 银行卡 | [yínhángkǎ] |
| 9. | 카드를 만들다. | 办卡 | [bànkǎ] |
| 10. | 카드를 꽂다. | 插卡 | [chākǎ] |
| 11. | 비번을 설정하다. | 设定密码 | [shèdìng mìmǎ] |
| | | 设置密码 | [shèzhì mìmǎ] |
| 12. | 비번을 누르다. | 输入密码 | [shūrù mìmǎ] |
| 13. | 비번을 해킹당하다. | 密码被盗 | [mìmǎ bèidào] |
| 14. | 확인버튼을 누르다. | 按确认按钮 | [àn quèrèn ànniǔ] |
| 15. | 카드반환 | 退卡 | [tuìkǎ] |
| 16. | 카드를 받다. | 取卡 | [qǔkǎ] |
| 17. | 자동입출금기 | ATM机 | [ATMjī] |
| | | 自动存提机 | [zìdòng cúntíjī] |
| 18. | 자동인출기 | ATM机 | [ATMjī] |
| | | 自动取款机 | [zìdòng qǔkuǎnjī] |
| | | 自动提款机 | [zìdòng tíkuǎnjī] |
| 19. | 입금 | 存钱 [cúnqián] · 存款 [cúnkuǎn] | |
| 20. | 인출 | 取钱 [qǔqián] · 取款 [qǔkuǎn] | |
| 21. | 계좌이체(송금) | 转账 | [zhuǎnzhàng] |

22. 잔액조회　　　　　咨询余额 [zīxún yú'é]

23. 환율　　　　　　　汇率 [huìlǜ]

24. 환전하다.　　　　兑换 [duìhuàn]

25. 인민폐　　　　　　人民币 [rénmínbì]

26. 한화　　　　　　　韩币 [hánbì] · 韩元 [hányuán]

27. 달러　　　　　　　美元 [měiyuán]

28. 대출하다.　　　　贷款 [dàikuǎn]

29. 상환하다.　　　　还清 [huánqīng]

30. 일시불. 일괄지급　一次付清 [yícì fùqīng]

31. 할부. 분할납부　　分期付款 [fēnqī fùkuǎn]

32. 동전　　　　　　　零钱 [língqián]

33. 지폐　　　　　　　纸币 [zhǐbì]

34. 인터넷뱅킹　　　　网银 [wǎngyín]

35. 모바일뱅킹　　　　手机银行 [shǒujī yínháng]

36. USB형 공인인증서　U盾 [U dùn]

은행 창구마다 유리로 된 칸막이가 있다.

은행 ATM기. 입출금기(좌)와 현금인출기(우)

리리: 은행계좌를 하나 개설하려고 합니다.

莉莉: **我想开个银行账户。**
Wǒ xiǎng kāi gè yínháng zhànghù.

카드를 만드려고 합니다.

**我想办一张卡。**
Wǒ xiǎng bàn yì zhāng kǎ.

직원: 우선 번호표를 뽑고 기다리세요.

职员: **先取号，稍微等一下。**
Xiān qǔhào, shāowēi děng yíxià.

안내방송: A012번 고객님 3번 창구로 와 주십시오.

广播: **请A012号到第三窗口。**
Qǐng A líng yāo èr hào dào dìsān chuāngkǒu.

직원: 이 신청서를 작성해 주세요.

职员: **请填写这张申请表。**
Qǐng tiánxiě zhè zhāng shēnqǐngbiǎo.

직원: 비밀번호를 누르고 확인버튼을 눌러 주세요.

职员: **请输入密码，按确认按钮。**
Qǐng shūrù mìmǎ, àn quèrèn ànniǔ.

리리: 이 돈을 카드에 입금해 주세요.

莉莉: **请把这些钱存到卡里。**
Qǐng bǎ zhèxiē qián cún dào kǎ lǐ

직원: 다른 볼 일은 없으신가요?

职员: **还要办其他的业务吗?**
Háiyào bàn qítāde yèwù ma?

리리: 이 달러를 인민폐로 바꾸고 싶은데 환율이 어떻게 되나요?

莉莉: **我要把这些美元兑换成人民币，**
Wǒ yào bǎ zhèxiē měiyuán duìhuànchéng rénmínbì,

**汇率是怎么样的?**
huìlǜ shì zěnmeyàngde?

직원: 1달러에 6.5원입니다.

职员: **1美元能换成6.5元人民币。**
Yì měiyuán néng huànchéng liù diǎn wǔ yuán rénmínbì.

얼마나 바꾸시겠습니까?

**您要换多少?**
Nín yào huàn duōshao?

리리: 좀전에 ATM기로 돈을 찾고 카드를 깜박했어요.

莉莉: **我刚在ATM机取钱，忘了拿出我的卡。**
Wǒ gāng zài ATMjī qǔqián, wàng le ná chū wǒde kǎ.

직원: 카드가 기계에 먹혔네요.

职员: **卡被机器吞掉了。**
Kǎ bèi jīqì tūndiào le.

다음엔 반드시 카드반환 버튼을 누르고 카드를 받으세요.

**下次别忘了按退卡按钮后取卡。**
Xiàcì bié wàng le àn tuìkǎ ànniǔ hòu qǔkǎ.

# 支付宝 Zhīfùbǎo 알리페이　微信 Wēixìn 위챗　QQ큐큐

## 1) 支付宝 Zhīfùbǎo 알리페이

　　즈푸바오(支付宝)는 중국 알리바바(阿里巴巴) 그룹이 만든 결제 시스템으로 영어로는 알리페이라고 부릅니다. 모바일에 어플을 다운받고 은행 계좌와 연동을 시키면 결제가 필요한 모든 상황에서 편리하게 사용이 가능하지요. 상점에서의 결제는 물론 송금, 배달 음식 주문, 핸드폰 충전, 각종 요금 납부, 차표 예매 등을 바로 이 즈푸바오를 통해 결제할 수 있습니다.

　　길거리의 노점상을 비롯해 모든 상점에서 이러한 모바일 결제가 이루어지므로 최근엔 상점들에서 현금을 기피하는 추세입니다. 그리고 예전엔 "현금으로 결제하시겠어요, 카드로 결제하시겠어요?" 라고 물었다면 지금은 "즈푸바오로 하시겠어요, 웨이신으로 하시겠어요?" 라고 묻습니다. 즈푸바오나 웨이신 덕분에 번거롭게 현금이 든 지갑을 들고 다닐 필요가 없게 되었답니다.

　　중국은 거지도 자신의 즈푸바오(支付宝)나 웨이신(微信)의 QR코드를 내걸고 구걸을 하니 참 재밌는 세상이 되었지요? 현금이 사라지고 있으니 위조 화폐를 만들어 사기를 쳐보려는 나쁜 사람들은 점점 더 설 곳이 없어질 것 같네요. 무서운 속도로 바뀌고 있는 중국, 앞으로는 또 어떤 변화가 일어날까요?

## 2) 微信 Wēixìn 위챗

　　웨이신(微信)은 중국 텅쉰(腾讯), 영어로는 텐센트라는 회사에서 개발한 메신저 어플로 영어로는 위챗이라고 합니다. 현재 거의 모든 중국인이 이용하는 위챗은 한국의 카카오톡과 비슷하지만 카카오톡보다 훨씬 다양하고 편리한 기능이 있답니다.

요즘 중국에서는 새로운 친구를 만나 연락처를 주고받을 때 전화번호 대신 웨이신 아이디를 교환합니다. 특히 웨이신은 한국어 지원이 되기 때문에 한국인들도 쉽게 이용할 수 있다는 장점이 있지요. 또한, 웨이신의 펑요우취엔(朋友圈:모멘트)에 사진이나 글을 올릴 수 있습니다.

웨이신의 결제 기능 또한 빼놓을 수 없는데요, 이를 웨이신즈푸(微信支付) 또는 영어로는 위챗페이라고 부릅니다. 이것도 역시 은행 계좌와 연동을 시켜야 결제가 가능합니다. 웨이신에서는 채팅을 하다가도 손쉽게 돈이나 홍빠오(红包:중국에서 축하의 의미로 돈을 넣어 주는 빨간 봉투)를 주고 받을 수 있습니다. 또 그룹채팅방에서 누군가가 홍빠오를 쏘면 돈을 복불복으로 나눠 가지는 치앙홍빠오(抢红包)라는 재미난 놀이도 있답니다.

## 3) 큐큐 QQ

역시 중국 텅쉰(腾讯)에서 만든 큐큐는 웨이신 다음으로 중국인들이 많이 쓰는 메신저 어플입니다. 기본적인 메신저 기능은 물론 큐큐 역시 모바일 쇼핑, 휴대폰 요금 충전, 파일과 문서 연동 등 다양한 기능을 가지고 있습니다.

그런데, 거의 모든 중국인들이 평소 즐겨 사용하는 웨이신에 비해, 큐큐는 주로 학교나 관공서에서 업무용으로 더 많이 활용되는 것 같습니다.

우리 아이가 다니는 학교에서는 학급마다 큐큐그룹채팅방(QQ群)을 통해 선생님들과 학부모들 간에 대화를 나눕니다. 또 선생님들은 이 방에 숙제, 공지, 학습 자료, 행사 사진 등을 올려 다 같이 공유할 수 있도록 합니다.

또 문서나 파일을 손쉽게 주고 받을 수 있고, 영구보관이 되므로 언제든지 필요할 때 열람하고 다운받을 수 있다는 점이 위챗과 구별되는 장점이라고 볼 수 있겠습니다.

1. 웨이신 하세요?

   **你有微信吗?** Nǐ yǒu Wēixìn ma?

   **你用微信吗?** Nǐ yòng Wēixìn ma?

   **你玩儿微信吗?** Nǐ wánr Wēixìn ma?

2. QR코드 좀 스캔할게요.

   **我扫一下你的二维码。**
   Wǒ sǎo yíxià nǐde èrwéimǎ.

3. 친추해 주세요.

   **加我吧。**
   Jiā wǒ ba.

4. 웨이신 보낼게요.

   **我给你发微信。**
   Wǒ gěi nǐ fā Wēixìn.

5. 우리 위챗그룹채팅방을 만들어요.

   **我们建微信群吧。**
   Wǒmen jiàn Wēixìnqún ba.

6. '좋아요' 눌러 줄게요.

   **我给你点赞。**
   Wǒ gěi nǐ diǎnzàn.

7. 그 사람 차단했어요.

   **我把他拉黑了。**
   Wǒ bǎ tā lāhēi le.

| | | |
|---|---|---|
| 1. | 위챗 | 微信 [Wēixìn] |
| 2. | 알리페이 | 支付宝 [Zhīfùbǎo] |
| 3. | 큐큐 | QQ |
| 4. | 위챗 아이디 | 微信账号 [Wēixìn zhànghào] |
| 5. | 위챗을 교환하다. | 交换微信 [jiāohuàn Wēixìn] |
| 6. | QR코드 | 二维码 [èrwéimǎ] |
| 7. | QR코드 스캔하다. | 扫二维码 [sǎo èrwéimǎ] |
| 8. | 친구추가하다. | 加朋友 [jiā péngyou] |
| 9. | 사진을 올리다. | 发照片 [fā zhàopiàn] |
| 10. | 위챗을 보내다. | 发微信 [fā Wēixìn] |
| 11. | 답장하다. | 回复 [huífù] |
| 12. | 위챗그룹채팅방 | 微信群 [Wēixìnqún] |
| 13. | 위챗방을 만들다. | 建微信群 [jiàn Wēixìnqún] |
| 14. | 위챗모멘트 | 朋友圈 [péngyouquān] |
| 15. | 공유하다 | 分享 [fēnxiǎng] |
| 16. | 전달하다. | 转发 [zhuǎnfā] |
| 17. | '좋아요'를 누르다. | 点赞 [diǎnzàn] |
| 18. | 블랙리스트 | 黑名单 [hēimíngdān] |
| 19. | 차단하다. | 拉黑 [lāhēi] |
| 20. | 위챗결제 | 微信支付 [Wēixìn zhīfù] |
| 21. | 내지갑 | 钱包 [qiánbāo] |
| 22. | 보너스. 상여금 | 红包 [hóngbāo] |

민: 이게 누구야? 오랜만이다.

**旼: 这是谁啊? 好久不见啊!**
Zhè shì shéi a? Hǎojiǔ bú jiàn a!

리리: 오랜만이야. 어떻게 지냈니?

**莉莉: 好久不见。你过得怎么样?**
Hǎojiǔ bú jiàn. Nǐ guòde zěnmeyàng?

민: 외국에 가서 2년 일하다 얼마 전에 돌아왔어.

**旼: 我在国外工作两年，刚回国。**
Wǒ zài guówài gōngzuò liǎng nián, gāng huíguó.

우리 웨이신 교환하자.

**我们俩交换一下微信吧。**
Wǒmen liǎ jiāohuàn yíxià Wēixìn ba.

리리: 좋아. 웨이신 아이디가 뭐야?

**莉莉: 好。你的微信账号是什么?**
Hǎo. Nǐde Wēixìn zhànghào shì shénme?

민: 내 QR코드를 스캔해.

**旼: 你扫我二维码吧。**
Nǐ sǎo wǒ èrwéimǎ ba.

리리: 그래. 스캔 좀 할게.

**莉莉: 好的，我扫一下你的二维码。**
Hǎode, wǒ sǎo yíxià nǐde èrwéimǎ.

| 민: | 친구 추가했어. 웨이신 보낼게, 자주 연락하고 지내자. |
|---|---|

**旼: 我加你了。我给你发微信, 我们常联系吧.**
Wǒ jiā nǐ le. Wǒ gěi nǐ fā Wēixìn, wǒmen cháng liánxì ba.

| 리리: | 아참, 내가 우리반 웨이신방에 너를 추가할게. |
|---|---|

**莉莉: 对了, 我把你加到我们班的微信群里。**
Duì le, wǒ bǎ nǐ jiā dào wǒmen bānde Wēixìnqún lǐ.

웨이신(微信)-내정보

웨이신(微信)-위챗페이

웨이신(微信)-검색. 맨 위에 보이는 朋友圈이 개인의 글이나 사진을 게시하는 공간이다.

# 2장 교통

· 띠띠추싱

· 버스/교통카드

· 공공자전거/공유자전거

· 지하철/기차

# 滴滴出行 Dīdī chūxíng 띠띠추싱

2012년 중국 닝보에 처음 왔을 때 신기했던 것 중 하나가 싼룬처(三轮车: 삼륜차)였는데요, 세 발 자전거처럼 생긴 이 싼룬처는 뒤에 두 사람이 탈 수 있어서 아이를 데리고 가까운 거리를 이동할 때 편리한 교통수단이었어요. 하지만 여름날 땀을 비오듯 흘리며 페달을 밟는 아저씨를 뒤에서 볼라치면 마음이 짠해지곤 했습니다.

2014년쯤 길거리 어디에나 볼 수 있던 싼룬처들이 점점 줄어 들더니 어느 날 자취를 감추고 말았어요. 그리고 이어서 혜성처럼 등장한 것이 바로 띠띠따처(滴滴打车)라는 앱. 이 앱을 이용하면 츄주처(出租车:택시)는 물론 콰이처(快车), 순펑처(顺风车), 쥬안처(专车) 등을 필요에 따라 골라 탈 수 있답니다.

현재 닝보의 택시 기본요금은 11원인데요, 콰이처나 순펑처는 이보다 조금 저렴하고 쥬안처는 더 비쌉니다. 요즘은 비교적 저렴하고 깨끗한 콰이처가 가장 대중적으로 이용되고 있어요. 자기 승용차를 이용해 합법적으로 영업을 할 수 있게 되면서 일명 헤이처(黑车)라고 불리던 불법 차량은 자연스럽게 줄어 들었지요.

띠띠따처 앱의 이름이 진작에 띠띠추싱(滴滴出行)으로 바뀌었는데도 사람들은 여전히 띠띠따처라고 많이 부릅니다. 차량을 부를 때는 먼저 차량을 선택하고 출발지와 목적지를 입력합니다. 그러면 잠시 후 나에게로 올 차량과 기사의 정보가 뜰 거예요. 차를 타면 목적지까지의 여정을 실시간 확인할 수 있고, 요금은 나의 즈푸바오를 통해 자동으로 정산됩니다.

2장

1. 차를 불러요.

**打滴滴。** Dǎ dīdī.
**叫车。** Jiàochē.

2. 트렁크 좀 열어 주세요.

**请把后备箱打开一下。**
Qǐng bǎ hòubèixiāng dǎkāi yíxià.

3. 기차역에 갑니다.

**去火车站。**
Qù huǒchēzhàn.

4. 거기까지 얼마나 걸려요?

**到那儿要多长时间?**
Dào nàr yào duōcháng shíjiān?

5. 기사님, 빨리 좀 가 주세요.

**师傅，请开快点儿。**
Shīfu, qǐng kāi kuài diǎnr.

6. 저 앞에서 유턴해 주시겠어요?

**前面掉头可以吗?**
Qiánmiàn diàotóu kěyǐ ma?

7. 도착했어요. 여기서 세워 주세요.

**到了。在这儿停车。**
Dào le. Zài zhèr tíngchē.

1. 띠띠추싱. 차량 호출 서비스 앱    滴滴出行 [dīdī chūxíng]
2. 택시    出租车 [chūzūchē]
3. 콰이처    快车 [kuàichē]
4. 슌펑처    顺风车 [shùnfēngchē]
5. 쥬안처    专车 [zhuānchē]
6. 대리운전    代驾 [dàijià]
7. 렌트카    自驾租车 [zìjià zūchē]
8. 중고차    二手车 [èrshǒuchē]
9. 차를 부르다.    叫车 [jiàochē] · 打滴滴 [dǎ dīdī]
10. 차를 기다리다.    等车 [děngchē]
11. 운전하다.    开车 [kāichē]
12. 차를 타다.    坐车 [zuòchē]
       上车 [shàngchē]
13. 차에서 내리다.    下车 [xiàchē]
14. 차가 막히다.    堵车 [dǔchē]
15. 기사    司机 [sījī] · 师傅 [shīfu]
16. 차량번호    车牌号 [chēpáihào]
17. 빈차    空车 [kōngchē]
18. 출발지    出发点 [chūfādiǎn]
19. 목적지    目的地 [mùdìdì]
20. 거리    距离 [jùlí]
21. 주소    地址 [dìzhǐ]
22. 위치    位置 [wèizhì]
23. 트렁크    后备箱 [hòubèixiāng]
24. 안전벨트    安全带 [ānquándài]

| 25. 안전벨트를 매다 | 系安全带 [jì ānquándài] |
|---|---|
| 26. 기본요금 | 起步价 [qǐbùjià] |
| 27. 미터기를 켜다 | 打开计价器 [dǎkāi jìjiàqì] |
| | 打表 [dǎ biǎo] |
| 28. 할증료를 내다. | 加钱 [jiāqián] |
| 29. 네비게이션 | 导航 [dǎoháng] |
| 30. 직진하다. | 往前走 [wǎng qián zǒu] |
| 31. 좌회전하다. | 往左拐 [wǎng zuǒ guǎi] |
| 32. 우회전하다. | 往右拐 [wǎng yòu guǎi] |
| 33. 유턴하다. | 掉头 [diàotóu] |
| 34. 차를 세우다. | 停车 [tíngchē] |
| 35. 잔돈을 거스르다. | 找零钱 [zhǎo língqián] |
| 36. 늦지 않다 | 来得及 [lái de jí] |
| 37. 늦다. 여유가 없다. | 来不及 [lái bù jí] |

띠띠추싱(滴滴出行)–화면 상단에서 차종을 선택하고 하단에 목적지를 기입한다.

띠띠추싱(滴滴出行)–하단 검은색 부분을 눌러 차를 부른다. 목적지 도착 예정시간, 예상가격 등이 보인다.

리리: 띠띠 불러서 가요.

莉莉: **打滴滴去吧。**
Dǎ dīdī qù ba.

남편: 차가 어디까지 왔어요?

老公: **车离我们这儿有多少距离?**
Chē lí wǒmen zhèr yǒu duōshao jùlí?

리리: 여기서 300미터 떨어져 있네요.

莉莉: **车离我们有300米。**
Chē lí wǒmen yǒu sān bǎi mǐ.

남편: 기사님, 뒤에 트렁크 좀 열어 주세요. 닝보역으로 가시죠.

老公: **师傅, 请把后备箱打开一下。去宁波站。**
Shīfu, qǐng bǎ hòubèixiāng dǎkāi yíxià. Qù Níngbō zhàn.

리리: 가다가 중간에 누굴 좀 태워서 가 주세요.

莉莉: **我还有一个朋友, 顺路去接她一下。**
Wǒ háiyǒu yí gè péngyou, shùnlù qù jiē tā yíxià.

기사: 네, 알겠습니다.

司机: **好的, 没问题。**
Hǎode, méi wèntí.

남편: 기사님, 얼마나 더 걸릴까요?

老公: **师傅, 到那儿还要多长时间?**
Shīfu, dào nàr hái yào duōcháng shíjiān?

늦겠어요. 빨리 좀 부탁드립니다.

**来不及了。请开快点儿。**
Lái bù jí le. Qǐng kāi kuài diǎnr.

기사: 다 와 가요. 직진하다가 좌회전만 하면 도착합니다.

司机: **快到了。往前走, 然后, 往左拐就到了。**
Kuài dào le. Wǎng qián zǒu, ránhòu, wǎng zuǒ guǎi jiù dào le.

리리: 저 앞에서 유턴해 주실 수 있어요?

莉莉: **前面掉头可以吗?**
Qiánmiàn diàotóu kěyǐ ma?

남편: 도착했어요. 여기서 세워 주세요.

老公: **到了。在这儿停车。**
Dào le. Zài zhèr tíngchē.

길가에 세워 주세요.

**靠边停。**
Kào biān tíng.

택시 내부. 운전석 앞옆으로 철망이 있다.

택시. 빈차는 택시 앞이나 위에 콩쳐(空车)라고 적혀 있다.

2-2

## 公交车 Gōngjiāochē 버스
## 公交卡 Gōngjiāokǎ 교통카드

닝보의 버스는 대체로 깨끗하고 쾌적하고 노선도 잘 편성되어 있어요. 그래서 저는 시간 여유가 있고 목적지 위치를 정확히 알 때는 버스를 즐겨 탑니다. 우시엔꽁지아오(无线公交)라는 공식계정에 들어가면 정류소에 버스가 몇 분 후에 도착하는지 검색해 볼 수 있습니다.

버스를 자주 이용한다면 꽁지아오카(公交卡:교통카드)를 만드는 게 좋습니다. 현금을 내고 탈 때는 2원이지만 교통카드를 충전해서 쓴다면 1.2원이 차감됩니다. 게다가 학생요금은 5마오(한화 82원)니까 버스요금이 정말 저렴하지요. 또 어린이의 경우엔 나이와 상관없이 키가 120cm이하는 버스를 무료로 이용할 수 있습니다.

교통카드를 처음 만들 때는 여권(학생은 재학 증명과 사진 필요)을 가지고 교통카드 서비스센터(公交卡服务中心)로 갑니다. 카드발급 비용은 10원이고, 이후에 공공자전거 이용을 하고자 한다면 충전금액과 별도로 보증금 200원을 더 내야 합니다. 이후에 카드를 분실하거나 더 이상 카드가 필요없게 되었을 때 카드의 위어(余额:남은 돈)와 자전거 야진(押金:보증금)은 백퍼센트 환불해 주니까 안심하세요.

그런데, 요즘은 버스요금도 모바일 결제가 가능해져서 교통카드를 만들지 않는 사람들도 있다고 하네요. 하긴 요즘은 자전거 역시도 교통카드가 필요한 공공자전거보다 모바일 결제가 가능한 공유자전거를 더 많이 타니까요. 이 공유자전거에 대해서는 바로 뒤에 소개할게요.

1. 똥치엔후에 가려면 몇 번 버스를 타야 해요?

   **到东钱湖要坐几路车?**
   Dào Dōngqiánhú yào zuò jǐ lù chē?

2. 기사님, 똥치엔후에 갑니까?

   **师傅，到东钱湖吗?**
   Shīfu, dào Dōngqiánhú ma?

3. 똥치엔후까지 세 정거장이 남았어요.

   **到东钱湖还有三站。**
   Dào Dōngqiánhú háiyǒu sān zhàn.

4. 정류소를 지나쳤어요.

   **我坐过了车站。**
   Wǒ zuòguò le chēzhàn.

5. 기사님, 저 내립니다. 문 좀 열어 주세요.

   **师傅，我要下车。请开门。**
   Shīfu, wǒ yào xiàchē. Qǐng kāimén.

6. 버스에서 음식을 드시면 안됩니다.

   **公交车上不能饮食。**
   Gōngjiāochē shàng bùnéng yǐnshí.

시민교통카드 서비스센터

1. 버스    公交车 [gōngjiāochē]
2. 차를 타다.    上车 [shàngchē] · 坐车 [zuòchē]
3. 하차하다.    下车 [xiàchē]
4. 환승하다.    换车 [huànchē]
5. 승객    乘客 [chéngkè]
6. 버스 노선    路线 [lùxiàn]
7. 버스 정류장    公交车站 [gōngjiāo chēzhàn]
8. 정류장 팻말    站牌 [zhànpái]
9. 교통카드를 만들다.    办公交卡 [bàn gōngjiāokǎ]
10. 카드를 반납하다.    退卡 [tuìkǎ]
11. 교통규칙    交通规则 [jiāotōng guīzé]
12. 준수하다.    遵守 [zūnshǒu]
13. 위반하다.    违反 [wéifǎn]
14. 횡단보도    斑马线 [bānmǎxiàn] / 人行道 [rénxíngdào]
15. 찻길, 차도    马路 [mǎlù] · 车道 [chēdào] / 车行道 [chēxíngdào]
16. 횡단보도를 건너다.    过斑马线 [guò bānmǎxiàn]
17. 길을 건너다.    过马路 [guò mǎlù]
18. 가기 시작하다.    起步 [qǐbù]
19. 손잡이를 잡다.    拉扶手 [lā fúshǒu]
20. 코너를 돌다.    转弯 [zhuǎnwān]
21. 안전에 주의하세요.    注意安全 [zhùyì ānquán]
22. 소지품    随身物品 [suíshēn wùpǐn]
23. 정류장을 지나치다.    坐过 [zuòguò]

Tip 버스 안내 방송

버스가 출발합니다. 손잡이를 꼭 잡으세요.

**车辆起步。请拉好扶手。**
Chēliàng qǐbù. Qǐng lāhǎo fúshǒu.


버스가 코너를 돕니다. 안전에 주의하세요.

**车辆转弯，注意安全。**
Chēliàng zhuǎnwān, zhùyì ānquán.


다음 정류장은 인타이청입니다.

**下一站是银泰城。**
Xià yí zhàn shì Yíntàichéng.


내리실 승객은 미리 후문 쪽으로 오셔서 내릴 준비를 해 주세요.

**下车的乘客请往后门走提前准备下车。**
Xiàchēde chéngkè qǐng wǎng hòumén zǒu tíqián zhǔnbèi xiàchē.


인타이청에 도착했습니다.

**银泰城到了。**
Yíntàichéng dào le.


소지품을 두고 내리지 않도록 주의하십시오.

**请携带好您的随身物品。**
Qǐng xiédàihǎo nínde suíshēn wùpǐn.

리리:　똥치엔후에 가려면 몇 번 버스를 타야 하지?

**莉莉:　到东钱湖要坐几路车?**
Dào Dōngqiánhú yào zuò jǐ lù chē?

친구:　906번. 나도 그 버스를 타려던 참이야.

**朋友:　906路。正好我也要坐那路车。**
Jiǔ líng liù lù. Zhènghǎo wǒ yě yào zuò nà lù chē.

리리:　잘 됐다.

**莉莉:　那太好了。**
Nà tài hǎo le.

똥치엔후까지는 버스로 얼마나 걸려?

**到东钱湖公交车要坐多长时间?**
Dào Dōngqiánhú gōngjiāochē yào zuò duōcháng shíjiān?

친구:　30분쯤 걸려.

**朋友:　大概要坐三十分钟。**
Dàgài yào zuò sān shí fēnzhōng.

리리:　기사님, 똥치엔후 갑니까?

**莉莉:　师傅，到东钱湖吗?**
Shīfu, dào Dōngqiánhú ma?

친구:　어이쿠, 폰만 하느라 정류장을 놓쳤어.

**朋友:　糟糕，光顾着玩手机，坐过了车站。**
Zāogāo, guānggù zhe wán shǒujī, zuòguò le chēzhàn.

기사님, 저 내립니다. 문 좀 열어 주세요.

**师傅，我要下车，请开门。**
Shīfu, wǒ yào xiàchē, qǐng kāimén.

리리: 잘 가. 난 똥치엔후까지 세 정거장이 남았어.

莉莉: **再见。到东钱湖还有三站。**
Zàijiàn. Dào Dōngqiánhú háiyǒu sān zhàn.

기사: 버스에서 음식을 드시면 안됩니다.

司机: **公交车上不能饮食。**
Gōngjiāochē shàng bù néng yǐnshí.

리리: 아, 죄송합니다.

莉莉: **啊，不好意思。**
A, bù hǎoyìsi.

닝보 버스의 앞쪽은 대체로 마주보도록
의자가 배치되어 있다.

버스 운전석 옆과 뒤로 안전한 보호벽이
설치되어 있다.

# 公共自行车 Gōnggòng zìxíngchē 공공자전거
# 共享单车 Gòngxiǎng dānchē 공유자전거

교통카드가 있으면 공공자전거를 한 번에 1시간까지 무료로 이용할 수 있습니다. 하지만 이용 후에는 반드시 정해진 위치에 자전거를 세워 놓아야 하므로 조금은 번거롭지요.

그에 반해 공유자전거는 이용 후에 길가 어디에든 세워 놓아도 되고 요금도 비교적 저렴한 데다 간편하게 모바일 결제가 되므로 현재 많은 사람들이 이용하고 있습니다. 공유자전거를 이용하려면 우선 앱을 다운받고 회원가입을 합니다.

공유자전거의 이용요금은 보통 한 시간에 1원이고, 보증금은 회원 탈퇴 시 돌려 받을 수 있습니다. 노란색이라 시아오황처(小黄车)라고도 불리는 오포(ofo), 파란색 하뤄판처(哈罗单车: hello), 주황색 모바이딴처(摩拜单车: mobike) 등이 있습니다. 매일 자전거를 이용하는 사람이라면 위에카(月卡: 월 회원권)를 사서 쓰는 편이 훨씬 실속있어요.

길가 여기 저기에 놓인 자전거들과 이리 저리 쓰러져 있는 자전거들이 눈살을 찌푸리게 할 때도 있는데요, 통행에 불편이 없도록 가쪽으로 잘 세워 놓도록 해요. 그리고 중국에서는 인도를 걸어간다고 해서 절대 마음을 놓아선 안됩니다. 왜냐하면 인도로 다니는 전동차들이 적지 않기 때문이지요. 어린 아이를 데리고 다닐 때는 특히 안전에 주의하세요.

2장

1. 공공자전거의 보증금은 200원입니다.

**公共自行车的押金需要两百元。**

Gōnggòng zìxíngchēde yājīn xūyào liǎng bǎi yuán.

2. 공공자전거 이용 후에는 지정된 위치에 세워 놓아야 해요.

**公共自行车用完后，一定要停在指定的地方。**

Gōnggòng zìxíngchē yòngwán hòu, yídìng yào tíng zài zhǐdìngde dìfang.

3. 카드를 반납하면 보증금을 돌려받을 수 있나요?

**退了卡能退押金吗？**

Tuì le kǎ néng tuì yājīn ma?

4. 공유자전거 이용해 봤니?

**你用过共享单车吗？**

Nǐ yòng guo gòngxiǎng dānchē ma?

5. 공유자전거는 이용 후에 길가에 세워 둘 수 있어.

**共享单车用完后，可以在路边停放。**

Gòngxiǎng dānchē yòngwán hòu, kěyǐ zài lùbiān tíngfàng.

6. 리리, 전동차 조심해!

**莉莉，小心电动车！**

Lìlì, xiǎoxīn diàndòngchē!

1. 자전거      **自行车** [zìxíngchē]
                   **单车** [dānchē]

2. 자전거를 타다.    **骑自行车** [qí zìxíngchē]
                   **骑单车** [qí dānchē]

3. 보증금      **押金** [yājīn]

4. 전동차      **电动车** [diàndòngchē]

5. 전동차를 몰다.    **开电动车** [kāi diàndòngchē]

6. 공공자전거    **公共自行车** [gōnggòng zìxíngchē]

7. 공유자전거    **共享单车** [gòngxiǎng dānchē]

8. 공유전동차    **共享电动车** [gòngxiǎng diàndòngchē]

9. 오포자전거    ofo、**小黄车** [xiǎohuángchē]

10. 헬로자전거    **哈罗单车** [hāluó dānchē]

11. 모바이크    **摩拜** [móbài]

12. 차를 세워 놓다.    **停放** [tíngfàng]

13. 비용    **费用** [fèiyòng]

14. 월회원권    **月卡** [yuèkǎ]

15. 수지가 맞다    **划算** [huásuàn]

공공 자전거

2장

리리:
교통카드를 갖고 있는데요, 공공자전거 어떻게 타요?

莉莉:
**我有公交卡，怎么开通公共自行车?**
Wǒ yǒu gōngjiāokǎ, zěnme kāitōng gōnggòng zìxíngchē?

서비스센터:
보증금 200원을 내세요.

服务中心:
**交押金200元。**
Jiāo yājīn liǎng bǎi yuán.

리리:
카드를 반납하면 보증금을 돌려 받을 수 있어요?

莉莉:
**退了卡能退押金吗?**
Tuì le kǎ néng tuì yājīn ma?

서비스센터:
네. 공공자전거는 이용 후에 반드시 정해진 위치에 세워 놓아야 해요.

服务中心:
**可以，公共自行车用完后,**
Kěyǐ, gōnggòng zìxíngchē yòngwán hòu,

**一定要停在指定的地方。**
yídìng yào tíng zài zhǐdìngde dìfang.

공공자전거

97

리리: 너 공유자전거 타 봤어?

莉莉: **你用过共享单车吗?**

Nǐ yòng guo gòngxiǎng dānch ma?


친구: 당연하지. 우선 앱을 다운받고 회원가입을 해.

朋友: **当然。你先下载APP注册吧。**

Dāngrán. Nǐ xiān xiàzài APP zhùcè ba.

자전거를 탈 때는 큐알코드를 스캔하기만 하면 이용할 수 있어.

**骑单车之前扫二维码就可以用。**

Qí dānchē zhīqián sǎo èrwéimǎ jiù kěyǐ yòng.


리리: 이용요금이 어떻게 되는데?

莉莉: **费用是多少钱?**

Fèiyòng shì duōshao qián?


친구: 한 시간에 1원이야. 요금은 이용 후에 자동으로 지불이 돼.

朋友: **一元一个小时。用完之后自动付款。**

Yì yuán yí gè xiǎoshí. Yòngwán zhīhòu zìdòng fùkuǎn.

공유자전거는 길가에 세워 둘 수 있어.

**共享单车可以在路边停放。**

Gòngxiǎng dānchē kěyǐ zài lùbiān tíngfàng.


리리: 그렇구나. 어쩐지 많이 타더라.

莉莉: **怪不得，是这样。所以比较常用。**

Guàibude, shì zhèyàng. Suǒyǐ bǐjiào chángyòng.

top-right tab marker: 2장

친구:　　난 자전거를 거의 매일 타니까 위에카를 사.

朋友:　**我几乎每天都骑单车，所以买月卡。**
Wǒ jīhū měitiān dōu qí dānchē, suǒyǐ mǎi yuèkǎ.

그러면 훨씬 저렴하거든.

**那样的话更划算。**
Nàyàngde huà gèng huásuàn.

공유자전거. 쓰러져 있는 모습을 종종 볼 수 있다.

공유자전거. 통행에 불편이 없도록 흰색 선 안에 세우기

99

# 地铁 Dìtiě 지하철  列车 Lièchē 기차

2012년 닝보에 처음 왔을 당시에는 지하철이 없었습니다. 그러다 몇 년 사이에 지하철 두 개 노선이 개통을 했어요. 현재 짓고 있는 3호선이 완공되면 생활이 더 편리해질 것으로 기대가 됩니다.

지하철 요금은 거리에 따라 책정이 됩니다. 한국과 다르게 중국은 지하철을 탈 때도 기차나 비행기를 탈 때처럼 엑스레이 검색대에서 짐을 검사합니다. 지하철에는 출입문마다 위쪽에 노선안내도가 있는데, 지나온 역은 빨간불, 앞으로 도착할 역은 초록불로 표시가 되어 방송을 잘 알아듣지 못하더라도 현재의 위치를 쉽게 알 수 있습니다.

중국의 고속열차는 G열차(高铁gāotiě), D열차(动车dòngchē), C열차(城际列车chéngshì lièchē)가 있고, 보통열차는 Z열차(直达快车zhídá kuàichē)가 있습니다. 여기서 열차 이름의 맨 앞 영문자는 중국어의 첫 병음이라는 거 눈치채셨나요? 까오티에, G열차(高铁)는 최고 시속이 무려 350km나 된답니다. 열차들 중 속도가 가장 빠른 만큼 가격 또한 가장 비싸지요.

닝보의 기차역은 새로 지은 지 얼마 되지 않아 건물 디자인이 세련되고 내부 또한 넓고 깨끗합니다. 몇 년 전만 해도 기차표를 사러 역에 가면 줄을 오래 서야 했어요. 일행 중 한 명이 줄을 서고 나머지는 아예 가방을 베고 누운 중국인들도 많이 봤지요.

요즘은 보통 모바일로 미리 표를 예매하고 기차역에 가서 표를 찾는데요, 자동발권기가 많이 보급되어 줄을 서는 시간이 많이 단축되었어요. 아쉽게도 아직 외국인은 자동발권기를 이용할 수 없기 때문에 줄을 서서 표를 찾아야 합니다. 표를 찾는 것을 중국어로 취피아오(取票)라고 합니다.

엑스레이 검색대에서 짐 검사를 받고 안으로 들어간 후에는 기차표에 적힌 개찰구(检票口)의 위치를 확인하세요. 개찰구의 위치가 갑자기 바뀌는 경우도 종종 있으니 방송에도 귀를 기울여야 합니다.

1. 지하철은 약속 시간을 지켜 줍니다.

**坐地铁的话就能准时到。**

Zuò dìtiěde huà jiù néng zhǔnshí dào.

2. 지하철도 타기 전에 짐 검사(안전검사)를 합니다.

**坐地铁前也要过安检。**

Zuò dìtiě qián yě yào guò ānjiǎn.

3. 닝보에는 현재 두 개의 지하철 노선이 있습니다.

**宁波现在有两条地铁线路。**

Níngbō xiànzài yǒu liǎng tiáo dìtiě xiànlù.

4. 요금은 거리에 따라 책정됩니다.

**车票价格由行程距离决定。**

Chēpiào jiàgé yóu xíngchéng jùlí juédìng.

5. 꾸로우역에서 환승할 수 있습니다.

**在鼓楼站可以换乘。**

Zài Gǔlóu zhàn kěyǐ huànchéng.

6. 아침 8시에 출발하는 똥처표 한 장 주세요.

**请给我一张早上八点出发的动车票。**

Qǐng gěi wǒ yì zhāng zǎoshang bā diǎn chūfāde dòngchēpiào.

| | 한국어 | 중국어 |
|---|---|---|
| 1. | 지하철 | 地铁 [dìtiě] |
| 2. | 지하철역 | 地铁站 [dìtiězhàn] |
| 3. | 지하철 노선 | 地铁线路 [dìtiě xiànlù] |
| 4. | 환승하다. | 换乘 [huànchéng] |
| 5. | 기차 | 火车 [huǒchē] · 列车 [lièchē] |
| 6. | 기차역 | 火车站 [huǒchēzhàn] |
| 7. | G열차(까오티에) | 高铁 [gāotiě] |
| 8. | D열차(뚱처) | 动车 [dòngchē] |
| 9. | 짐을 검사하다. 안전검사를 하다. | 过安检 [guò ānjiǎn] |
| 10. | 차표를 사다. | 买车票 [mǎi chēpiào] |
| 11. | 차표를 받다. | 取票 [qǔpiào] |
| 12. | 표받는 곳 | 取票处 [qǔpiàochù] |
| 13. | 개찰구 | 检票口 [jiǎnpiàokǒu] |
| 14. | 분실물 센터 | 失物认领处 [shīwù rènlǐngchù] 失物招领处 [shīwù zhāolǐngchù] |
| 15. | 출발하다. | 出发 [chūfā] |
| 16. | 시간을 지키다 | 准时 [zhǔnshí] |
| 17. | 좋다 | 不错 [búcuò] |

친구: 너 어떻게 왔어?

**朋友: 你是怎么过来的?**
Nǐ shì zěnme guòláide?

리리: 지하철 타고 왔지.

**莉莉: 坐地铁过来的。**
Zuò dìtiě guòláide.

지하철은 약속시간을 지켜주니까.

**坐地铁就能准时到。**
Zuò dìtiě jiù néng zhǔnshí dào.

꾸로우역에서 환승하는 게 좀 귀찮긴 해도

**在鼓楼站换乘有点麻烦，**
Zài Gǔlóu zhàn huànchéng yǒudiǎn máfan,

버스 타는 것보다 훨씬 빨라.

**不过比坐公交车更快。**
búguò bǐ zuò gōngjiāochē gèng kuài.

그리고 지난 번 그 교통카드로 지하철도 탈 수 있더라.

**对了，上次那个公交卡也可以坐地铁。**
Duì le, shàngcì nàge gōngjiāokǎ yě kěyǐ zuò dìtiě.

친구: 우리 다음 주말에 디즈니 놀러 갈까?

**朋友: 咱们下周末去迪士尼玩儿怎么样?**
Zánmen xiàzhōumò qù Díshìní wánr zěnmeyàng?

상해까지는 똥처를 타고 가자.

**坐动车到上海去吧。**
Zuò dòngchē dào Shànghǎi qù ba.

차표는 내가 예매할게.

**车票由我来买。**
Chēpiào yóu wǒ lái mǎi.

리리: 그래. 닝보에서 상해까지 똥처로 가면 얼마나 걸려?

莉莉: **好的。宁波到上海坐动车要多久？**
Hǎode. Níngbō dào Shànghǎi zuò dòngchē yào duōjiǔ?

친구: 2시간 조금 더 걸려.

朋友: **两个多小时。**
Liǎng gè duō xiǎoshí.

까오티에랑 20분 밖에 차이가 안나니까

**跟坐高铁去只差二十分钟，**
Gēn zuò gāotiě qù zhǐchà èr shí fēnzhōng,

똥처를 타고 가도 괜찮아.

**所以坐动车去也还好。**
suǒyǐ zuò dòngchē qù yě hái hǎo.

리리: 상해 푸동역에서 디즈니까지는 지하철을 타고 가면 되지?

莉莉: **上海虹桥站到迪士尼坐地铁行吗？**
Shànghǎi Hóngqiáo zhàn dào Díshìní zuò dìtiě xíng ma?

친구: 응. 상해는 지하철이 잘 되어 있어.

朋友: **行。上海的地铁不错。**
Xíng. Shànghǎide dìtiě búcuò.

모두 11개의 노선이 있어.

**总共有十一条地铁线路。**
Zǒnggòng yǒu shí yī tiáo dìtiě xiànlù.

리리: 그럼 다음 주 토요일 아침 출발하는 걸로 부탁해.

**莉莉: 那你帮我买下周六早上出发的动车票。**

Nà nǐ bāng wǒ mǎi xiàzhōuliù zǎoshang chūfāde dòngchēpiào.

친구: 좋아. 다음 주 토요일 아침에 표 찾는 곳에서 만나.

**朋友: 好的。下周六早上在取票处见。**

Hǎode. Xiàzhōuliù zǎoshang zài qǔpiàochù jiàn.

까오티에(高铁) 내부

까오티에(高铁)는 열차이름이 G로 시작한다.

지하철 노선도. 지나온 역은 빨간불로 표시된다.

# 3장

## 건강과 미용

· 병원

· 약국

· 피트니스 클럽

· 발마사지

· 미용실

· 네일아트

· 화장품

· 애완동물 병원 /

애완동물 미용실

# 医院 Yīyuàn 병원

　살다 보면 병원에 갈 일이 생기게 마련입니다. 특히 아이의 경우라면 유치원이나 학교에서 장시간 단체생활을 하니 감기와 장염은 흔히 걸릴 수 밖에요. 병원엔 늘 환자가 많아 진료 한 번 보자면 시간이 많이 걸립니다.

　병원에 갈 땐 병력수첩과 카드(또는 의보카드)를 꼭 가지고 가도록 합니다. 병원에 도착해서는 우선 접수를 하는데 중국어로는 꽈하오(挂号)라고 해요. 진료과목을 말하고 보통 진료로 볼 것인지, 전문의로 볼 것인지 말하면 됩니다.

　진료를 보고 나면 의사가 약을 처방합니다. 수납을 하고 병원 약국으로 가서 약을 받으면 되구요. 증세가 심각하다면 필요한 검사(피검사, 엑스레이, 초음파 등)를 하고 결과지를 가지고 다시 오라고 합니다. 중국 병원에서 링거 맞는 모습을 보신 적 있나요? 환자들이 옆으로 나란히 의자에 앉아서 링거를 맞는답니다.

　요즘은 진료비 수납을 셀프로 할 수 있는 기계가 설치되어 있어 기다리는 시간을 줄일 수 있게 되었습니다. 수납은 은행카드, 즈푸바오, 웨이신즈푸 다 가능합니다.

　유치원 또는 취학을 하면 매년 의료보험비를 냅니다. 병원 진료비도 일반 진료보다 저렴하고 학교에서 일어난 사고에 대해 보험 혜택도 받을 수 있어요. 참, 중국도 우리나라처럼 초등 저학년 때 충치 예방을 위한 '어금니 홈메우기'를 지정 치과에서 무료로 받을 수 있답니다.

1. 내과 진료를 받고 싶어요.

**我要看内科。**

Wǒ yào kàn nèikē.


2. 어디가 불편하세요?

**你哪里不舒服?**

Nǐ nǎlǐ bù shūfu?


3. 우선 피 검사를 하고 오세요.

**先去验个血。**

Xiān qù yàn gè xiě.


4. 링거 맞고 약 먹으면 됩니다.

**打个点滴、吃个药就可以了。**

Dǎ gè diǎndī, chī gè yào jiù kěyǐ le.


5. 따뜻한 물을 많이 마시고 푹 쉬세요.

**多喝点热水、要好好休息。**

Duō hē diǎn rèshuǐ, yào hǎohāo xiūxi.


6. 입원 치료를 받아야 합니다.

**要住院治疗。**

Yào zhùyuàn zhìliáo.

병원에 갈 때 지참해야 하는 병력수첩과 카드

1. 병원　　　　　　　　　医院 [yīyuàn]
2. 접수하다.　　　　　　　挂号 [guàhào]
3. 진료를 보다.　　　　　看病 [kànbìng] · 看医生 [kàn yīshēng]
4. 병력수첩　　　　　　　病历本 [bìnglìběn]
5. 의료보험카드　　　　　医保卡 [yībǎokǎ]
6. 소아과　　　　　　　　儿科 [érkē]
7. 내과　　　　　　　　　内科 [nèikē]
8. 이비인후과　　　　　　耳鼻喉科 [ěrbíhóukē]
9. 안과　　　　　　　　　眼科 [yǎnkē]
10. 피부과　　　　　　　　皮肤科 [pífūkē]
11. 치과　　　　　　　　　牙科 [yákē]
12. 의사　　　　　　　　　医生 [yīshēng]
13. 전문의　　　　　　　　专家 [zhuānjiā]
14. 전문의 진료　　　　　专家门诊 [zhuānjiā ménzhěn]
15. 보통의 진료　　　　　普通门诊 [pǔtōng ménzhěn]
16. 간호사　　　　　　　　护士 [hùshi]
17. 체온을 재다.　　　　　测体温 [cè tǐwēn]
18. 체중을 재다.　　　　　测体重 [cè tǐzhòng]
19. 혈압을 재다.　　　　　测血压 [cè xuèyā]
20. 몸이 불편하다.　　　　不舒服 [bù shūfu]
21. 감기　　　　　　　　　感冒 [gǎnmào]
22. 열이 나다.　　　　　　发烧 [fāshāo]
23. 기침하다.　　　　　　咳嗽 [késou]
24. 재채기하다.　　　　　打喷嚏 [dǎ pēntì]

25. 콧물이 나다. 流鼻涕 [liú bítì]

26. 목이 아프다. 嗓子疼 [sǎngzi téng]

27. 머리 아프다. 头疼 [tóuténg]

28. 목에 염증이 생기다 喉咙发炎 [hóulóng fāyán]

29. 목이 쉬었다. 嗓子哑了 [sǎngzi yǎ le]

30. 장염 肠胃炎 [chángwèiyán]

31. 토하다. 呕吐 [ǒutù]

32. 설사하다. 拉肚子 [lā dùzi]

33. 비염 鼻炎 [bíyán]

34. 코가 막히다. 鼻塞 [bísāi]

35. 냄새를 못맡다. 味道闻不到 [wèidao wén bú dào]

36. 중이염 中耳炎 [zhōng'ěryán]

37. 귀가 아프다. 耳朵疼 [ěrduo téng]

38. 욱신대다. 쑤시다. 酸疼 [suānténg]

39. 피부 皮肤 [pífū]

40. 두드러기가 나다. 起红疹 [qǐ hóngzhěn]

41. 알러지가 있다. 过敏 [guòmǐn]

42. 면역력 免疫力 [miǎnyìlì]

43. 다래끼가 나다. 长针眼 [zhǎng zhēnyǎn]

44. 눈을 문지르다. 揉眼睛 [róu yǎnjing]

45. 가렵다. 痒 [yǎng]

46. 긁다. 挠 [náo]·抓 [zhuā]

47. 충치 蛀牙 [zhùyá]

48. 이가 썩었다. 牙齿蛀了 [yáchǐ zhù le]

49. 이를 때우다.　　　　补牙 [bǔyá]

50. 유치를 뽑다.　　　　拔幼齿 [bá yòuchǐ]

51. 약을 처방하다.　　　开药 [kāiyào]

52. 처방전　　　　　　开药单 [kāiyàodān]

53. 약을 받다.　　　　　取药 [qǔyào]

54. 피검사하다.　　　　验血 [yànxiě]

55. 피를 뽑다.　　　　　抽血 [chōuxiě]

56. 주먹을 쥐다.　　　　握拳 [wòquán]

57. 검사하다.　　　　　检查 [jiǎnchá]

58. 재검사하다　　　　复查 [fùchá]

59. 결과지를 받다.　　　拿单子 [ná dānzi]

60. 약국　　　　　　　药房 [yàofáng]

61. 약을 먹다.　　　　　吃药 [chīyào]

62. 연고를 바르다.　　　涂药膏 [tú yàogāo]

63. 약물을 뿌리다.　　　喷药水 [pēn yàoshuǐ]

64. 안약을 넣다.　　　　滴眼药水 [dī yǎnyàoshuǐ]

65. 주사맞다.　　　　　打针 [dǎzhēn]

66. 피부 반응 검사　　　皮试 [píshì]

67. 링거 맞다.　　　　　打点滴 [dǎ diǎndī]

　　　　　　　　　　挂盐水 [guà yánshuǐ]

68. 링거를 빼다.　　　　拔点滴 [bá diǎndī]

　　　　　　　　　　拔盐水 [bá yánshuǐ]

69. 엑스레이 찍다.　　　拍片 [pāipiàn]

70. 초음파검사하다.　　做B超 [zuò B chāo]

71. 입원하다.　　　住院 [zhùyuàn]

72. 퇴원하다.　　　出院 [chūyuàn]

73. 수속하다.　　　办理手续 [bànlǐ shǒuxù]

74. 입원실　　　　病房 [bìngfáng]

75. 문병하다.　　　看望病人 [kànwàng bìngrén]

76. 간호사 스테이션　护士站 [hùshizhàn]

77. 벨을 누르다.　　按铃 [ànlíng]

78. 식사카드　　　餐卡 [cānkǎ]

79. 회진하다.　　　查房巡诊 [cháfáng xúnzhěn]

병원 안과 순번 대기중. 이제 우리 차례다.

수액실. 의자에 앉아서 링거를 맞는다.

진료비 자동수납기

리리:
병원에 사람이 많네, 얼른 줄 서서 접수하자.

莉莉:
**医院里人太多了，赶紧排队挂号吧。**
Yīyuàn lǐ rén tài duō le, gǎnjǐn páiduì guàhào ba.

접수처:
무슨 과 진료 보시겠어요?

挂号处:
**你要看什么科?**
Nǐ yào kàn shénme kē?

리리:
소아과요. 전문의로 볼게요.

莉莉:
**儿科，我要看专家门诊。**
Érkē, wǒ yào kàn zhuānjiā ménzhěn.

간호사:
꼬마 친구야, 체온하고 몸무게 재보자.

护士:
**小朋友，给你测体温和体重。**
Xiǎopéngyou, gěi nǐ cè tǐwēn hé tǐzhòng.

의사:
어디가 불편하니?

医生:
**你哪里不舒服?**
Nǐ nǎlǐ bù shūfu?

아들:
기침 나고, 콧물 나고, 목 아프고, 머리 아프고, 힘이 없어요.

儿子:
**咳嗽，流鼻涕，嗓子疼，头疼，没有力气。**
Késou, liú bítì, sǎngzi téng, tóuténg, méiyǒu lìqi.

리리:
어젯밤부터 열이 나서 해열제를 먹였는데 소용이 없어요.

莉莉:
**昨晚开始发烧的。吃了退烧药但是没用**
Zuówǎn kāishǐ fāshāode. Chī le tuìshāoyào dànshì méiyòng.

의사:
医生：
목이 붓고 염증이 있어요.

**喉咙发炎了。**
Hóulóng fāyán le.

피 검사와 엑스레이 검사하고 오세요.

**先去验个血再去拍个片吧。**
Xiān qù yàn gè xiě zài qù pāi gè piàn ba.

간호사:
护士：
1시간 후에 직접 기계에서 결과지를 받아 오세요.

**一个小时后直接去机器那儿拿单子。**
Yí gè xiǎoshí hòu zhíjiē qù jīqì nàr ná dānzi.

의사:
医生：
유행성 감기예요. 폐렴은 아닙니다.

**是流行感冒，不是肺炎。**
Shì liúxíng gǎnmào, búshì fèiyán.

3일치 약을 처방할게요. 3일 후에 다시 검사해 봅시다.

**我开三天的药，三天后复查吧。**
Wǒ kāi sān tiānde yào, sān tiān hòu fùchá ba.

아들:
儿子：
엄마, 나 많이 나았어. 게임해도 되지요?

**妈妈，我好多了。我玩会儿游戏可以吗？**
Māma, wǒ hǎoduō le. Wǒ wán huìr yóuxì kěyǐ ma?

리리:
莉莉：
당연히~ 안되지!

**当然~ 不可以!**
Dāngrán bù kěyǐ!

앞으로 손을 자주 씻고 음식을 골고루 잘 먹어야 한다. 알았지?

**以后勤洗手，好好吃饭，好不好？**
Yǐhòu qín xǐshǒu, hǎohāo chīfàn, hǎo bù hǎo?

115

리리:　어제 저녁 회식에서 해산물을 먹었는데,

莉莉:　**昨晚聚餐的时候吃了海鲜,**
Zuówǎn jùcānde shíhou chī le hǎixiān,

귀가 후 여러 번 토하고 설사를 해요.

**回家后吐了几次, 还拉了几次。**
Huíjiā hòu tù le jǐ cì, hái lā le jǐ cì.

의사:　장염입니다. 링거를 맞으셔야 합니다.

医生:　**是肠胃炎。要打个点滴。**
Shì chángwèiyán. Yào dǎ gè diǎndī.

간호사:　처방전 가지고 가서 수납하시고 약국에서 약을 받으세요.

护士:　**拿着单子去付款再去药房取药。**
Ná zhe dānzi qù fùkuǎn zài qù yàofáng qǔyào.

링거 맞기 전에는 피부 반응 검사를 꼭 해야 합니다.

**打点滴之前一定要做皮试。**
Dǎ diǎndī zhīqián yídìng yào zuò píshì.

리리:　간호사님, 링거 다 맞았어요.

莉莉:　**护士，打完了。**
Hùshi, dǎwán le.

간호사:　네, 빼 드릴게요.

护士:　**好的，我帮你拔了。**
Hǎode, wǒ bāng nǐ bá le.

리리: 같이 회식을 한 동료들은 괜찮은데,

莉莉: **一起聚餐的同事都没事的，**
Yìqǐ jùcānde tóngshì dōu méishìde,

왜 저만 이럴까요?

**怎么只有我这样？**
Zěnme zhǐyǒu wǒ zhèyàng?

간호사: 면역력이 약하신 것 같네요.

护士: **可能是免疫力有点低。**
Kěnéng shì miǎnyìlì yǒudiǎn dī.

집에 가서서 푹 쉬세요.

**回家好好休息一下。**
Huíjiā hǎohāo xiūxi yíxià.

---

**Tip 병원에서 유용한 표현 플러스**

코가 막혀서 냄새를 못 맡겠어요.

**鼻塞，什么味道都闻不到。**
Bísāi, shénme wèidào dōu wén bú dào.

비염이 심하네요. 이 약을 하루에 두 번 뿌리세요.

**鼻炎严重了。这个药一天喷两次。**
Bíyán yánzhòng le. Zhège yào yì tiān pēn liǎng cì.

귀가 욱신욱신 아픈데 중이염인가요?

**我耳朵酸疼，是不是得中耳炎了？**

Wǒ ěrduo suānténg, shì bú shì dé zhōngěryán le?

이 약을 하루 세 번 식후에 드세요.

**这个药一天三次饭后吃。**

Zhège yào yì tiān sān cì fàn hòu chī.

눈에 다래끼가 났어요.

**我长针眼了。**

Wǒ zhǎng zhēnyǎn le.

눈을 문지르지 마세요. 안약을 하루에 세 번 한 방울씩 넣으세요.

**别揉眼睛。这个眼药水一天滴三次。**

Bié róu yǎnjing. Zhège yǎnyàoshuǐ yì tiān dī sān cì.

피부에 두드러기가 났는데 너무 가려워요.

**皮肤上起红疹了，太痒了。**

Pífū shàng qǐ hóngzhěn le, tài yǎng le.

긁지 마세요. 아침 저녁 한번씩 두드러기 난 곳에 바르세요.

**别挠。早晚各一次涂在红疹上。**

Bié náo. Zǎowǎn gè yí cì tú zài hóngzhěn shàng.

충치가 있어요. 때워야 합니다.

**牙齿蛀了，要补牙。**

Yáchǐ zhù le, yào bǔyá.

유치가 흔들려요. 뽑아 주세요.

**幼齿松动，帮我拔掉。**

Yòuchǐ sōngdòng, bāng wǒ bádiào.

1층에 가서서 입원수속을 하세요.

**下楼去办理住院手续。**

Xiàlóu qù bànlǐ zhùyuàn shǒuxù.

도움이 필요하면 이 벨을 눌러서 간호사를 부르세요.

**需要帮助的时候，按铃叫护士。**

Xūyào bāngzhùde shíhou, ànlíng jiào hùshi.

의사가 아침마다 입원실 회진을 돕니다.

**医生每天早上会查房巡诊。**

Yīshēng měitiān zǎoshang huì cháfáng xúnzhěn.

간호사가 아침, 저녁으로 와서 체온과 혈압을 잽니다.

**护士早晚都来测体温和血压。**

Hùshi zǎowǎn dōu lái cè tǐwēn hé xuèyā.

검사 결과 모두 정상입니다. 퇴원하셔도 좋습니다.

**检查结果都正常了，可以出院了。**

Jiǎnchá jiéguǒ dōu zhèngcháng le, kěyǐ chūyuàn le.

## 药店 Yàodiàn 약국

아픈데 증상이 심하지 않다면 여러분도 병원에 가지 않고 약국에 가시나요? 병원은 늘 사람이 많아 기다리기 지루함은 물론이고, 그다지 깨끗하지 않은 환경의 병원에서 오래 있다 보면 왜 없던 병도 생길 것 같은 느낌이 들기도 하지요.

보통 병원 안에 있는 약국은 야오팡(药房), 밖에 있는 약국은 야오띠엔(药店)으로 구별해서 말합니다. 하지만 밖에 있는 약국인데도 'OO야오팡(OO药房)'이라고 씌여진 약국도 많더군요.

그런데, 약국에서 흰 가운을 입고 약을 파는 사람들 대부분이 약사가 아니고 그냥 판매원이라고 합니다. 한국에서 힘들게 약학을 전공하고 개업을 하는 약사와는 다른데요, 그렇다고 약대가 없느냐 그건 또 아닙니다. 이야오따쉬에(医药大学)에서 약학을 전공한 사람들은 대체로 병원 약국에서 근무한다고 합니다.

상해에서 근무하시는 한국인 의사선생님이 '의료정보방'이라는 위챗그룹채팅방을 운영하고 계시는데요. 이 방에 가시면 여러 가지 유용한 의학 정보를 공유할 수 있답니다. 중국 지역별 병원 및 중국 약국에서 구입 가능한 비상약 목록도 있으니 중국에 계신 분들이라면 참고하시기 바랍니다.

이 편에서는 병원 처방이 없이도 약국에서 흔히 구입할 수 있는 약들에 대해서 알아 보기로 해요.

1. 소화가 안되는데 소화제 있어요?
   **我消化不良，有没有消化药?**
   Wǒ xiāohuà bùliáng, yǒu méiyǒu xiāohuàyào?

2. 감기기가 있는데 어떤 약을 먹으면 좋을까요?
   **有点感冒了，吃什么药好?**
   Yǒudiǎn gǎnmào le, chī shénme yào hǎo?

3. 이 약이 효과가 좋습니다.
   **这种药效果很好。**
   Zhè zhǒng yào xiàoguǒ hěn hǎo.

4. 외출할 때는 꼭 마스크를 하세요.
   **出门时别忘了戴口罩。**
   Chūmén shí bié wàng le dài kǒuzhào.

5. 즈푸바오, 웨이신 다 됩니다.
   **用支付宝, 微信付都可以。**
   Yòng Zhīfùbǎo, Wēixìn fù dōu kěyǐ.

# 단어 암기

| | | |
|---|---|---|
| 1. | 약국 | 药店 [yàodiàn] · 药房 [yàofáng] |
| 2. | 약을 먹다. | 吃药 [chīyào] |
| 3. | 해열제 | 退烧药 [tuìshāoyào] |
| 4. | 감기약 | 感冒药 [gǎnmàoyào] |
| 5. | 물에 타먹는 감기약 | 感冒冲剂 [gǎnmào chōngjì] |
| 6. | 타이레놀 | 泰诺林 [tàinuòlín] |
| 7. | 브루펜 | 布洛芬 [bùluòfēn] |
| 8. | 기침약 | 止咳药 [zhǐkéyào] |
| 9. | 소화제 | 消化药 [xiāohuàyào] |
| 10. | 진통제 | 止痛药 [zhǐtòngyào] |
| 11. | 소염제 | 消炎药 [xiāoyányào] |
| 12. | 마스크 | 口罩 [kǒuzhào] |
| 13. | 일회용 밴드 | 创口贴 [chuàngkǒutiē] · 创可贴 [chuàngkětiē] |
| 14. | 붙이다. | 贴 [tiē] |
| 15. | 소독하다. | 消毒 [xiāodú] |
| 16. | 소독약 | 消毒药水 [xiāodú yàoshuǐ] |
| 17. | 소독솜 | 酒精棉球 [jiǔjīng miánqiú] |
| 18. | 소화불량 | 消化不良 [xiāohuà bùliáng] |
| 19. | 체하다. | 积食 [jīshí] |
| 20. | 넘어지다. | 摔倒 [shuāidǎo] |
| 21. | 무릎 | 膝盖 [xīgài] |
| 22. | 피부가 까지다. | 破皮 [pòpí] |
| 23. | 미세먼지 | 雾霾 [wùmái] |
| 24. | 마스크를 착용하다. | 戴口罩 [dài kǒuzhào] |
| 25. | 효과 | 效果 [xiàoguǒ] |

대부분의 약국들이 프랜차이즈 약국이다.

의료보험이 적용되고 의보카드(医保卡)를
이용할 수 있는 약국이다.

350년 전통의 북경동인당(北京同仁堂) 약국. 닝보에도
몇 개의 지점이 있다.

북경동인당(北京同仁堂) 약국의 대표적인 상품인
우황청심환

약국에서

리리:  조금 감기기가 있는데 어떤 약이 좋을까요?

莉莉: **有点感冒了，吃什么药好呢？**
Yǒudiǎn gǎnmào le, chī shénme yào hǎo ne?


판매원:  물에 타먹는 이 감기약이 효과가 좋습니다.

售货员: **这种感冒冲剂效果很好。**
Zhè zhǒng gǎnmào chōngjì xiàoguǒ hěn hǎo.


리리:  좋아요. 이걸로 주세요.

莉莉: **好的，我要这种。**
Hǎode, wǒ yào zhè zhǒng.


참, 어린이 해열제 있어요?

**对了，有没有儿童用的退烧药？**
Duì le, yǒu méi yǒu értóng yòngde tuìshāoyào?


리리:  아이가 넘어져서 무릎이 까졌어요.

莉莉: **孩子摔倒了膝盖破皮了。**
Háizi shuāidǎo le xīgài pòpí le.


판매원:  소독을 하고 밴드를 붙이세요.

售货员: **消毒后贴创口贴吧。**
Xiāodú hòu tiē chuàngkǒutiē ba.


리리:  요즘 미세먼지가 심한데 마스크 있어요?

莉莉: **最近雾霾太大了，有没有口罩？**
Zuìjìn wùmái tài dà le, yǒu méi yǒu kǒuzhào?

**판매원:** 여기 있습니다. 밖에 나갈 때 꼭 마스크를 하세요.

**售货员:** 给您。出门时别忘了戴口罩。
Gěi nín. Chūmén shí bié wàng le dài kǒuzhào.

**리리:** 소화가 잘 안됩니다. 소화제 있어요?

**莉莉:** 我消化不良，有没有消化药？
Wǒ xiāohuà bùliáng, yǒu méi yǒu xiāohuàyào?

**판매원:** 30원입니다. 즈푸바오, 웨이신 다 됩니다.

**售货员:** 三十块。用支付宝，微信都可以，
Sān shí kuài. Yòng Zhīfùbǎo, Wēixìn dōu kěyǐ,

QR코드를 스캔해 주세요.

扫一下。
sǎo yíxià.

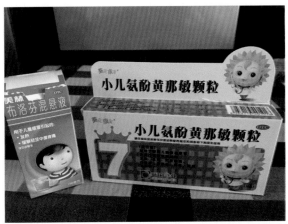

어린이 해열제 브루펜시럽(좌)과 감기에 잘듣는 물에 타먹는 어린이 감기약(우)

# 健身房 Jiànshēnfáng 피트니스 클럽

사람들의 생활 수준이 높아지면서 음식의 양보다는 질을 따지게 되었고 웰빙 음식에 대한 관심이 많아졌지요. 이와 더불어 체력을 단련하고자 지엔션팡 (健身房:피트니스클럽)을 찾는 사람들 또한 점점 늘고 있습니다.

닝보에도 훌륭한 시설을 갖춘 지엔션팡들이 속속 생겨나고 있는데요, 우리 부부가 몇 년간 이용해 오던 지엔션팡이 어느 날 운동을 하러 갔는데 문을 닫았더군요. 안타깝게도 새로 생긴 삐까번쩍한 지엔션팡들에 그만 밀렸나 봅니다. 하지만 지금이 장사 접은 남 걱정할 때입니까? 안타까운 건 우리도 마찬가지. 비싼 돈 내고 니엔카(年卡:연회원카드)를 새로 끊은 지 얼마 되지도 않았는데 흐억.

그러니까 카드를 만들 때는 혜택이 크다는 말에 솔깃하여, 너무 장기(長期)로 하지도 말고 또 너무 많은 금액을 한꺼번에 충전하지 않으시기 바랍니다. 그리고 프랜차이즈점이라면 다른 지점에서도 이용할 수 있는지 잘 알아 보고 카드를 만드는 게 안전할 것 같네요.

또 하나, 개인적인 사정으로 장기간 피트니스 클럽에 가지 못하는 경우, 미리 팅카(停卡 : 카드정지) 신청을 하면 빠지는 기간 만큼 카드 만료일을 연장해 줍니다. 몰라서 못하지 알아 두면 손해보지 않고 권리를 누릴 수 있다는 것 기억하세요.

1. 건강이 제일입니다.
   **健康第一。**
   Jiànkāng dìyī.

2. 일찍 자고 일찍 일어나는 것이 몸에 좋습니다.
   **早睡早起对身体好。**
   Zǎoshuì zǎoqǐ duì shēntǐ hǎo.

3. 피트니스 클럽에 가서 살을 뺄 작정이에요.
   **我打算去健身房减肥。**
   Wǒ dǎsuan qù jiànshēnfáng jiǎnféi.

4. 개인 트레이너에게 트레이닝을 받고 싶습니다.
   **我要上私教课。**
   Wǒ yào shàng sījiàokè.

5. 연회원카드 만드세요. 연회원 카드가 혜택이 많거든요.
   **建议你办年卡，年卡比较实惠。**
   Jiànyì nǐ bàn niánkǎ, niánkǎ bǐjiào shíhuì.

피트니스 탈의실

| | | |
|---|---|---|
| 1. | 피트니스. 헬스클럽 | 健身房 [jiànshēnfáng] |
| 2. | 안내 데스크 | 前台 [qiántái] |
| 3. | 탈의실 | 更衣室 [gēngyīshì] |
| 4. | 샤워실 | 淋浴室 [línyùshì] |
| 5. | 회원카드를 만들다. | 办会员卡 [bàn huìyuánkǎ] |
| 6. | 회차이용권 | 次卡 [cìkǎ] |
| | 월이용권 | 月卡 [yuèkǎ] |
| | 3개월권 | 季卡 [jìkǎ] |
| | 6개월권 | 半年卡 [bànniánkǎ] |
| | 연회원권 | 年卡 [niánkǎ] |
| 7. | 열쇠 | 钥匙 [yàoshi] |
| 8. | 라커 | 寄存柜 [jìcúnguì] |
| 9. | 보관하다. | 保管 [bǎoguǎn] |
| | | 寄存 [jìcún] |
| 10. | 트레이너 | 教练 [jiàoliàn] |
| 11. | 개인트레이너. 개인교습 | 私教 [sījiào] |
| 12. | 건강 | 健康 [jiànkāng] |
| 13. | 일찍 자고 일찍 일어나다. | 早睡早起 [zǎoshuì zǎoqǐ] |
| 14. | 신체를 단련하다. | 锻炼身体 [duànliàn shēntǐ] |
| 15. | 다이어트하다. | 减肥 [jiǎnféi] |
| 16. | 달리다. | 跑步 [pǎobù] |
| 17. | 런닝머신 | 跑步机 [pǎobùjī] |
| 18. | 야식 | 夜宵 [yèxiāo] |

19. 음식을 배달시키다.　　　点外卖 [diǎn wàimài]

　　　　　　　　　　　　　叫外卖 [jiào wàimài]

20. 길을 걷다.　　　　　　　走路 [zǒulù]

21. 엘리베이터를 타다.　　　坐电梯 [zuò diàntī]

22. 계단으로 가다.　　　　　走楼梯 [zǒu lóutī]

23. 실속있다.　　　　　　　　实惠 [shíhuì]

24. 요가　　　　　　　　　　瑜伽 [yújiā]

25. 유연성　　　　　　　　　柔韧性 [róurènxìng]

26. 체질검사　　　　　　　　体侧 [tǐcè]

27. 근육량　　　　　　　　　肌肉量 [jīròuliàng]

28. 지수　　　　　　　　　　指标 [zhǐbiāo]

29. 땀흘리다.　　　　　　　　出汗 [chūhàn]

30. 목마르다.　　　　　　　　口渴 [kǒukě]

31. 젖다.　　　　　　　　　　湿 [shī]

32. 감기 걸리다.　　　　　　着凉 [zháoliáng]

33. 샤워하다.　　　　　　　　洗澡 [xǐzǎo]

34. 기한　　　　　　　　　　期限 [qīxiàn]

35. 카드를 연장하다.　　　　续卡 [xùkǎ]

3장

리리: 나 요즘 나 살이 좀 쪘어.

莉莉: **最近我有点胖了。**
Zuìjìn wǒ yǒudiǎn pàng le.

겨울에 잘 안나가고 집에서 먹기만 했더니 점점 살이 찌네.

**冬天懒得出门，在家里越吃越胖了。**
Dōngtiān lǎnde chūmén, zài jiālǐ yuè chī yuè pàng le.

남편: 옛말에 아침은 잘 먹고, 점심은 배불리 먹고,

老公: **俗话说，早饭要吃得好，午饭要吃得饱，**
Súhuà shuō, zǎofàn yào chīde hǎo, wǔfàn yào chīde bǎo,

저녁은 적게 먹으라고 했어.

**晚饭要吃得少。**
wǎnfàn yào chīde shǎo.

다이어트는 3할이 운동이고 7할은 음식이야, 어떻게 먹느냐가 중요해.

**减肥三分练七分吃，怎么吃比较重要。**
Jiǎnféi sān fēn liàn qī fēn chī, zěnme chī bǐjiào zhòngyào.

리리: 또 야식 먹고 싶어, 하나 시킬래.

莉莉: **我又想吃夜宵，我要点个外卖。**
Wǒ yòu xiǎng chī yèxiāo, wǒ yào diǎn gè wàimài.

오늘은 일단 먹고 내일부터 다이어트 시작이야

**今天先吃，从明天开始减肥吧。**
Jīntiān xiān chī, cóng míngtiān kāishǐ jiǎnféi ba.

남편: 정말 당신 못말리겠군.

老公: **真是拿你没办法。**
Zhēn shì ná nǐ méi bànfǎ

내일부터는 피트니스 클럽 가서 운동 좀 해.

**从明天开始去健身房锻炼一下。**

Cóng míngtiān kāishǐ qù jiànshēnfáng duànliàn yíxià.

리리: 좋아. 꼭 살을 빼고 말겠어.

莉莉: **好的。我一定要减肥。**

Hǎode. Wǒ yídìng yào jiǎnféi

앞으로는 가까운 거리는 차 안 타고 걸어 다닐 거야.

**以后我去近的地方，不要坐车，走着去。**

Yǐhòu wǒ qù jìnde dìfang, búyào zuòchē, zǒu zhe qù.

엘리베이터 안 타고 계단으로 다녀야지.

**不要坐电梯，走楼梯。**

Búyào zuò diàntī, zǒu lóutī.

남편: 근데, 우리집은 23층이라는 거 잊지 마.

老公: **不过，别忘了我们家在二十三楼。**

Búguò, bié wàng le wǒmen jiā zài èr shí sān lóu.

리리: 회원카드를 만들고 싶습니다.

莉莉: **我想办一张卡。**
Wǒ xiǎng bàn yì zhāng kǎ.

안내데스크: 어떤 종류로 만드시겠어요?

前台: **你要什么类型的?**
Nǐ yào shénme lèixíngde?

여긴 20회차이용권, 월회원권, 3개월권, 6개월권, 연회원권이
있습니다.

**我们这儿有次卡、月卡、季卡、半年卡还
有年卡。**
Wǒmen zhèr yǒu cìkǎ, yuèkǎ, jìkǎ, bànniánkǎ háiyǒu niánkǎ.

츠카(次卡)는 20회 이용에 1000원입니다.

**次卡有20次要一千元。**
Cìkǎ yǒu èr shí cì yào yìqiān yuán.

연회원 카드를 만드시는 게 어떨까요, 혜택이 많아요.

**建议你办年卡，年卡比较实惠。**
Jiànyì nǐ bàn niánkǎ, niánkǎ bǐjiào shíhuì.

리리: 요가 수업에 등록하고 싶은데 시간표 좀 보여 주세요.

莉莉: **我想报瑜伽课，请给我看看课程表。**
Wǒ xiǎng bào yújiākè, qǐng gěi wǒ kànkan kèchéngbiǎo.

안내데스크: 요가는 신체 유연성을 높여 주지요.

前台: **瑜伽能提高身体的柔韧性。**
Yújiā néng tígāo shēntǐde róurènxìng.

연회원은 요가 수업이 무료입니다.

**有年卡的人免费上瑜伽课。**
Yǒu niánkǎde rén miǎnfèi shàng yújiākè.

리리:　좋아요. 그럼 연회원카드를 만들게요.

莉莉:　**好啊，那我想办年卡。**
Hǎo a, nà wǒ xiǎng bàn niánkǎ.

그리고 남편 카드가 만료되었다는데 연장해 주세요.

**还有我老公说他的卡期限到了，你帮我续一下卡。**
Háiyǒu wǒ lǎogōng shuō tāde kǎ qīxiàn dào le, nǐ bāng wǒ xù yíxià kǎ.

안내데스크:　네, 알겠습니다.

前台:　**好的。**
Hǎode.

리리:　탈의실과 샤워실은 어디 있어요?

莉莉:　**更衣室和淋浴室在哪儿?**
Gēngyīshì hé línyùshì zài nǎr?

안내데스크:　저 쪽이에요. 열쇠 드릴게요. (소지품은) 라커에 보관하세요.

前台:　**就在那边。给您钥匙，在寄存柜寄存。**
Jiù zài nàbiān. Gěi nín yàoshi, zài jìcúnguì jìcún.

리리:　저는 5kg을 빼고 싶은데,어떻게 운동하는게 좋을까요?

莉莉:　**我想减五公斤，什么方式合适?**
Wǒ xiǎng jiǎn wǔ gōngjīn, shénme fāngshì héshì?

안내데스크: 개인 트레이너한테 훈련을 받아 보세요.

前台: **我建议你上私教课。**
Wǒ jiànyì nǐ shàng sījiàokè.

트레이너: 먼저 체질 측정부터 합시다.

私教: **您先做个体测吧。**
Nín xiān zuò gè tǐcè ba.

근육량이 너무 적습니다. 운동을 더 많이 하셔야겠어요.

**肌肉量太少, 要多加锻炼。**
Jīròuliàng tài shǎo, yào duō jiā duànliàn

피트니스 클럽. 개인 트레이닝은 한 시간에 5만원 정도.

피트니스 클럽

리리:　피트니스 3개월 다니고 3킬로그램이 빠졌어요.

**莉莉:　我去健身房三个月，减了3公斤。**
Wǒ qù jiànshēnfáng sān gè yuè, jiǎn le sān gōngjīn.

트레이너:　체질 측정을 다시 해봅시다.

**私教:　你再做个体测吧。**
Nǐ zài zuò gè tǐcè ba.

신체 각 항목별 지수가 다 좋아졌네요.

**身体的各项指标都变好了。**
Shēntǐde gèxiàng zhǐbiāo dōu biànhǎo le.

리리:　런닝머신 40분을 뛰었더니 너무 힘들고 목 말라.

**莉莉:　在跑步机上跑了四十分钟，很累，口渴了。**
Zài pǎobùjī shàng pǎo le sì shí fēnzhōng, hěn lèi, kǒukě le.

뛰고 나니 땀이 나서 옷이 다 젖었네.

**跑完步出了很多汗，衣服都湿透了。**
Pǎowán bù chū le hěn duō hàn, yīfu dōu shītòu le.

남편:　땀 흘리고 바로 밖에 나가면 감기 걸리기 쉬워.

**老公:　如果出汗马上出门容易着凉。**
Rúguǒ chūhàn mǎshang chūmén róngyì zháoliáng.

리리:　샤워하고 올게.

**莉莉:　我去洗个澡。**
Wǒ qù xǐ gè zǎo.

3장

135

# 足疗 Zúliáo 발마사지

　중국에서는 어딜 가나 쭈리아오(足疗), 쭈위(足浴), 쭈따오(足道)라고 씌여진 간판을 흔하게 볼 수 있는데요, 그만큼 중국인들은 발 건강을 중시하고 관리를 하는 것 같습니다. 피곤할 때 발마사지 한 번 받고 나면 쌓인 피로가 싹 풀리니 중독이 될 만도 하지요.

　비교적 저렴한 발마사지부터 각질 제거, 부항, 꽈샤(刮痧:딱딱하고 납작한 조각으로 긁는 요법), 얼굴 관리, 전신 마사지 등 옵션을 추가할 때마다 가격은 올라갑니다.

　외국인에게 발마사지샵은 생활 중국어를 배울 수 있는 더 없이 좋은 곳입니다. 일대일 중국어 과외를 받는 셈이지요. 한류 덕분에 마사지사들 뿐만 아니라 많은 중국인들이 한국인에게 호감을 가지고 있어요. 궁금한 게 있으면 마사지사들에게 무엇이든 물어 보세요. 말을 하지 않고 눈을 감고 있어 보면 마사지사도 지루한지 연신 하품을 하더군요.

　3,000원, 5,000원 등 충전 카드를 만들면 몇 백원을 덤으로 얹어 주니, 갈 때 마다 돈을 내는 것보다 훨씬 이익입니다. 하지만 어느 날 갑자기 그 가게가 문을 닫을 수 있다는 사실 꼭 기억하세요.

1. 발마사지를 받고 싶습니다.

**我想做足疗。**

Wǒ xiǎng zuò zúliáo.

2. 네 명이 한 방에 같이 들어갈 수 있나요?

**我们四个人可以在同一个房间吗?**

Wǒmen sì gè rén kěyǐ zài tóng yí gè fángjiān ma?

3. 물 온도 괜찮으세요?

**水温可以吗?**

Shuǐwēn kěyǐ ma?

4. 아파요. 좀 살살 해 주세요.

**有点疼，轻一点。**

Yǒudiǎn téng, qīng yìdiǎn.

5. 다음에 오시면 저를 찾아 주세요.

**下次来的时候就找我吧。**

Xiàcì láide shíhou jiù zhǎo wǒ ba.

발마사지샵

1. 발마사지. 족욕 　　　　　　 足疗 [zúliáo]
2. 발마사지샵 　　　　　　　　 足疗馆 [zúliáoguǎn]
3. 발마사지를 받다. 　　　　　 做足疗 [zuò zúliáo]
4. 마사지사 　　　　　　　　　 足疗师 [zúliáoshī]
　　　　　　　　　　　　　　　 按摩师 [ànmóshī]
5. 추천하다. 　　　　　　　　　 推荐 [tuījiàn]
6. 전신마사지 　　　　　　　　 身体按摩 [shēntǐ ànmó]
7. 발 담그는 통 　　　　　　　 泡脚桶 [pàojiǎotǒng]
8. 발을 담그다. 　　　　　　　 泡脚 [pàojiǎo]
9. 물 온도 　　　　　　　　　　 水温 [shuǐwēn]
10. 맹물. 맑은물 　　　　　　　 清水 [qīngshuǐ]
11. 약물 　　　　　　　　　　　 药水 [yàoshuǐ]
12. 찬물 　　　　　　　　　　　 冷水 [lěngshuǐ]
13. 뜨겁다. 　　　　　　　　　　 烫 [tàng]
14. 누르다. 　　　　　　　　　　 按 [àn]
15. 아프다. 　　　　　　　　　　 疼 [téng]
16. 어깨 　　　　　　　　　　　 肩膀 [jiānbǎng]
17. 등 　　　　　　　　　　　　 背 [bèi]
18. 몸을 돌리다. 　　　　　　　 翻身 [fānshēn]
19. 눕다. 　　　　　　　　　　　 躺 [tǎng]
20. 부항을 뜨다. 　　　　　　　 拔火罐 [bá huǒguàn]
21. 꽈샤하다. 　　　　　　　　　 刮痧 [guāshā]
22. 발(발톱, 각질 등을)손질하다. 修脚 [xiūjiǎo]

리리: 우리 발마사지 받고 싶은데요.

莉莉: **我们想做足疗。**
Wǒmen xiǎng zuò zúliáo.

우리 네 명이 한 방에 같이 들어갈 수 있어요?

**我们四个人可以在同一个房间吗?**
Wǒmen sì gè rén kěyǐ zài tóng yí gè fángjiān ma?

안내데스크: 네, 됩니다. 시간은 얼마나 하시겠어요?

前台: **可以的。你们要做多久?**
Kěyǐde. Nǐmen yào zuò duōjiǔ?

리리: 90분으로 할게요.

莉莉: **要做九十分钟。**
Yào zuò jiǔ shí fēnzhōng.

안내데스크: 아시는 안마사 있습니까?

前台: **有没有认识的足疗师?**
Yǒu méi yǒu rènshide zúliáoshī?

리리: 없습니다. 추천해 주시겠어요?

莉莉: **没有。你可以帮我推荐一下吗?**
Méiyǒu. Nǐ kěyǐ bāng wǒ tuījiàn yíxià ma?

안내데스크: 이 쪽으로 오세요.

前台: **里边请。**
Lǐbiān qǐng.

안마사: 손님 어떤 물로 하시겠어요?

**按摩师:** **你要哪种水?**
Nǐ yào nǎ zhǒng shuǐ?

맹물로 할까요 약물로 할까요?

**清水还是药水?**
Qīngshuǐ háishì yàoshuǐ?

리리: 맹물로 해 주세요.

**莉莉:** **我们要清水。**
Wǒmen yào qīngshuǐ.

안마사: 물 온도 괜찮으세요?

**按摩师:** **水温可以吗?**
Shuǐwēn kěyǐ ma?

리리: 저는 조금 뜨거워요. 찬물을 좀 섞어 주세요.

**莉莉:** **我有点烫，加一点冷水。**
Wǒ yǒudiǎn tàng, jiā yìdiǎn lěngshuǐ.

안마사: 발을 담그고 좀 계세요.

**按摩师:** **泡会儿脚吧。**
Pào huìr jiǎo ba.

어깨를 안마해 드릴게요. 어깨 힘 빼시구요.

**给您按一下肩膀，放松一下吧。**
Gěi nín àn yíxià jiānbǎng, fàngsōng yíxià ba.

안마사: 한국에서 오셨어요? 다들 미인이시네요.

按摩师: **你们是从韩国来的吗? 都很漂亮。**
Nǐmen shì cóng Hánguó láide ma? Dōu hěn piàoliang.

리리: 감사합니다. 아파요, 조금만 살살 해 주세요.

莉莉: **谢谢。有点疼，轻一点。**
Xièxie. Yǒudiǎn téng, qīng yìdiǎn.

삥삥: 저는 좀 더 세게 해 주세요.

冰冰: **我要重一点。**
Wǒ yào zhòng yìdiǎn.

안마사: 돌아누우세요. 등을 안마해 드릴게요.

按摩师: **翻个身，我按一下背。**
Fān gè shēn, wǒ àn yíxià bèi

리리: 아주 몸이 개운하네요. 모두 수고하셨습니다.

莉莉: **舒服多了，你们都辛苦了。**
Shūfu duō le, nǐmen dōu xīnkǔ le.

안마사: 저는 8번입니다. 다음에 오시면 저를 찾아 주세요.

按摩师: **我是八号，下次来的时候就找我吧。**
Wǒ shì bā hào, xiàcì láide shíhou jiù zhǎo wǒ ba.

# 理发店 Lǐfàdiàn 미용실

중국에서 미용사는 남자들의 직업이라고 하지요. 머리를 만지는 미용사는 중국어로 리파스(理发师), 짜오싱스(造型师), 파싱스(发型师)라고 해야 하고, 한국어 그대로 메이롱스(美容师)라고 하면 안 됩니다.

미용실도 동네 조그만 곳부터 큰 프랜차이즈점까지 규모도 가격대도 천차만별. 우리나라도 동네 작은 미용실과 유명 헤어디자이너 이름을 내건 미용실의 가격 차이가 큰 것과 마찬가지입니다. 미용사의 근무 경력에 따라 급이 정해지는데요, 제가 가는 동네 미용실은 1급부터 4급까지의 미용사가 있다고 고르라고 하더군요. 참고로 중국에서는 숫자가 높아질수록 고급입니다.

아이 머리를 깎이러 처음 미용실에 갔을 때입니다. 이렇게 잘라 달라고 미용사한테 사진을 보여 주니 아주 자신 있게 머리를 끄덕이길래 믿었지요. 하지만 결과는… 사진과 비교했을 때 비슷한 구석이라곤 어디에도 찾을 수 없는, 똥그란 버섯 모양으로 잘라 났지 뭡니까? 그러고는 웃으면서 엄지척을 하는 여유까지 보여 주더군요. 미용실을 나오니 지나가는 아이들마다 죄다 버섯머리! 그제서야 알았습니다. 버섯 머리가 그 당시 닝보 아이들 사이에 유행이라는 사실을요.

또 하나, 중국 미용실에는 머리를 할 목적이 아니라 다만 머리만 감으려고 오는 손님도 적지 않다고 해요. 가까운 중국 친구에게 살짝 물어보니 게으른 사람이 집에서 스스로 머리 감기 귀찮을 때 가는 거라는데요. 음, 나쁘지 않네요.

1. 머리 자르고 싶어요.

   **我想剪发。**
   Wǒ xiǎng jiǎnfà.

2. 머리 먼저 감겨 드릴게요.

   **给您先洗一下。**
   Gěi nín xiān xǐ yíxià.

3. 너무 짧게 자르지 마세요.

   **不要剪太短。**
   Búyào jiǎn tài duǎn.

4. 염색하고 파마할게요.

   **我要染发, 还要烫发。**
   Wǒ yào rǎnfà, háiyào tàngfà.

5. 굵게 말아 주세요.

   **我要烫个大波浪。**
   Wǒ yào tàng gè dàbōlàng.

| | | |
|---|---|---|
| 1. | 미용실 | 理发店 [lǐfàdiàn] |
| | | 美发店 [měifàdiàn] |
| 2. | 미용사 | 理发师 [lǐfàshī] |
| | | 造型师 [zàoxíngshī] |
| | | 发型师 [fàxíngshī] |
| 3. | 디렉터 | 总监 [zǒngjiān] |
| 4. | 견습생 | 学徒 [xuétú] |
| 5. | 가격대 | 价位 [jiàwèi] |
| 6. | 머리를 감다. | 洗头 [xǐtóu] |
| 7. | 머리를 자르다. | 剪发 [jiǎnfà] |
| 8. | 퍼머하다. | 烫发 [tàngfà] |
| 9. | 머리를 다듬다. | 修发 [xiūfà] |
| 10. | 머리를 염색하다. | 染发 [rǎnfà] |
| 11. | 머리를 말리다. | 吹发 [chuīfà] |
| 12. | 스타일링하다. | 造型 [zàoxíng] |
| 13. | 어깨선에 맞추다. | 齐肩 [qíjiān] |
| 14. | 앞머리 | 刘海 [liúhǎi] |
| 15. | 버섯머리 | 蘑菇头 [mógūtóu] |
| 16. | 스포츠머리 | 寸头 [cùntóu] |
| 17. | 길다. | 长 [cháng] |
| 18. | 짧다. | 短 [duǎn] |
| 19. | 비싸다. | 贵 [guì] |
| 20. | 싸다. | 便宜 [piányi] |
| 21. | 굵게 파마하다. | 烫大波浪 [tàng dàbōlàng] |

22. 매직(스트레이트펌)하다. 拉直 [lāzhí]

23. 안으로 말다. 烫内扣 [tàng nèikòu]

    烫内卷 [tàng nèijuǎn]

24. 밖으로 말다. 烫外扣 [tàng wàikkòu]

    烫外卷 [tàng wàijuǎn]

25. 샴푸 洗发水 [xǐfàshuǐ]

    洗发露 [xǐfàlù]

26. 린스 润发精华素 [rùnfà jīnghuásù]

27. 물 온도 水温 [shuǐwēn]

미용실. 중국의 미용사는 대부분 남자이다.

**Tip 미용실 꿀팁 표현**

다듬어 주세요.
**我想修一下。**
Wǒ xiǎng xiū yíxià.

좀 짧게 자르고 싶어요.
**我想剪短一点。**
Wǒ xiǎng jiǎn duǎn yìdiǎn.

파마하고 싶어요.
**我想烫一下。**
Wǒ xiǎng tàng yíxià.

머리 감고 드라이를 좀 하고 싶은데요.
**洗一下，洗完吹个造型。**
Xǐ yíxià, xǐwán chuī gè zàoxíng.

좀 싼 가격대로 하고 싶어요.
**我想要稍微便宜一点的。**
Wǒ xiǎngyào shāowēi piányi yìdiǎnde.

어떻게 파마해 드릴까요?
**你要烫什么样的？**
Nǐ yào tàng shénmeyàngde?

매직(스트레이트펌)해 주세요.
**我要拉直。**
Wǒ yào lāzhí.

굵게 말아 주세요.
**我要大波浪。**
Wǒ yào dàbōlàng.

가늘게 말아 주세요.
**我要小波浪。**
Wǒ yào xiǎobōlàng.

안으로 말아 주세요.
**我要烫个内扣。**
Wǒ yào tàng gè nèikòu.

밖으로 말아 주세요.
**我要烫个外卷。**
Wǒ yào tàng gè wàijuǎn.

머리 말려 드릴게요.
**给你吹发。**Gěi nǐ chuīfà.
**给你吹干。**Gěi nǐ chuīgān.

미용실에서

안내데스크: 머리 어떻게 하실 거예요?

**前台: 你想怎么做头发?**
Nǐ xiǎng zěnme zuò tóufa?

리리: 자르려구요.

**莉莉: 我想剪一下。**
Wǒ xiǎng jiǎn yíxià.

안내데스크: 어떤 가격대로 하시겠어요?

**前台: 你要什么价位的?**
Nǐ yào shénme jiàwèide?

리리: 좀 괜찮은 미용사한테 하고 싶은데요.

**莉莉: 我想要好一点的理发师。**
Wǒ xiǎngyào hǎo yìdiǎnde lǐfàshī.

견습생: 머리 먼저 감겨 드릴게요. 이 쪽으로 오세요.

**学徒: 给您先洗一下。这边请。**
Gěi nín xiān xǐ yíxià. Zhèbiān qǐng.

견습생: 물 온도 괜찮으세요?

**学徒: 水温可以吗?**
Shuǐwēn kěyǐ ma?

미용사: 어떻게 잘라 드릴까요?

**理发师: 你要剪什么样的头发**
Nǐ yào jiǎn shénmeyàngde tóufa?

리리:      어깨선까지 자르고 싶어요.

莉莉： **我想剪齐肩发。**
Wǒ xiǎng jiǎn qí jiān fà.

앞머리는 너무 짧지 않게 해주세요.

**刘海不要太短。**
Liúhǎi búyào tài duǎn.

미용실. 머리만 감기 위해 오는 손님도 많다.

# 美甲 Měijiǎ 네일아트

닝보는 화장을 안 하는 여자들이 아직은 많은 것 같습니다. 제가 알고 있는 중국인들을 봐도 화장을 안 하는 사람들이 많아요. 남편 회사의 여직원들도 화장을 안 한다고 하니 한국에선 상상도 못할 일이죠? 저는 닝보에 오기 전까지만 해도 민낯으로 외출을 하려면 뭔가 허전하고, 그러다 아는 사람이라도 만나면 창피하고 그랬었는데요, 여기 닝보에 오니 자연스럽게 사람들 시선을 별로 의식하지 않게 되었네요.

그런데 희한한 것은 화장은 안 해도 네일을 하거나 눈썹 문신을 하는 여자들은 상대적으로 많아 보입니다. 저는 화장은 해도 네일은 잘 안 하는 편인데요, 왜 그런지 몰라도 같이 네일을 한 친구들과는 달리 며칠만 지나면 벗겨지기 시작해서 보기가 싫어지더군요. 가끔씩 기분전환 삼아 하긴 해도 꾸준히 손톱을 관리하기란 쉽지가 않네요.

네일아트는 중국어로 메이지아(美甲)라고 합니다. 네일아트샵에 따라 네일아트만 하는 곳도 있고 속눈썹 연장이나 눈썹 영구화장까지 겸하는 곳도 있습니다. 그런데 아직은 섬세한 손기술이 한국을 따라가지는 못하는 것 같아요. 한국에서 미용 기술을 배워 왔다고 광고를 하는 곳이 많고 또 그게 먹히는 걸 보면 말이에요. 드라마와 예능 프로그램 뿐만 아니라 성형술, 미용기술, 네일아트까지도 한류가 대세입니다.

1. 네일하고 싶은데요.
   **我想做美甲。**
   Wǒ xiǎng zuò měijiǎ.

2. 기본으로 하면 얼마예요?
   **最简单的样式多少钱?**
   Zuì jiǎndānde yàngshì duōshao qián?

3. 사진을 보고 고르세요.
   **你自己看看图片选择一下。**
   Nǐ zìjǐ kànkan túpiàn xuǎnzé yíxià.

4. 매니큐어 지워 드릴게요.
   **我帮你卸掉了。**
   Wǒ bāng nǐ xièdiào le.

5. 발톱도 같이 하면 좀 더 할인이 됩니까?
   **脚趾甲一起做的话, 有优惠吗?**
   Jiǎozhǐjiǎ yìqǐ zuòde huà, yǒu yōuhuì ma?

3장

1. 네일샵      美甲店 [měijiǎdiàn]

2. 네일을 하다.      做美甲 [zuò měijiǎ]

3. 발톱네일을 하다.      做脚甲 [zuò jiǎojiǎ]

4. 눈썹 문신하다.      做文眉 [zuò wénméi]

5. 속눈썹을 붙이다.      接睫毛 [jiē jiémáo]

     种睫毛 [zhòng jiémáo]

6. 손톱      指甲 [zhǐjia]

7. 발톱      脚趾甲 [jiǎozhǐjiǎ]

8. 기본 스타일      简单的样式 [jiǎndānde yàngshì]

9. 사진      图片 [túpiàn]

10. 떨어지다.      掉 [diào]

11. 손톱을 손질하다.      修指甲 [xiū zhǐjia]

12. 매니큐어를 바르다.      涂指甲油 [tú zhǐjiayóu]

13. 매니큐어를 지우다.      卸指甲油 [xiè zhǐjiayóu]

14. 각질을 제거하다.      去角质 [qù jiǎozhì]

15. 혜택      优惠 [yōuhuì]

네일샵

네일아트와 속눈썹 시술을 같이 히는 샵이 많다.

리리:　네일 하고 싶은데요.

莉莉:　**我想做美甲。**
Wǒ xiǎng zuò měijiǎ.

기본으로 하면 얼마예요?

**最简单的样式多少钱?**
Zuì jiǎndānde yàngshì duōshao qián?

네일아트사:　기본은 손톱 손질하고 매니큐어 바르는 건데요, 80원입니다.

美甲师:　**最简单的就是修指甲和涂指甲油，八十元。**
Zuì jiǎndānde jiùshì xiū zhǐjia hé tú zhǐjiayóu, bā shí yuán.

리리:　조금 더 비싼 건 어떤 거예요?

莉莉:　**稍微贵一点的有什么样式?**
Shāowēi guì yìdiǎnde yǒu shénme yàngshì?

네일아트사:　사진을 보고 골라 보세요.

美甲师:　**你自己看看图片选择一下。**
Nǐ zìjǐ kànkan túpiàn xuǎnzé yíxià.

리리:　이걸로 할게요.

莉莉:　**我要这个。**
Wǒ yào zhège.

네일아트사:　매니큐어 지워 드릴게요.

美甲师:　**我帮你卸掉了。**
Wǒ bāng nǐ xièdiào le.

리리: 지난 주에 네일 했는데 너무 빨리 떨어져 버렸네요.

莉莉: **我上周做了美甲，掉得很快。**
Wǒ shàngzhōu zuò le měijiǎ, diàode hěn kuài.

처음엔 예뻤는데 지금은 보기 싫어졌어요.

**开始的时候很漂亮，可是现在不好看了。**
Kāishǐde shíhou hěn piàoliang, kěshì xiànzài bù hǎokàn le.

네일아트사: 발톱도 같이 하면 좀 더 할인이 되는데 하시겠어요?

美甲师: **脚趾甲一起做的话有优惠。你需要吗？**
Jiǎozhǐjiǎ yìqǐ zuòde huà yǒu yōuhuì. Nǐ xūyào ma?

리리: 좋아요.

莉莉: **好的。**
Hǎode.

# 化妆品 Huàzhuāngpǐn 화장품

앞서도 말씀드렸듯이 아직 닝보에는 화장하는 여자들이 우리나라 만큼 많지는 않아요. 하지만 화장을 하든 안 하든 간에 우리나라 화장품을 선물해 주면 무척 좋아한답니다. 왜냐하면 본인이 나중에 쓰게 될 수도 있고, 귀한 물건이니 만큼 다른 사람에게 다시 선물할 수도 있어 그렇다고 하네요.

화장품은 중국어로 화쥬앙핀(化妆品), 발음이 비슷하죠? 타오바오(淘宝)에서도 한국 화장품들을 수입해서 팔고 있지만 중국인들은 타오바오에는 가짜가 많다며 믿지 못하고, 한국 다녀오는 길에 사다 달라는 부탁을 많이 한답니다.

아시다시피 우리말에는 외래어가 적지 않은데요, 화장품과 관련해서는 유독 외래어, 특히 영어가 많은 것 같습니다. 하지만 중국에서는 영어로 된 화장품 이름을 대면 전혀 통하지 않는다는 사실. 영어를 천천히 말해 봐도 통하지 않고 글로 써서 보여줘 봐도 소용 없습니다. 결국엔 화장품 통을 들고 가서 보여주고 손짓, 발짓 동원해서야 원하는 제품을 살 수 있었습니다.

이 편에서는 화장품의 명칭들과 화장과 관련된 여러 가지 표현들을 알려 드릴까 합니다.

1. 샘플 있어요? 좀 써 봐도 돼요?

   **有试用装吗? 可以试试吗?**

   Yǒu shìyòngzhuāng ma? Kěyǐ shìshi ma?

2. 피부가 까맣게 탔어요.

   **皮肤晒黑了。**

   Pífū shàihēi le.

3. 화장은 하는 것보다 지우는 게 중요합니다.

   **比起化妆，卸妆更重要。**

   Bǐqǐ huàzhuāng, xièzhuāng gèng zhòngyào.

4. 나는 일 주일에 한 번 마스크팩을 해요.

   **我每周做一次面膜。**

   Wǒ měi zhōu zuò yí cì miànmó.

5. 피부 알러지인 것 같아요.

   **可能是皮肤过敏了。**

   Kěnéng shì pífū guòmǐn le.

3장

| | | |
|---|---|---|
| 1. | 화장하다. | 化妆 [huàzhuāng] |
| 2. | 화장을 지우다. | 卸妆 [xièzhuāng] |
| 3. | 화장품 | 化妆品 [huàzhuāngpǐn] |
| 4. | 스킨 | 护肤水 [hùfūshuǐ] |
| 5. | 로션 | 乳液 [rǔyè] |
| 6. | 크림 | 面霜 [miànshuāng] |
| 7. | 아이크림 | 眼霜 [yǎnshuāng] |
| 8. | 에센스 | 精华素 [jīnghuásù] |
| 9. | 썬크림 | 防晒霜 [fángshàishuāng] |
| 10. | 핸드크림 | 护手霜 [hùshǒushuāng] |
| 11. | 클렌징크림 | 卸妆膏 [xièzhuānggāo] |
| 12. | 폼클렌징 | 洗面奶 [xǐmiànnǎi] |
| 13. | 비비크림 | BB霜 [BB shuāng] |
| 14. | 비비쿠션 | 气垫BB [qìdiàn BB] |
| 15. | 립스틱 | 口红 [kǒuhóng] |
| 16. | 눈썹펜슬 | 眉笔 [méibǐ] |
| 17. | 아이라이너 | 眼线笔 [yǎnxiànbǐ] |
| 18. | 마스카라 | 睫毛膏 [jiémáogāo] |
| 19. | 아이섀도우 | 眼影 [yǎnyǐng] |
| 20. | 컨실러 | 遮瑕膏 [zhēxiágāo] |
| 21. | 향수 | 香水 [xiāngshuǐ] |
| 22. | 향수를 뿌리다. | 喷香水 [pēnxiāngshuǐ] |
| 23. | 마스크팩 | 面膜 [miànmó] |
| 24. | 마스크팩을 하다. | 做面膜 [zuò miànmó] · 贴面膜 [tiē miànmó] |
| 25. | 분첩, 파우더 퍼프 | 粉扑 [fěnpū] |
| 26. | 화장솜 | 化妆棉 [huàzhuāngmián] |

| | | |
|---|---|---|
| 27. 기름종이 | 吸油纸 | [xīyóuzhǐ] |
| 28. 샘플 | 试用装 | [shìyòngzhuāng] |
| 29. 생얼. 민낯 | 素颜 | [sùyán] |
| 30. 바르다. | 涂 | [tú] |
| 31. 문지르다. | 抹 | [mǒ] |
| 32. 톡톡 두드리다. | 拍 | [pāi] |
| 33. 화장이 진하다. | 浓 | [nóng] |
| 34. 화장이 연하다. | 淡 | [dàn] |
| 35. 화장이 잘 먹다. | 服帖 | [fútiē] |
| 36. 햇볕에 타다. | 晒黑 | [shàihēi] |
| 37. 피부 알러지 | 皮肤过敏 | [pífū guòmǐn] |
| 38. 여드름 | 青春痘 | [qīngchūndòu] |
| 39. 뽀루지 | 痘痘 | [dòudòu] |
| 40. 주근깨 | 斑 | [bān] |
| 41. 점 | 痣 | [zhì] |
| 42. 주름 | 皱纹 | [zhòuwén] |
| 43. 점을 빼다. | 祛痣 | [qūzhì] |
| 44. 주근깨를 빼다. | 祛斑 | [qūbān] |
| 45. 블랙헤드를 제거하다. | 去黑头 | [qù hēitóu] |
| 46. 미백 | 美白 | [měibái] |
| 47. 보습 | 保湿 | [bǎoshī] |
| 48. 설화수 | 雪花秀 | [xuěhuāxiù] |
| 49. 헤라 | 赫拉 | [hèlā] |
| 50. 이니스프리 | 悦诗风吟 | [yuèshīfēngyín] |
| 51. 라네즈 | 兰芝 | [lánzhī] |
| 52. 더페이스샵 | 菲诗小铺 | [fēishīxiǎopù] |
| 53. 아이오페 | 亦博 | [yìbó] |

리리: 난 일 주일에 한 번 마스크팩을 해.

莉莉: **我一周做一次面膜。**
Wǒ yì zhōu zuò yí cì miànmó

뻥뻥: 어쩐지 피부가 좋더라.

冰冰: **怪不得，你的皮肤状态很好。**
Guàibude, nǐde pífū zhuàngtài hěn hǎo.

리리: 너도 컨실러를 쓰면 주근깨가 안보일 거야.

莉莉: **用遮瑕膏的话，斑就看不出来了。**
Yòng zhēxiágāode huà, bān jiù kàn bù chūlái le.

뻥뻥: 난 화장 진하게 하는 걸 좋아하지 않아.

冰冰: **我不喜欢把妆化得很浓。**
Wǒ bù xǐhuan bǎ zhuāng huàde hěn nóng.

리리: 난 생얼로 나가면 옷을 안 입고 나가는 것 같더라.

莉莉: **我素颜出门的时候，会感觉没有穿衣服出去。**
Wǒ sùyán chūménde shíhou, huì gǎnjué méiyǒu chuān yīfu chūqù.

저 여자도 생얼 같지만 화장을 연하게 한 거야.

**那个女人看上去是素颜，其实化了淡妆。**
Nàge nǚrén kàn shàngqù shì sùyán, qíshí huà le dànzhuāng.

뻥뻥: 너 오늘 화장이 참 잘 먹었네.

冰冰: **今天你的妆容很服贴。**
Jīntiān nǐde zhuāngróng hěn fútiē.

난 화장품을 바꿨더니 피부가 적응을 못해 알러지가 생긴 것 같아.

**我换化妆品后皮肤不适应，可能是皮肤过敏了。**
Wǒ huàn huàzhuāngpǐn hòu pífū bú shìyìng,
kěnéng shì pífū guòmǐn le.

리리: 화장은 하는 것보다 지우는 게 중요하지.

**莉莉: 比起化妆，卸妆更重要。**
Bǐqǐ huàzhuāng, xièzhuāng gèng zhòngyào.

삥삥: 나 다음 주말에 주근깨랑 점 빼러 가려구.

**冰冰: 我下个周末去祛斑和痣。**
Wǒ xiàgè zhōumò qù qū bān hé zhì.

리리: 나 얼굴에 주름이 많이 생겼어.

**莉莉 : 我的脸上有了很多皱纹。**
Wǒde liǎnshàng yǒu le hěn duō zhòuwén.

시간이 거꾸로 흐르면 좋겠어.

**我希望时光倒流。**
Wǒ xīwàng shíguāng dàoliú.

리리: 비비쿠션 있어요?

莉莉: **有没有气垫BB?**
Yǒu méi yǒu qìdiàn BB?

판매원: 비비쿠션을 바를 때 문지르지 마세요.

售货员: **上气垫BB的时候，不要抹。**
Shàng qìdiàn BBde shíhou, búyào mǒ.

가볍게 두드려 주세요.

**要轻轻地拍开。**
Yào qīngqīngde pāikāi.

리리: 이 립스틱 색깔 예쁘네요, 샘플 써봐도 돼요?

莉莉: **这支口红颜色很好，可以试试吗?**
Zhè zhī kǒuhóng yánsè hěn hǎo, kěyǐ shìshi ma?

블랙헤드 없애는 제품을 사고 싶어요.

**我要买去黑头的产品。**
Wǒ yào mǎi qù hēitóude chǎnpǐn.

썬크림을 안 바르고 바다에 갔다 왔더니 피부가 탔어요.

**没涂防晒霜去海边玩，皮肤晒黑了。**
Méi tú fángshàishuāng qù hǎibiān wán, pífū shàihēi le.

판매원: 썬크림은 여름 뿐만 아니라 평소에도 발라야 해요.

售货员: **防晒霜不仅夏天要涂，平时也要。**
Fángshàishuāng bùjǐn xiàtiān yàotú, píngshí yě yào.

한국 라네즈화장품 행사 현장

화장품샵. 수입화장품도 많이 팔고 있다.

# 宠物医院 Chǒngwù yīyuàn 애완동물병원
# 宠物美容店 Chǒngwù měiróngdiàn 애완동물미용실

여러분은 혹시 애완동물을 키우시나요? 애완동물을 키우다 보면 정이 들고 그들의 생명이 다 하는 날까지 함께 지내니 요즘은 흔히 반려동물이라고 부르지요. 중국어로는 총우(宠物)라고 합니다.

한국에서 반려동물을 키우다가 중국으로 이주하게 된 경우 이 반려동물을 떼놓고 간다는 건 서로에게 큰 슬픔이겠죠? 자, 그럼 어떻게 중국에 데리고 갈 수 있는지 편의상 강아지를 예로 들어 말씀드릴게요.

우선 출국 한 달 전에 광견병 예방주사를 맞힌 기록과 현재 건강상태가 양호하다는 증명서가 필요한데요, 한국의 동물병원에서 영문으로 된 증명서를 요청해 받으시면 됩니다.

출국 직전 공항 내 동물검역소에 가서 이 증명서를 내고, 동물검역을 마쳤다는 증명서를 다시 받습니다. 그 다음에 발권을 하면서 동시에 강아지 운송을 의뢰합니다. 케이지 포함해서 5KG이내는 기내에 데리고 탑승할 수 있지만 그 이상은 무게에 따라 요금을 지불해야 해요. 그러고 나면 담당직원이 와서 케이지를 테이프로 감고 망을 씌우고 문에 잠금장치까지 해서 강아지를 데리고 갑니다. 중국 공항에 도착해서도 동물검역소로 가서 강아지를 찾습니다.

닝보에도 강아지를 키우는 가정이 많아서 동물병원이나 동물용품을 파는 상점을 흔히 볼 수 있습니다. 또 개 전용의 고급 수영장도 있더군요.

동물병원은 중국어로 똥우이위엔(动物医院)이라고 하지 않고 총우이위엔(宠物医院)이라고 합니다. 병원 한 쪽에 미용코너를 두고 있는 병원도 많은데요, 미용과 용품만 취급하는 곳은 총우메이롱위엔(宠物美容院) 또는 총우디엔(宠物店)이라고 합니다.

1. 매일 아침 강아지를 데리고 산책을 해요.

   **每天早上我去遛狗。**

   Měitiān zǎoshang wǒ qù liùgǒu.

2. 털 깎고 나서 목욕시켜 주세요.

   **剪毛后帮我给它洗个澡吧。**

   Jiǎnmáo hòu bāng wǒ gěi tā xǐ gè zǎo ba.

3. 개한테 물렸어요.

   **我被狗咬了。**

   Wǒ bèi gǒu yǎo le.

4. 1년에 한 번 광견병 주사를 맞혀야 해요.

   **每年要打一次狂犬疫苗。**

   Měinián yào dǎ yí cì kuángquǎn yìmiáo.

5. 강아지를 여기에 며칠 맡기고 싶어요.

   **我想把它寄养在这儿几天。**

   Wǒ xiǎng bǎ tā jìyǎng zài zhèr jǐ tiān.

애완동물병원. 용품판매 및 미용을 겸하는 곳이 많다.

165

| 1. | 애완동물 | 宠物 [chǒngwù] |
| --- | --- | --- |
| 2. | 애완동물을 기르다 | 养宠物 [yǎng chǒngwù] |
| 3. | 애완동물병원 | 宠物医院 [chǒngwù yīyuàn] |
| 4. | 애완동물미용실 | 宠物美容店 [chǒngwù měiróngdiàn] |
| 5. | 애완동물용품점 | 宠物用品店 [chǒngwù yòngpǐndiàn] |
| 6. | 케이지 | 笼子 [lóngzi] |
| 7. | 개사료 | 狗粮 [gǒuliáng] |
| 8. | 개껌 | 磨牙棒 [móyábàng] |
| 9. | 목줄 | 项圈 [xiàngquān] |
| 10. | 광견병 접종을 하다. | 打狂犬疫苗 [dǎ kuángquǎn yìmiáo] |
| 11. | 운송을 맡기다. | 托运 [tuōyùn] |
| 12. | 털을 깎다. | 剪毛 [jiǎnmáo] |
| 13. | 털을 다듬다. | 修毛 [xiūmáo] |
| 14. | 털을 짧게 밀다. | 剃毛 [tìmáo] |
| 15. | 털을 염색하다. | 染毛 [rǎnmáo] |
| 16. | 발톱을 자르다. | 剪脚趾甲 [jiǎn jiǎozhǐjiǎ] |
| 17. | 몸을 씻다. | 洗澡 [xǐzǎo] |
| 18. | 강아지를 산책시키다. | 遛狗 [liùgǒu] |
| 19. | 강아지를 맡기다. | 寄养狗 [jìyǎng gǒu] |

리리: 안녕하세요? 급하게 어딜 가세요?

**莉莉: 你好。你急着去哪儿?**
Nǐ hǎo. Nǐ jí zhe qù nǎr?

이웃: 병원에 가요. 우리 아들이 이웃 개한테 물렸어요.

**邻居: 我们去医院。我儿子被邻居的狗咬了。**
Wǒmen qù yīyuàn. Wǒ érzi bèi línjūde gǒu yǎo le.

리리: 그 개 광견병 주사 맞았대요?
1년에 한 번은 주사를 맞혀야 하잖아요.

**莉莉: 狗打过狂犬疫苗吗? 一年要打一次, 对吧。**
Gǒu dǎ guo kuángquǎn yìmiáo ma? Yì nián yào dǎ yí cì, duì ba.

이웃: 주사는 맞혔대요. 근데 그 성질 사나운 개를 목줄을 안 채우고 나오
다니 이게 말이 됩니까?

**邻居: 打过了。可是狗这么凶还不戴上项圈出门,**
Dǎ guo le. Kěshì gǒu zhème xiōng hái bú dàishàng xiàngquān chūmén,

**你说是不是不像话?**
nǐ shuō shì bú shì bú xiànghuà?

리리: 정말 말이 안되죠.

**莉莉: 太不像话了。**
Tài bú xiànghuà le.

저는 그 개를 아무데서나 용변 보게 하는 것도 여러 번 봤어요.

**我也看到过好几次他让狗随地大小便。**
Wǒ yě kàndào guo hǎo jǐ cì tā ràng gǒu suídì dàxiǎobiàn.

이웃: 그럼 저 먼저 갈게요. 이따 봐요.

**邻居: 那我先走了。回头见。**
Nà wǒ xiān zǒu le. Huítóujiàn.

167

리리: 강아지 털 좀 깎아 주세요.

莉莉: **我想给狗剪毛。**
Wǒ xiǎng gěi gǒu jiǎnmáo.

이 부분의 털은 다 밀지 마시고 좀 남겨 주세요.

**这部分留一点，不要剃光了。**
Zhè bùfen liú yìdiǎn, búyào tìguāng le.

미용사: 네. 털 다 깎고 목욕도 시킬까요?

美容师: **剪毛后要不要给它洗个澡?**
Jiǎnmáo hòu yào bú yào gěi tā xǐ gè zǎo?

리리: 네. 그렇게 해 주세요. 감사합니다.

莉莉: **要的。谢谢。**
Yàode. Xièxie.

미용사: 이 강아지는 중국에 어떻게 데리고 오셨어요?

美容师: **这个小狗是怎么带过来的?**
Zhège xiǎogǒu shì zěnme dài guòláide?

리리: 아직 어려서 케이지에 넣어 비행기에 데리고 탈 수 있어요.

莉莉: **它还小，不用托运可以带上飞机。**
Tā hái xiǎo, búyòng tuōyùn kěyǐ dàishàng fēijī.

미용사: 그렇군요.

美容师: **是这样啊。**
Shì zhèyàng a.

케이지 포함5kg이 넘으면 화물로 부쳐야 한다고 들었어요.

**听说如果狗和笼子的总重五公斤**

Tīngshuō rúguǒ gǒu hé lóngzide zǒngzhòng wǔ gōngjīn

**以上，一定得托运过来的。**

yǐshàng, yídìng děi tuōyùn guòláide.

리리:　뭐 하나 여쭤 볼게요.

莉莉:　**请问一下。**

　　　Qǐng wèn yíxià.


다음 주 제가 출장을 가는데 강아지를 며칠 맡길 수 있나요?

**下周我要去苏州出差，可以把它寄养几天吗?**

Xiàzhōu wǒ yào qù Sūzhōu chūchāi, kěyǐ bǎ tā jìyǎng jǐ tiān ma?


미용사:　네. 가능해요. 하루에 30원이에요. 며칠 동안 맡기시겠어요?

美容师:　**可以的。30块一天，你要寄养几天?**

　　　　Kěyǐde. Sān shí kuài yì tiān, nǐ yào jìyǎng jǐ tiān?

개 전용의 수영장도 있다.　　　　　　　　애완동물미용실

169

# 4장

## 쇼핑과 편의

- 마트/시장/무인편의점
- 타오바오
- 세탁소/신발수선점/
옷수선점
- 택배
- 사진인화/인쇄/복사/
코팅

# 超市 Chāoshì 마트  菜场 Càichǎng 시장
# 无人售货店 Wúrén shòuhuòdiàn 무인편의점

중국에 와서 혼자 최초로 물건을 샀던 곳은 바로 아파트 안의 가게였습니다. 필요한 물건을 고르고 "뚜어샤오치엔(多少钱)?"하고 수줍게 물어 봤던 기억이 나네요.

우리 집 근처에는 월마트가 있습니다. 우리나라에 진출한 월마트는 정착을 못하고 철수를 했는데, 이 곳 월마트는 성황을 이루고 있어요. 월마트 외에도 메트로, 까르푸, 테스코, 오샹, 올레 등 외국계 마트도 많이 들어와 있고, 닝보 태생의 마트인 싼장꼬우우(三江购物)도 있습니다.

마트는 중국어를 몰라도 문제없이 쇼핑을 할 수 있지요. 시식 코너도 있고 할인 행사를 하는 등 중국의 마트도 우리나라에서 보던 마트들과 별로 다를 게 없어요.

그렇게 한 달 정도를 주로 마트에서 장을 보다 시장에 가니 확실히 생선이며 채소가 마트보다 싸고 다양하더군요. 외국인이라고 가격을 손가락으로 알려 주고, 고추나 잔파라도 하나 덤으로 얹어 주네요. 역시 시장은 넉넉한 인심을 느낄 수 있어 좋지요.

시장이 걷기에는 멀고 차를 타기에는 가까운 애매한 거리라 개인적으로 자주는 못 가지만 생활 중국어를 배우려면 시장에 가라고 권하고 싶네요. 외계어 같은 사투리를 쓸 것 같다구요? 아니에요, 요즘 시장 사람들은 보통화도 잘 한답니다.

최근 우리 아파트 안에도 무인편의점이 생겼어요. 24시간 이용할 수 있고 간편하게 모바일로 셀프 결제를 할 수 있으니 점점 이용자가 늘고 있답니다. 그런데 이 무인편의점으로 인해 우리 아파트 가게가 타격을 받진 않을까 좀 걱정이 되네요.

날씨가 궂은 날이나 몸이 피곤한 날은 마트 가기도 싫지요? 이럴 때 저는 허마시엔셩(盒马鲜生)을 찾습니다. 셀프 정산 시스템의 허마시엔셩 마트는 직접 가서 장을 봐도 되고, 앱에 들어가 물건을 고르고 결제하면 원하는 시간에 무료로 배송도 해 줍니다. 날이 갈수록 장 보기가 쉬워지고 편해지는 중국입니다.

1. 이거 얼마예요?

   **这个多少钱?**
   Zhège duōshao qián?

2. 이거 어떻게 팔아요?

   **这个怎么卖的?**
   Zhège zěnme màide?

3. 좀 깎아 주세요.

   **便宜点儿。**
   Piányi diǎnr.

4. 이 상품은 원플러스원입니다.

   **这个商品是买一送一的。**
   Zhège shāngpǐn shì mǎiyīsòngyīde.

5. 2층으로 올라가세요.

   **请上二楼。**
   Qǐng shàng èr lóu.

6. 집으로 배달되나요?

   **能不能送货上门?**
   Néng bù néng sònghuò shàngmén?

1. 마트    超市 [chāoshì]
2. 작은 수퍼. 가게    小店 [xiǎodiàn]
3. 편의점    便利店 [biànlìdiàn]
4. 무인편의점    无人售货店 [wúrén shòuhuòdiàn]
5. 시장    菜场 [càichǎng]
6. 비닐봉투. 봉지    袋子 [dàizi]
7. 카트    购物车 [gòuwùchē]
   手推车 [shǒutuīchē]
8. 제품. 상품    产品 [chǎnpǐn]
   商品 [shāngpǐn]
9. 유통기한    保质期 [bǎozhìqī]
10. 저울에 무게를 달다.    称 [chēng]
11. 계산대    收银台 [shōuyíntái]
12. 집으로 배달하다.    送货上门 [sònghuò shàngmén]
13. 배달 기사    送货员 [sònghuòyuán]
14. 에스컬레이터    自动扶梯 [zìdòngfútī]
15. 2층    二楼 [èrlóu]
16. 원 플러스 원    买一送一 [mǎiyī sòngyī]
   买一赠一 [mǎiyī zèngyī]
17. 실속 있다.    划算 [huásuàn]
18. 싸다.    便宜 [piányi]
19. 비싸다.    贵 [guì]
20. 신선하다.    新鲜 [xīnxiān]
21. 생선    鱼 [yú]

| | | |
|---|---|---|
| 22. 생선 머리 | 鱼头 | [yútóu] |
| 23. 생선 꼬리 | 鱼尾 | [yúwěi] |
| 24. 생선 몸통 | 鱼身 | [yúshēn] |
| 25. 잔돈을 거스르다. | 找零钱 | [zhǎo língqián] |
| 26. 식품류 | 食品类 | [shípǐn lèi] |
| 27. 문구류 | 文具类 | [wénjù lèi] |
| 28. 완구류 | 玩具类 | [wánjù lèi] |
| 29. 세제류 | 清洁类 | [qīngjié lèi] |
| 30. 가전류 | 家电类 | [jiādiàn lèi] |
| 31. 의복류 | 服装类 | [fúzhuāng lèi] |
| 32. 침구류 | 床上用品 | [chuángshàng yòngpǐn] |
| 33. 떠먹는 요거트 | 酸奶 | [suānnǎi] |
| 34. 시금치 한 단 | 一把波菜 | [yì bǎ bōcài] |
| 35. 두부 두 모 | 两块豆腐 | [liǎng kuài dòufu] |
| 36. 파 세 뿌리 | 三根大葱 | [sān gēn dàcōng] |
| 37. 조기 네 마리 | 四条黄鱼 | [sì tiáo huángyú] |
| 38. 콩나물 500그램 | 一斤豆芽 | [yì jīn dòuyá] |
| 39. 우유 한 팩 | 一盒牛奶 | [yì hé niúnǎi] |
| 40. 국산 | 国产 | [guóchǎn] |
| 41. 수입 | 进口 | [jìnkǒu] |
| 42. 소고기 | 牛肉 | [niúròu] |
| 43. 돼지고기 | 猪肉 | [zhūròu] |
| 44. 삼겹살 | 五花肉 | [wǔhuāròu] |
| 45. 목살 | 梅花肉 | [méihuāròu] |

46. 양고기　　　　羊肉 [yángròu]

47. 닭고기　　　　鸡肉 [jīròu]

48. 오리고기　　　鸭肉 [yāròu]

49. 채소　　　　　蔬菜 [shūcài]

50. 과일　　　　　水果 [shuǐguǒ]

51. 계란　　　　　鸡蛋 [jīdàn]

52. 생우유　　　　鲜牛奶 [xiānniúnǎi]

53. 생수　　　　　矿泉水 [kuàngquánshuǐ]

54. 문을 열다.　　开门 [kāimén]

55. 문을 닫다.　　关门 [guānmén]

24시간 무인편의점

전통적인 재래시장(钟公庙菜场)에서도 모바일결제
가능하다.

허마시엔셩(盒马鲜生). 매장에서는 셀프 결제, 앱으로
주문 배송도 가능하다.

리리: 이거 어떻게 팔아요?

莉莉: **这个怎么卖的？**

Zhège zěnme màide?

가게주인: 한 근에 13원입니다.

老板: **十三块一斤。**

Shí sān kuài yì jīn.

리리: 두 근 주세요. 30원 드릴게요.

莉莉: **我要两斤。给你三十块钱。**

Wǒ yào liǎng jīn. Gěi nǐ sān shí kuài qián.

사장님 1콰이 덜 주셨어요.

**你少给了我一块。**

Nǐ shǎo gěi le wǒ yí kuài.

가게주인: 미안해요. 잘못 거슬러 드렸네요.

老板: **不好意思，我找错了零钱。**

Bù hǎoyìsi, wǒ zhǎocuò le língqián.

리리: 소고기 한 근은 갈아 주시고,

莉莉: **请帮我把一斤牛肉绞成肉末，**

Qǐng bāng wǒ bǎ yì jīn niúròu jiǎochéng ròumò,

돼지고기 한 근은 채 썰어 주세요.

**一斤猪肉切成肉丝。**

yì jīn zhūròu qiēchéng ròusī.

비닐 봉투 한 장만 더 주시구요.

**再来一个袋子。**

Zài lái yí gè dàizi.

177

가게주인: 생선 안 필요하세요? 아주 싱싱해요.

**老板:** **你要不要鱼? 这些鱼很新鲜的。**
Nǐ yào bú yào yú? Zhèxiē yú hěn xīnxiānde.

리리: 갈치 두 마리 주세요.

**莉莉:** **我要两条带鱼。**
Wǒ yào liǎng tiáo dàiyú.

깨끗하게 손질 좀 해 주세요.

**麻烦你帮我弄干净点儿。**
Máfan nǐ bāng wǒ nòng gānjìng diǎnr.

머리와 꼬리 빼고 몸통은 토막 내 주세요.

**我不要鱼头和鱼尾，鱼身帮我切成块。**
Wǒ búyào yútóu hé yúwěi, yúshēn bāng wǒ qiēchéng kuài.

리리: 콩나물 좀 주세요. 아, 됐어요. 충분합니다. 얼마예요?

**莉莉:** **我要豆芽。够了够了。多少钱?**
Wǒ yào dòuyá. Gòu le gòu le. Duōshao qián?

가게주인: 무게 달아 볼게요. 7원입니다.

**老板:** **我称一下。七块钱。**
Wǒ chēng yíxià. Qī kuài qián.

아침에 오시면 콩나물이 더 싱싱해요.

**豆芽早上更新鲜。**
Dòuyá zǎoshang gèng xīnxiān.

리리: 여기는 아침 몇 시에 문 열어요?

**莉莉:** **这里几点开门?**
Zhèlǐ jǐ diǎn kāimén?

**가게주인:** 아침 7시에 문을 열고, 저녁 7시에 문을 닫아요.

**老板:** 早上七点开门, 晚上七点关门。
Zǎoshang qī diǎn kāimén, wǎnshang qī diǎn guānmén.

여기도 즈푸바오 됩니다.

这儿支付宝也可以用。
Zhèr Zhīfùbǎo yě kěyǐ yòng.

**리리:** 이 오징어는 국산이에요? 수입산이에요?

**莉莉:** 这些鱿鱼是国产的，还是进口的?
Zhèxiē yóuyú shì guóchǎnde, háishì jìnkǒude?

**가게주인:** 국산이에요. 국산이 수입산보다 훨씬 맛있어요.

**老板:** 国产的。国产比进口的更好吃。
Guóchǎnde. Guóchǎn bǐ jìnkǒude gèng hǎochī.

**리리:** 그래요? 큰 걸로 4마리 골라 주시겠어요?

**莉莉:** 是吗? 请帮我挑大一点的。
Shì ma? Qǐng bāng wǒ tiāo dà yìdiǎnde.

봉지 두 장에 나눠서 넣어 주세요.

请给我分开放到两个袋子里。
Qǐng gěi wǒ fēnkāi fàng dào liǎng gè dàizi lǐ

---

＊**고기를 구입할 때**

| | |
|---|---|
| 채썰다 | 切成肉丝 [qiēchéng ròusī] |
| 얇게 썰다 | 切成肉片 [qiēchéng ròupiàn] |
| 갈다 | 绞成肉末 [jiǎochéng ròumò] |

리리:　1원 짜리 있어?

**莉莉:　你有没有一块钱?**
Nǐ yǒu méi yǒu yí kuài qián

여기 쇼핑 카트는 1원을 넣어야 쓸 수 있어.

**这里的购物车投入一元才能用。**
Zhèlǐde gòuwùchē tóurù yì yuán cái néng yòng.

남편:　찾아 볼게. 아, 여기 있어.

**丈夫:　我找一找，啊，这里有。**
Wǒ zhǎo yì zhǎo, ā, zhèlǐ yǒu.

직원:　카트는 사용 후에 제자리에 정리해 주시기 바랍니다.

**服务员:　用完购物车后，请放在指定的地方。**
Yòngwán gòuwùchē hòu, qǐng fàng zài zhǐdìngde dìfang.

남편:　요거트가 원 플러스 원이야. 이거 사는 게 훨씬 좋겠네.

**丈夫:　这个酸奶是买一送一的。买这个更划算。**
Zhège suānnǎi shì mǎiyīsòngyīde. Mǎi zhège gèng huásuàn.

리리:　유통기한이 언제까지야?

**莉莉:　保质期多久?**
Bǎozhìqī duōjiǔ?

남편:　아직 10일이나 남았어. 이것 사자.

**丈夫:　还有十天，买这个吧。**
Háiyǒu shí tiān, mǎi zhège ba.

리리:　아참, 규현이가 물총 사달라고 했는데.

**莉莉:　对了，揆贤让我给他买水枪。**
Duì le, kuíxián ràng wǒ gěi tā mǎi shuǐqiāng.

저기요, 장난감 코너가 어디에 있어요?

**你好，玩具区在哪儿?**

Nǐ hǎo, wánjùqū zài nǎr?

직원: 장난감 코너는 2층에 있습니다. 2층으로 올라가세요.

**服务员: 玩具区在二楼。请上二楼。**

Wánjùqū zài èr lóu. Qǐng shàng èr lóu.

리리: 난 계산대에 가서 줄 서 있을게, 감자 6개만 좀 사 와요.

**莉莉: 我去收银台排队，帮我买六个土豆。**

Wǒ qù shōuyíntái páiduì, bāng wǒ mǎi liù gè tǔdòu.

계산원: 비닐 봉투 필요하세요?

**收银员: 要不要袋子?**

Yào bú yào dàizi?

리리: 고맙지만, 필요 없습니다.

**莉莉: 不用了，谢谢。**

Búyòng le, xièxie.

남편: 아, 깜빡 잊고 감자 무게를 안 달았네요. 이것 빼 주세요.

**丈夫: 土豆我忘了称，这个不要了。**

Tǔdòu wǒ wàng le chēng, zhège búyào le.

리리: 즈푸바오로 결제할게요. 집으로 배달됩니까?

**莉莉: 用支付宝付。能不能送货上门?**

Yòng Zhīfùbǎo fù. Néng bù néng sònghuò shàngmén?

계산원: 2km 이내 무료 배송됩니다.

**收银员: 在两公里以内是免费送的。**

Zài liǎng gōnglǐ yǐnèi shì miǎnfèi sòngde.

4장

# 淘宝 Táobǎo 타오바오

중국 최대 인터넷 쇼핑몰 싸이트 타오바오(淘宝)를 알기 전까지 저는 마트나 전문 매장에서 쇼핑을 했습니다. 전자 제품이 필요하면 전자 매장에 가고 가구가 필요하면 가구점에 가고 옷이 필요하면 백화점에 갔지요. 시장에서 파는 질 떨어져 보이는 싸구려는 사기 싫고, 번듯한 상점에 가서 좀 괜찮아 보이는 걸로 사려니 지출이 만만치 않았어요.

그러다 알게 된 타오바오는 그야말로 쇼핑 천국! 질 좋은 물건을 값싸게 구입할 수 있는 타오바오가 바로 천국이지요. 만능 타오바오(万能的淘宝)라고 불릴 만큼 타오바오에는 없는 게 없답니다. '타오바오에서 이런 것까지 사 봤다' 시합을 한다면 지지 않을 자신 있네요.

구매량이 많을 때는 판매자와 가격 흥정을 할 수도 있어요. 상품을 검색하는 방법에는 글로 써서 검색하기, 말을 해서 검색하기, 상품 사진을 찍어 검색하기 이렇게 세 가지 방법이 있구요. 타오바오에 입점한 티몰(天猫) 가게에서 파는 상품은 일반 가게들보다 조금 비싸긴 해도 비교적 믿을 만 합니다.

타오바오는 알리바바(阿里巴巴) 그룹이 만든 쇼핑몰이고 즈푸바오(支付宝)로 결제를 합니다. 웨이신(微信)으로는 결제가 되지 않는다는 점 참고하세요. 배송 후 7일 이내에는 교환 및 환불이 되구요. 환불 처리가 되면 나의 즈푸바오로 돈이 들어옵니다. 사고 싶은 물건들을 차곡차곡 장바구니에 담아 두었다가 폭탄 세일을 하는 11월 11일 슈앙스이(双十一)에 확 질러 버리자구요.

1. 이거 타오바오에서 산 거예요.

   **这是在淘宝上买的。**

   Zhè shì zài Táobǎo shàng mǎide.

2. 구매자는 판매자와 가격 흥정을 할 수 있습니다.

   **买家可以和卖家砍价。**

   Mǎijiā kěyǐ hé màijiā kǎnjià.

3. 한 치수 큰 것으로 바꾸고 싶어요.

   **我想换大一码。**

   Wǒ xiǎng huàn dà yìmǎ.

4. 물건 사진을 찍어서 검색해 봐.

   **你拍立淘一下。**

   Nǐ pāi lìtáo yíxià.

   **你拍照搜索一下。**

   Nǐ pāizhào sōusuǒ yíxià.

5. 배송료 포함입니까?

   **包邮吗?**

   Bāoyóu ma?

   **不用运费吗?**

   Búyòng yùnfèi ma?

6. 300원 이상 구매하시면, 50원 쿠폰을 이용할 수 있습니다.

   **满300，可以用50元的优惠券。**

   Mǎn sān bǎi, kěyǐ yòng wǔ shí yuánde yōuhuìquàn.

4장

183

| | | |
|---|---|---|
| 1. | 타오바오 | 淘宝 [Táobǎo] |
| 2. | 장바구니. 카트 | 购物车 [gòuwùchē] |
| 3. | 신발 사이즈 | 鞋码 [xiémǎ] |
| 4. | 신발 바닥 | 鞋底 [xiédǐ] |
| 5. | 교환하다. | 换 [huàn] |
| 6. | 환불하다. | 退货 [tuìhuò] · 退款 [tuìkuǎn] |
| 7. | 취소하다. | 取消 [qǔxiāo] |
| 8. | 검색하다. | 搜索 [sōusuǒ] |
| 9. | 사진 찍어 검색하다. | 拍立淘 [pāi lìtáo] |
| 10. | 배송료 포함 | 包邮 [bāoyóu] |
| 11. | 배송료 | 运费 [yùnfèi] |
| 12. | 택배 | 快递 [kuàidì] |
| 13. | 돈을 내다. | 付款 [fùkuǎn] |
| 14. | 상품을 발송하다. | 发货 [fāhuò] |
| 15. | 상품을 받다. | 收货 [shōuhuò] |
| 16. | 상품이 도착하다. | 到货 [dàohuò] |
| 17. | 택배를 부치다. | 寄快递 [jì kuàidì] |
| 18. | 착불 | 到货付款 [dàohuò fùkuǎn] |
| | | 运费到付 [yùnfèi dàofù] |
| 19. | 재고 | 现货 [xiànhuò] · 库存 [kùcún] |
| 20. | 믿을 만하다. | 靠谱 [kàopǔ] |
| 21. | 할인권. 쿠폰 | 优惠券 [yōuhuìquàn] |
| 22. | 광군절. 솔로데이 | 光棍节 [guāngùnjié] |
| | 11월 11일 | 双十一 [shuāngshíyī] |

리리: 넌 어떻게 시간만 나면 타오바오를 하니?

莉莉: **你怎么一有时间就刷淘宝呢?**
Nǐ zěnme yì yǒu shíjiān jiù shuā Táobǎo ne?

여동생: 곧 광군절이잖아.

妹妹: **双十一快到了。**
Shuāngshíyī kuài dào le.

지금 내 장바구니에는 25가지 물건이 있어.

**现在我的购物车里有二十五个东西。**
Xiànzài wǒde gòuwùchē lǐ yǒu èr shí wǔ gè dōngxi.

리리: 타오바오에 가짜도 많다던데 주의해.

莉莉: **听说在淘宝上有很多假货,**
Tīngshuō zài Táobǎo shàng yǒu hěn duō jiǎhuò,

**你注意一下。**
nǐ zhùyì yíxià.

여동생: 티몰(Tmal) 제품은 믿을 수 있어.

妹妹: **天猫的东西更靠谱。**
Tiānmāode dōngxi gèng kàopǔ.

＊**剁手党** [duòshǒudǎng] 인터넷 쇼핑중독자.

剁는 '자르다. 썰다.', 手는 '손', 党 은 '무리. 당'이란 뜻인데, '내가 한 번만 더 인터넷쇼핑을 하면 손목을 자른다.' 라는 말에서 파생된 유행어이다.

**구매자:** 신발을 신어 봤는데 조금 작네요.

**买家:** 我试穿了一下，感觉有点小。
Wǒ shìchuān le yíxià, gǎnjué yǒudiǎn xiǎo.

한 칫수 큰 걸로 바꾸고 싶어요.

**我想换大一码。**
Wǒ xiǎng huàn dà yìmǎ.

**판매자:** 신발 바닥 사진을 찍어 보내주세요.

**卖家:** 请拍一下鞋底发给我。
Qǐng pāi yíxià xiédǐ fā gěi wǒ.

**구매자:** 언제 물건이 도착할까요?

**买家:** 什么时候到货?
Shénme shíhou dàohuò?

**판매자:** 죄송한데요, 지금 재고가 없는데, 며칠만 기다려주세요.

**卖家:** 不好意思，没有现货，要等几天。
Bù hǎoyìsi, méiyǒu xiànhuò, yào děng jǐ tiān.

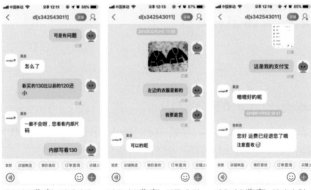

타오바오(淘宝)–판매자와 대화하기

타오바오(淘宝)–상품에 하자가 있어 판매자에게 환불을 요구하고 있다.

타오바오(淘宝)–하자가 있는 상품을 돌려보낼 때 부담한 택배비는 즈푸바오로 환불해 준다.

구매자: 옷을 한 벌 샀는데, 환불하고 싶어요.

买家: **我买了一件衣服，不过想退货。**
Wǒ mǎi le yí jiàn yīfu, búguò xiǎng tuìhuò.

판매자: 옷에 무슨 문제라도 있습니까?

卖家: **衣服有什么问题?**
Yīfu yǒu shénme wèntí?

구매자: 실물하고 사진 색깔이 차이가 나요.

买家: **实物跟图片有色差。**
Shíwù gēn túpiàn yǒu sèchà.

판매자: 그럼 환불 신청하시고 물건을 이 주소로 부쳐 주세요.

卖家: **那申请退款后把东西寄到这个地址，**
Nà shēnqǐng tuìkuǎn hòu bǎ dōngxi jì dào zhège dìzhǐ,

배송료는 착불로 해 주세요.

**运费到付。**
yùnfèi dàofù.

돈은 즈푸바오로 자동 환불될 겁니다.

**支付宝会自动退款的。**
Zhīfùbǎo huì zìdòng tuìkuǎnde.

4장

# 洗衣店 Xǐyīdiàn 세탁소
# 修鞋店 Xiūxiédiàn 신발수선점
# 服装修补店 Fúzhuāng xiūbǔdiàn 옷수선점

미용실, 발마사지샵, 빵집, 세탁소 등은 카드에 일정 금액을 충전한 후 이용할 때마다 금액을 차감하는 방식으로 결제를 하는 곳이 많은데요, 할인율이 꽤 높아서 현금을 내고 이용하면 너무 손해라는 생각에 그 카드를 만들어 쓰게 되지요.

그러나, 문제는 이겁니다. 아직 카드에 돈이 많이 남아 있는데 어느 날 갑자기 그 가게가 문을 닫을 수도 있다는 것이죠. 황당무계하지만 방법이 없습니다. 그렇다고 너무 겁내지는 말고, 안정적으로 운영되는 가게를 택해서 카드를 만들어 써 보세요.

요즘은 세탁물을 수거해 가서 세탁을 한 후 집에 갖다 주는 앱도 있다고 하는데 저는 이용해 보지 않았네요. 그냥 집 근처 따샹(大象)이라는 세탁소를 이용하고 있는데요, 따샹은 닝보 곳곳에서 볼 수 있는 프랜차이즈 세탁소입니다. 또 다섯 벌 이상 무료수거 및 무료 배달 서비스를 제공하는 푸나이터(福奈特)라는 세탁소도 있습니다.

이 편에서는 세탁소, 옷수선점, 신발수리점에서 흔히 쓰이는 표현들을 알아 보도록 합니다.

1. 세탁소에 옷을 맡기러 가요.
**把衣服送到洗衣店去。**
Bǎ yīfu sòng dào xǐyīdiàn qù.

2. 이 옷을 드라이해 주세요.
**这件衣服请干洗一下。**
Zhè jiàn yīfu qǐng gānxǐ yíxià.

**我要干洗这件衣服。**
Wǒ yào gānxǐ zhè jiàn yīfu.

3. 언제 찾으러 올까요?
**什么时候来取呢?**
Shénme shíhou lái qǔ ne?

4. 이틀 뒤에 찾으러 오세요.
**你过两天以后来取吧。**
Nǐ guò liǎng tiān yǐhòu lái qǔ ba.

5. 드라이 맡긴 옷 찾으러 왔어요.
**我来取干洗的衣服。**
Wǒ lái qǔ gānxǐde yīfu.

1. 세탁소      洗衣店 [xǐyīdiàn]
2. 옷수선점      服装修补店 [fúzhuāng xiūbǔdiàn]
3. 신발수선점      修鞋店 [xiūxiédiàn]
4. 드라이하다.      干洗 [gānxǐ]
5. 물세탁하다.      水洗 [shuǐxǐ]
6. 수선하다. 고치다.      修 [xiū]
7. 세탁물 수령증      洗衣单 [xǐyīdān]
8. 옷      衣服 [yīfu]
9. 모자      帽子 [màozi]
10. 털 칼라      毛领 [máolǐng]
11. 치마      裙子 [qúnzi]
12. 바지      裤子 [kùzi]
13. 바지기장      裤长 [kùcháng]
14. 바지통      裤腿 [kùtuǐ]
15. 지퍼      拉链 [lāliàn]
16. 고장 났다      坏了 [huài le]
17. 얼룩      污渍 [wūzì]
18. 얼룩을 빼다.      去掉污渍 [qùdiào wūzì]
19. 더럽다.      脏 [zāng]
20. 단추      扣子 [kòuzi]
21. 단추를 달다.      钉扣子 [dìng kòuzi]
22. 길이를 줄이다.      改短 [gǎiduǎn]

                                                弄短 [nòngduǎn]

| | | |
|---|---|---|
| 23. 통을 줄이다. | 改窄 [gǎizhǎi] | |
| | 弄窄 [nòngzhǎi] | |
| 24. 찢어지다. | 开裂 [kāiliè] | |
| 25. 바느질하다. 꿰매다. | 缝 [féng] | |
| 26. 신발굽 | 鞋跟 [xiégēn] | |
| 27. 굽을 갈다. | 换跟 [huàngēn] | |
| 28. 접착이 떨어지다. | 脱胶 [tuōjiāo] | |
| 29. 손질하다. | 护理 [hùlǐ] | |
| 30. 구두약을 바르다. | 上油 [shàngyóu] | |
| 31. 반들반들하다. | 光滑 [guānghuá] | |
| 32. 돈을 받다. | 收费 [shōufèi] | |
| 33. 돈을 더 받다. | 加费 [jiāfèi] | |

세탁소 따시앙. 닝보에서 많이 볼 수 있는 프랜차이즈점이다.

사장님: 드라이할까요, 물세탁할까요?

**老板:** **你的衣服要干洗还是要水洗?**

Nǐde yīfu yào gānxǐ háishì yào shuǐxǐ?

리리: 드라이해 주세요. 여기 얼룩 뺄 수 있을까요?

**莉莉:** **我要干洗。这里的污渍能去掉吗?**

Wǒ yào gānxǐ. Zhèlǐde wūzì néng qùdiào ma?

사장님: 뺄 수 있어요.

**老板:** **能去掉。**

Néng qùdiào.

모자와 털 칼라는 추가로 돈을 받습니다.

**帽子和毛领要加钱。**

Màozi hé máolǐng yào jiāqián.

리리: 회원카드를 만들고 싶습니다.

**莉莉:** **我想办一张卡。**

Wǒ xiǎng bàn yì zhāng kǎ.

사장님: 3000원을 충전하시면, 300원을 드립니다.

**老板:** **存三千送三百。**

Cún sān qiān sòng sān bǎi.

리리: 언제 옷 찾으러 올까요?

**莉莉:** **什么时候来取呢?**

Shénme shíhou lái qǔ ne?

사장님:      4일 뒤에 찾으러 오세요.

**老板:**      **你过四天以后来取吧。**
Nǐ guò sì tiān yǐhòu lái qǔ ba.

리리:      모레 저녁에 입어야 하는데, 최대한 빨리 부탁할게요.

**莉莉:**      **我后天晚上要穿，请尽快。**
Wǒ hòutiān wǎnshang yào chuān, qǐng jǐnkuài.

사장님:      그럼 모레 오전에 찾으러 오세요.

**老板:**      **那后天上午来取吧。**
Nà hòutiān shàngwǔ lái qǔ ba.

이건 수령증입니다. 옷 찾으러 올 때 갖고 오세요.

**这是洗衣单。取衣服的时候拿过来。**
Zhè shì xǐyīdān. Qǔ yīfude shíhou ná guòlái.

리리:      드라이 맡긴 옷 찾으러 왔습니다.

**莉莉:**      **我来取干洗的衣服。**
Wǒ lái qǔ gānxǐde yīfu.

세탁소. 품목에 따라 가격이 정해져 있다.

193

**Tip** 옷수선점/신발수선점에서 쓰는 표현

지퍼가 고장이 났어요. 고쳐 주세요.

**拉链坏了，帮我修一下。**

Lāliàn huài le, bāng wǒ xiū yíxià.

단추가 떨어졌는데 좀 달아 주세요.

**扣子掉了，帮我钉一下。**

Kòuzi diào le, bāngwǒ dìng yíxià.

여기를 박아 주세요.

**请把这儿缝一下。**

Qǐng bǎ zhèr féng yíxià.

치마 뜯어진 부분을 좀 박아 주세요.

**把裙子开裂的部分缝一下。**

Bǎ qúnzi kāiliède bùfen féng yíxià.

제가 표시한 데까지 줄여 주세요.

**请改短到我标的地方。**

Qǐng gǎiduǎn dào wǒ biāode dìfang.

바지 기장을 수선하고 싶어요.

**我想修改裤子的长度。**

Wǒ xiǎng xiūgǎi kùzide chángdù.

바지 기장을 줄이고 싶어요.

**我想把裤长弄短些。**

Wǒ xiǎng bǎ kùcháng nòngduǎn xiē.

바지통을 줄이고 싶어요.

**我想把裤腿改窄。**

Wǒ xiǎng bǎ kùtuǐ gǎizhǎi.

구두굽 좀 갈아 주세요.

**鞋跟坏了，换个跟。**

Xiégēn huài le, huàn gè gēn.

신발에 접착 부분이 떨어졌는데 좀 붙여 주세요.

**我的鞋脱胶了，帮我修一下。**

Wǒde xié tuōjiāo le, bāng wǒ xiū yíxià.

구두가 더러워요, 좀 닦아 주세요.

**我的皮鞋脏了，帮我护理一下。**

Wǒde píxié zāng le, bāng wǒ hùlǐ yíxià.

약 발라서 광을 좀 내 주세요.

**帮我上个油让它光滑一点。**

Bāng wǒ shànggè yóu ràng tā guānghuá yìdiǎn.

신발수선점

옷수선점

## 快递 Kuàidì 택배

택배는 중국어로 콰이띠(快递)라고 합니다. 일반적으로 택배가 도착하면 택배함에 있으니 찾아가라는 문자가 옵니다. 단, 부피가 커서 택배함에 넣을 수 없을 땐 집에까지 배달을 해주거나 어디에 놔두었다고 전화나 문자로 알려 줍니다.

택배를 다른 곳으로 부칠 때에는 우선 택배 앱을 다운 받아 등록을 하고 이용하면 편리합니다. 발송인, 수취인을 정확히 기재하고 기사 방문 시간을 예약하면 기사가 시간에 맞춰 와서 택배를 수거해 갑니다.

가장 빠르고 믿을 만한 택배 회사는 순펑(顺丰)인데요, 빠르고 안전한 만큼 배송비가 좀 비싼 게 옥의 티지요.

비교적 저렴하면서도 괜찮은 택배 회사로는 쫑통(中通), 위엔통(圆通), 션통(申通) 등이 있습니다. 택배를 보낼 때나 받을 때 모두 운송장 번호만 있으면 택배 추적이 가능합니다.

광군절(光棍节, 双十一) 즈음엔 택배 주문이 폭주해 '택배 대란' 현상이 일어납니다. 큰 폭의 할인 혜택을 누리려면 상품을 받기까지의 오랜 기다림은 감수해야겠지요?

아주 가끔은 아무런 연락도 없이 문 앞에 택배를 두고 가는 경우도 있다고 합니다. 분실의 우려가 있으니 이런 경우엔 택배 회사에 꼭 알리도록 합시다.

1. 택배를 택배함에 넣어 놨으니 빨리 찾아 가세요.

**你的快递放在快递柜了，请尽快去拿。**

Nǐde kuàidì fàng zài kuàidìguì le, qǐng jǐnkuài qù ná.

2. 곧 배달 가겠습니다.

**我马上送上来。**

Wǒ mǎshang sòng shànglái.

3. 택배가 잘못 배달됐어요.

**你送错快递了。**

Nǐ sòngcuò kuàidì le.

4. 집에 사람 있어요?

**有人在家吗？**

Yǒu rén zài jiā ma?

5. 운송장 번호가 어떻게 돼요? 제가 조회해 볼게요.

**运单号是多少？我帮你查询一下。**

Yùndānhào shì duōshao? Wǒ bāng nǐ cháxún yíxià.

4장

1. 택배      快递 [kuàidì]
2. 택배 회사      快递公司 [kuàidì gōngsī]
3. 택배함      快递柜 [kuàidìguì]
4. 택배 기사      快递员 [kuàidìyuán]
5. 보안실. 경비실      保安室 [bǎo'ānshì]

                       门卫 [ménwèi]

6. 상품을 보내다.      送货 [sònghuò]
7. 잘못 배달하다.      送错 [sòngcuò]
8. 운송장 번호      运单号 [yùndānhào]
9. 택배를 부치다.      寄快递 [jì kuàidì]
10. 택배를 찾다.      取快递 [qǔ kuàidì]
11. 조회하다.      查询 [cháxún]

택배함. 아파트 동마다 다 설치되어 있다.

택배를 찾을 때는 取件을 선택한 후 택배번호를 입력하거나 큐알코드를 스캔하면 된다.

택배기사: 여보세요, 집에 사람 있습니까?
快递员: **喂，你好，有人在家吗?**
Wéi, nǐhǎo, yǒu rén zài jiā ma?

곧 배달 가겠습니다.
**我马上送上来。**
Wǒ mǎshang sòng shànglái.

리리: 택배가 잘못 배달됐어요, 오셔서 다시 가져 가세요.
莉莉: **你送错快递了，回来拿一下。**
Nǐ sòngcuò kuàidì le, huílái ná yíxià.

택배기사: 죄송합니다. 확인 후 다시 연락 드리겠습니다.
快递员: **不好意思，我确认后再联系你。**
Bù hǎoyìsi, wǒ quèrèn hòu zài liánxì nǐ.

리리: 제가 잠시 후 외출할 거에요.
莉莉: **等会儿我要出去。**
Děng huìr wǒ yào chūqù.

제가 택배를 경비실에 놔둘게요, 가져가세요.
**我把快递放到保安室，请你拿一下。**
Wǒ bǎ kuàidì fàng dào bǎo'ānshì, qǐng nǐ ná yíxià.

4장

## 洗照片 Xǐzhàopiàn 사진인화　打印 Dǎyìn 인쇄
## 复印 Fùyìn복사　塑封 Sùfēng코팅

　　중국에서는 사진 크기를 1촌, 2촌, 3촌 이런 식으로 말하는데요, 여권용 사진은 2촌 정도가 된다고 합니다. 여권용 사진을 찍을 때는 혹시나 직원이 실수하지 않도록 흰 바탕으로 해달라고 꼭 미리 말씀하세요.

　　만약 휴대폰이나 컴퓨터에 가지고 있는 사진들을 인화하려고 한다면 사진 원본 파일을 사진관 직원의 웨이신(微信)으로 보내시면 됩니다. 보통 한두 시간 후 사진관에 가면 바로 사진을 찾을 수 있습니다. 타오바오에도 사진을 인화해 주는 가게가 있는데요, 여기에다 맡기면 배송 시간 때문에 보통 하루나 이틀 후에 사진을 받을 수 있겠습니다.

　　인쇄소에 가면 대체로 인쇄, 복사, 코팅을 다 할 수 있습니다. 사진관에서도 복사, 코팅 정도는 같이 하는 경우가 많지요. 우리 아이의 학교에서는 선생님이 학습 자료나 문제지 파일을 자주 큐큐그룹채팅방에다 올리고 각자 프린트를 해서 가져오라고 하는데요, 반 아이들 중에는 프린트기가 없는 집이 더러 있어서 매번 인쇄소나 사진관에 가서 돈을 주고 프린트를 한다고 하네요.

1. 여권용 사진을 찍어 주세요.
   **帮我拍护照上的照片。**
   Bāng wǒ pāi hùzhào shàngde zhàopiàn.

2. 1촌 사진을 찍어야 합니다.
   **我要拍一寸照。**
   Wǒ yào pāi yí cùn zhào.

3. 폰에 있는 사진을 인화하고 싶어요.
   **我想把手机里的照片洗出来。**
   Wǒ xiǎng bǎ shǒujī lǐde zhàopiàn xǐ chūlái.

4. 이 사진들을 흑백으로 인화하고 싶어요.
   **我想把这些照片洗成黑白的。**
   Wǒ xiǎng bǎ zhèxiē zhàopiàn xǐchéng hēibáide.

5. 한 시간 후에 찾으러 오세요.
   **等一个小时后再来取。**
   Děng yí gè xiǎoshí hòu zài lái qǔ.

# 단어 암기

1. 사진관　　　　照相馆 [zhàoxiàngguǎn]
2. 인쇄소　　　　打印店 [dǎyìndiàn]
3. 복사집　　　　复印店 [fùyìndiàn]
4. 프린트기　　　打印机 [dǎyìnjī]
5. 복사기　　　　复印机 [fùyìnjī]
6. 코팅기　　　　塑封机 [sùfēngjī]
7. 색깔　　　　　颜色 [yánsè]
8. 칼라　　　　　彩色 [cǎisè]
9. 흑백　　　　　黑白 [hēibái]
10. 바탕색　　　　底色 [dǐsè]
11. 여권　　　　　护照 [hùzhào]
12. 사진　　　　　照片 [zhàopiàn]
13. 사진을 찍다.　拍照 [pāizhào]
14. 사진을 인화하다.　洗照片 [xǐ zhàopiàn]
15. 확대하다.　　放大 [fàngdà]
16. 축소하다.　　缩小 [suōxiǎo]
17. 사진의 원본파일　原图 [yuántú]
18. 명함　　　　　名片 [míngpiàn]
19. 제작하다.　　制作 [zhìzuò]
20. 프린트하다.　打印 [dǎyìn]
21. 복사하다.　　复印 [fùyìn]
22. 코팅하다.　　塑封 [sùfēng]
23. 발송하다. 보내다.　发送 [fāsòng]
24. 자료　　　　　资料 [zīliào]
25. 문서 파일　　文档 [wéndàng]

사진관. 인쇄, 복사, 코팅도 할 수 있다.

사진관. 인화하고 싶은 사진을 웨이신으로 보내고 찾으러 가면 된다.

리리:　여권용 사진을 찍어 주세요.

莉莉:　**我要拍护照上的照片。**
　　　Wǒ yào pāi hùzhào shàngde zhàopiàn.

사진사:　안경을 벗고 머리를 귀 뒤로 넘겨 주세요.

摄影师:　**请摘下眼镜，把头发撩到耳朵后。**
　　　Qǐng zhāixià yǎnjìng, bǎ tóufa liāo dào ěrduo hòu.

리리:　여권용 사진은 흰색 바탕 맞죠?

莉莉:　**护照上的照片要白底的，对吧。**
　　　Hùzhào shàngde zhàopiàn yào báidǐde, duì ba.

사진사:　네. 맞습니다. 자, 찍습니다.

摄影师:　**对的。我要拍了。**
　　　Duìde. Wǒ yào pāi le.

리리:　그리고, 제 폰에 있는 이 사진들을 인화하고 싶습니다.

莉莉:　**另外我想把手机里的照片洗出来。**
　　　Lìngwài wǒ xiǎng bǎ shǒujī lǐde zhàopiàn xǐ chūlái.

사진사:　제 위챗으로 원본 파일의 사진들을 보내 주세요.

摄影师:　**请把照片的原图发送到我的微信。**
　　　Qǐng bǎ zhàopiànde yuántú fāsòng dào wǒde Wēixin.

리리:　마지막 10장은 흑백으로 인화하고 싶어요.

莉莉:　**我想把最后十张照片洗成黑白的。**
　　　Wǒ xiǎng bǎ zuìhòu shí zhāng zhàopiàn xǐchéng hēibáide.

사진사:　네. 알겠습니다. 한 시간 후에 찾으러 오세요.

摄影师:　**好的。等一个小时后再来取。**
　　　Hǎode. Děng yí gè xiǎoshí hòu zài lái qǔ.

명함을 제작하고 싶습니다.

**我要制作名片。**

Wǒ yào zhìzuò míngpiàn.

몇 장을 원하세요?

**你要多少张?**

Nǐ yào duōshao zhāng?

이 문서를 프린트해 주세요.

**帮我打印这份文档。**

Bāng wǒ dǎyìn zhè fèn wéndàng.

칼라로 할까요, 흑백으로 할까요?

**你要彩打还是黑白的?**

Nǐ yào cǎidǎ háishì hēibáide?

**你要彩色的还是黑白的?**

Nǐ yào cǎisède háishì hēibáide?

이 자료를 3부 복사해 주세요.

**帮我把这份资料复印三份。**

Bāng wǒ bǎ zhè fèn zīliào fùyìn sān fèn.

여기 코팅 되나요?

**这边可以塑封吗?**

Zhèbiān kěyǐ sùfēng ma?

205

# 5장

식사와 음료

# 小饭馆 Xiǎofànguǎn 작은 식당
# 餐厅 Cāntīng 큰 식당

중국 음식을 처음부터 거부감 없이 받아 들이는 사람이 있는가 하면 몇 년이 지나도록 적응을 못하는 사람도 있지요. 저의 경우는 딱 중간인데요, 중국에 처음 왔을 때 전혀 못먹었던 마라(麻辣:산초 특유의 혀가 얼얼하게 매운 맛)와 쯔란(孜然:중국 향신료의 일종)을 이제는 먹을 수 있게 되었거든요. 하지만, 시앙차이(香菜:고수), 리우리엔(榴莲:두리안), 초우또우푸(臭豆腐:취두부)는 아직도 잘 먹지 못합니다.

중국의 거리에는 지단빙(鸡蛋饼), 쇼쥬아빙(手抓饼), 따빙(大饼)등을 파는 노점상(小摊贩)은 물론 작은 식당(小饭馆)들이 정말 많은데요, 작은 식당을 뜻하는 시아오판관(小饭馆)의 요리에는 보통 그 지역만의 특색이 묻어나는 경우가 많습니다. 시아오판관에 비해 비교적 큰 식당은 찬팅(餐厅)이라고 합니다. 그리고 우리말과 같은 한자의 식당(食堂)은 중국에서는 주로 학교나 회사 내에 있는 식당을 가리킨다고 하니 참고하세요.

끓인 물이나 찻물, 레몬수 등을 무료로 제공하는 식당도 많지만 간혹 생수를 사서 마셔야 하는 식당도 있습니다. 냅킨 역시 무료 제공하는 식당이 있는가 하면 사서 써야 하는 식당들도 적지 않으니 이 점 참고하세요. 향이 너무 강하거나 특이한 식재료의 음식 몇 가지만 뺀다면 우리 입맛에 맞는 음식들도 많이 있으니까요, 두려워 말고 하나씩 하나씩 경험해 보세요.

종업원을 부를 때는 "푸우위엔(服务员)!". 음식을 주문할 땐 손가락으로 음식 그림을 가리키며 쩌거(这个)라고 하고, 남은 음식을 포장해 달라고 할 때는 따빠오(打包)라고 하면 됩니다. 중국어를 막 배우기 시작한 우리 아들은 "따빠오!"라고 한다는 걸 "타오바오!"라고 당당히 외쳤답니다. 요즘은 종업원을 부르지 않고 테이블에 있는 큐알코드를 스캔해서 음식을 주문하는 식당이 늘고 있습니다.

1. 몇 분이세요?

   **你们有几位?**

   Nǐmen yǒu jǐ wèi?

2. 메뉴판 좀 주세요.

   **请给我菜单。**

   Qǐng gěi wǒ càidān.

3. 여기요, 주문할게요.

   **服务员，我要点菜。**

   Fúwùyuán, wǒ yào diǎncài.

4. 몇 가지 음식을 추천해 주세요.

   **请给我推荐几个菜。**

   Qǐng gěi wǒ tuījiàn jǐ gè cài.

5. 가리는 음식 있으세요?

   **有没有忌口的?**

   Yǒu méi yǒu jìkǒude?

6. 고수는 빼 주시고, 너무 짜지 않게 해 주세요.

   **请不要放香菜，还有不要太咸。**

   Qǐng búyào fàng xiāngcài, háiyǒu búyào tài xián.

7. 계산할게요.

   **买单。** Mǎidān.

   **结账。** Jiézhàng.

8. 포장해 주세요.

   **请打包一下。**

   Qǐng dǎbāo yíxià.

| 1. | 식당 | 小饭馆 [xiǎofànguǎn] |
|---|---|---|
| | | 饭馆 [fànguǎn] |
| | | 饭店 [fàndiàn] |
| | | 餐厅 [cāntīng] |
| 2. | 노점 | 小摊 [xiǎotān] |
| 3. | 분. 사람 | 位 [wèi] |
| 4. | 기다리다. | 等 [děng] |
| 5. | 메뉴판 | 菜单 [càidān] |
| 6. | 주문하다. | 点菜 [diǎncài] |
| 7. | 밥 | 米饭 [mǐfàn] |
| 8. | 음식. 요리 | 菜 [cài] |
| 9. | 맛 | 味道 [wèidào] |
| 10. | 간판요리. 대표요리 | 招牌菜 [zhāopáicài] |
| 11. | 맥주 | 啤酒 [píjiǔ] |
| 12. | 음식을 가리다. | 忌口 [jìkǒu] |
| 13. | 고수 | 香菜 [xiāngcài] |
| 14. | 달다. | 甜 [tián] |
| 15. | 짜다. | 咸 [xián] |
| 16. | 시다. | 酸 [suān] |
| 17. | 맵다. | 辣 [là] |
| 18. | 쓰다. | 苦 [kǔ] |
| 19. | 재촉하다. | 催 [cuī] |
| 20. | 앞접시 | 碟子 [diézi] |
| 21. | 컵. 잔 | 杯子 [bēizi] |
| 22. | 주전자 | 壶 [hú] |

23. 물     水 [shuǐ]

24. 찻물     茶水 [cháshuǐ]

25. 찬물     凉水 [liángshuǐ]

26. 따뜻한 물     热水 [rèshuǐ]

27. 광천수. 생수     矿泉水 [kuàngquánshuǐ]

28. 끓인 물     白开水 [báikāishuǐ]

29. 레몬 물     柠檬水 [níngméngshuǐ]

30. 치우다.     撤 [chè]

31. 빈 접시     空盘 [kōngpán]

32. 음식이 다 나왔다.     上齐了 [shàngqí le]

33. 쏟다.     倒翻 [dǎofān]

34. 닦다.     擦 [cā]

35. 이가 빠졌다.     有缺口 [yǒu quēkǒu]

36. 바꾸다. 교환하다.     换 [huàn]

37. 포장해 가다. 싸가다     打包 [dǎbāo]

38. 포장용기     打包盒 [dǎbāohé]

39. 결제하다. 계산하다.     买单 [mǎidān]

    结账 [jiézhàng]

40. 카운터. 계산대     前台 [qiántái]

    收银台 [shōuyíntái]

41. 짜게 먹는다.     口重 [kǒuzhòng]

42. 싱겁게 먹는다.     口淡 [kǒudàn]

43. 냅킨. 휴지     餐巾纸 [cānjīnzhǐ]

44. 물휴지     湿巾 [shījīn]

45. (음료를) 리필하다.     续杯 [xùbēi]

**종업원:** 몇 분이세요?

**服务员:** **你们有几位?**

Nǐmen yǒu jǐ wèi?

**아빠:** 네명입니다.

**爸爸:** **四位。**

Sì wèi.

**종업원:** 10분 정도 기다리셔야 합니다.

**服务员:** **大概要等十分钟。**

Dàgài yào děng shí fēnzhōng.

이쪽으로 오세요.

**里边请。**

Lǐbiān qǐng.

**엄마:** 메뉴판 좀 주세요.

**妈妈:** **请给我菜单。**

Qǐng gěi wǒ càidān.

여기요, 주문할게요.

**服务员，我要点菜。**

Fúwùyuán, wǒ yào diǎncài.

**아들:** 난 궈바로우랑 징장로우스 먹고 싶어요.

**儿子:** **我想吃锅包肉和京酱肉丝。**

Wǒ xiǎng chī Guōbāoròu hé Jīngjiàngròusī.

**엄마:** 궈바오로우, 간궈화차이, 마파두부,

**妈妈:** **我要锅包肉、干锅花菜、麻婆豆腐、**

Wǒ yào Guōbāoròu, Gānguōhuācài, Mápódòufu,

징쟝로우스, 수안룽와와차이와 밥 세 공기 주세요.

**京酱肉丝、蒜蓉娃娃菜和三碗米饭。**
Jīngjiàngròusī, Suànróngwáwacài hé sān wǎn mǐfàn.

종업원:    가리는 음식 있으세요?

**服务员: 有没有忌口的？**
Yǒu méi yǒu jìkǒude?

엄마:    고수는 빼 주시고 너무 짜지 않게 해 주세요.

**妈妈:    请不要放香菜，还有不要太咸。**
Qǐng búyào fàng xiāngcài, háiyǒu búyào tài xián.

밥하고 음식을 같이 주세요.

**米饭和菜一起上吧。**
Mǐfàn hé cài yìqǐ shàng ba.

아들:    전 레몬수 안 마셔요. 끓인 물 있어요?

**儿子:    我不喝柠檬水。有没有白开水？**
Wǒ bù hē níngméngshuǐ. Yǒu méi yǒu báikāishuǐ?

종업원:    음식이 모두 나왔습니다.

**服务员: 菜上齐了。**
Cài shàngqí le.

아빠:    아이가 물을 쏟았어요.

**爸爸:    孩子把水打翻了。**
Háizi bǎ shuǐ dǎfān le.

미안하지만 좀 닦아 주세요. 물 좀 더 주세요.

**麻烦你帮我擦一下。请给我加点水。**
Máfan nǐ bāng wǒ cā yíxià. Qǐng gěi wǒ jiā diǎn shuǐ.

종업원: 네, 알겠습니다. 빈 그릇 좀 치워 드릴게요.

**服务员:** **好的。我撤一下空盘。**
Hǎode. wǒ chè yíxià kōngpán.

아들: 너무 배 불러요. 이제 더 이상 못 먹겠어요.

**儿子:** **我吃饱了。吃不下了。**
Wǒ chībǎo le. Chī bú xià le.

엄마: 여기요, 계산할게요. 이건 포장해 주세요.

**妈妈:** **服务员，买单。这个请打包一下。**
Fúwùyuán, mǎidān. Zhège qǐng dǎbāo yíxià.

종업원: 포장용기 값 1원이 추가됩니다.

**服务员:** **打包盒加一块。**
Dǎbāohé jiā yí kuài.

웨이신으로 하시겠어요, 즈푸바오로 하시겠어요?

**你要用微信支付还是支付宝?**
Nǐ yào yòng Wēixìn zhīfù háishì Zhīfùbǎo?

아빠: 웨이신으로 결제할게요.

**爸爸:** **用微信付。**
Yòng Wēixìn fù.

리리: 오늘은 내가 쏠게. 마음대로 주문해.

莉莉: **今天我请客。你随便点吧。**
Jīntiān wǒ qǐngkè. Nǐ suíbiàn diǎn ba.

친구: 메뉴판에 그림이 없어. 봐도 모르지.

朋友: **菜单上没有图片，我看不懂。**
Càidān shàng méiyǒu túpiàn, wǒ kàn bù dǒng.

여기요, 몇 가지 요리를 추천해 주시겠어요?

**服务员，请给我推荐几个菜。**
Fúwùyuán, qǐng gěi wǒ tuījiàn jǐ gè cài.

종업원: 여기 간판 요리는 산베이지입니다.

服务员: **这里的招牌菜是三杯鸡。**
Zhèlǐde zhāopáicài shì Sānbēijī.

그리고 수안룽 펀스시아, 무쉬로우도 맛이 좋습니다.

**还有蒜蓉粉丝虾和木须肉味道也不错。**
Háiyǒu Suànróngfěnsīxiā hé Mùxūròu wèidào yě búcuò.

리리: 좋아요. 그렇게 할게요.

莉莉: **好的，我听你的。**
Hǎode, wǒ tīng nǐde.

그 세 가지 음식하고 맥주 두 병도 주세요.

**请给我那三个菜和两瓶青岛啤酒。**
Qǐng gěi wǒ nà sān gè cài hé liǎng píng Qīngdǎo píjiǔ.

종업원: 상온 걸로 드릴까요, 차가운 걸로 드릴까요?

服务员: **你要常温的还是冰的?**
Nǐ yào chángwēnde háishì bīngde?

5장

리리: 차가운 걸로 주세요.
莉莉: **我要冰的。**
Wǒ yào bīngde.

친구: 컵에 이가 빠졌는데 좀 바꿔 주시겠어요?
朋友: **杯子有缺口，能换一下吗?**
Bēizi yǒu quēkǒu, néng huàn yíxià ma?

리리: 주문한 음식이 왜 아직 안 나오죠? 좀 빨리 될까요?
莉莉: **菜怎么还不上，可以快点吗?**
Cài zěnme hái bú shàng, kěyǐ kuàidiǎn ma?

맥주 한 병 더 주세요.
**再来一瓶啤酒。**
Zài lái yì píng píjiǔ.

종업원: 잠깐만 기다리세요.
服务员: **稍等一下。**
Shāoděng yíxià.

빨리 해달라고 하겠습니다.
**我帮你催一下。**
Wǒ bāng nǐ cuī yíxià.

친구: 맛있게 잘 먹었어.
朋友: **我吃得很香。**
Wǒ chīde hěn xiāng.

배 불러 죽겠어.
**撑死了。**
Chēngsǐ le.

| 리리: | 좋아. 내가 쏠게, 계산은 네가 해. 하하하, 농담이야. |
|---|---|
| 莉莉: | **好的。我请客，你买单。哈哈哈，开玩笑。** |
| | Hǎode. Wǒ qǐngkè, nǐ mǎidān. Hāhāhā, kāiwánxiào. |

| 종업원: | 죄송하지만 저희 식당은 자리에서 결제할 수 없고, |
|---|---|
| 服务员: | **不好意思，我们餐厅在座位上不能买单，** |
| | Bù hǎoyìsi, wǒmen cāntīng zài zuòwèi shàng bùnéng mǎidān, |

계산대에 가서서 해야 합니다.

**要去前台结账。**
yào qù qiántái jiézhàng.

---

＊ **매운 정도 辣的程度** [làde chéngdù]

| 微辣 [wēilà] | 약간 맵다. |
|---|---|
| 中辣 [zhōnglà] | 중간 정도(보통) 맵다. |
| 重辣 [zhònglà] | 심하게 맵다. |
| 特辣 [tèlà] | 특별히 맵다. |
| 哭辣 [kūlà] | 울 정도로 맵다. |
| 疯辣 [fēnglà] | 미칠 정도로 맵다. |

# 美团外卖 Měituán wàimài 메이투안 배달앱

우리가 어떤 민족입니까? 딩동댕~ 맞습니다. 배달의 민족.
중국에 왔어도 우리 민족의 정체성은 지켜 나가야지요. 하하하.

중국에는 메이투안(美团)이나 얼러머(饿了么)같은 배달 전문앱이 있어요.
대부분의 식당들이 이런 앱들에 등록을 해 놓았기 때문에 집에 앉아서 편하게
식당을 고르고 음식을 배달시켜 먹을 수 있답니다.

음식을 주문하면 식당에서 주문을 받았는지, 배달 기사가 음식을 받으러
식당에 갔는지, 배달 기사가 현재 어디쯤에 오고 있는지, 배달 예정시간은 몇
시인지 등의 정보가 앱에 모두 나옵니다.

할인 쿠폰을 받거나 할인 행사 하는 식당을 잘 찾아서 주문하면 아주 저렴
한 가격으로 만족스런 식사를 할 수 있는데요, 주문을 할 때는 가까운 식당을
찾아서 주문을 해야 배달이 빠르고 따뜻한 음식을 받을 수 있겠지요? 그리고,
시앙차이(香菜)를 빼 달라거나 소스를 더 달라거나 하는 개별적인 요구 사항
은 비고란에 기재(备注)하시면 됩니다.

1. 밥 때가 되었네. 점심은 뭘 먹을까?

**到饭点儿了，中午吃啥呢？**

Dào fàndiǎnr le, zhōngwǔ chī shá ne?

2. 가까운 식당을 골라 주문하자.

**选择离这儿近的餐厅点单吧。**

Xuǎnzé lí zhèr jìnde cāntīng diǎndān ba.

3. 할인 쿠폰을 쓸 수 있는 식당을 찾아서 주문하자.

**找一下可以用优惠券的餐厅下单吧。**

Zhǎo yíxià kěyǐ yòng yōuhuìquànde cāntīng xiàdān ba.

4. 55원 이상 주문하면 13원을 할인해 줍니다.

**满55元减13元。**

Mǎn wǔ shí wǔ yuán jiǎn shí sān yuán.

5. 주문할 때, 가리는 음식은 비고란에 써주세요.

**下单时要备注自己的忌口。**

Xiàdān shí yào bèizhù zìjǐde jìkǒu.

메이투안(美团)–앱으로 음식 주문하기. 할인여부, 포장비, 배송비도 꼼꼼히 따져보자.

메이투안(美团)–비고란(备注)에 가리는 음식 등 요구사항을 쓰면 된다.

1. 메이투안 와이마이     美团外卖 [měituán wàimài]
2. 음식 배달을 시키다.     叫外卖 [jiào wàimài]
                                  点外卖 [diǎn wàimài]
3. 사용하다.     使用 [shǐyòng]
4. 우대권. 할인 쿠폰     优惠券 [yōuhuìquàn]
5. 배송비     配送费 [pèisòngfèi]
6. 배송 기사     配送员 [pèisòngyuán]
7. 밥 때. 밥 먹을 시간     饭点 [fàndiǎn]
8. 선택하다. 고르다.     选择 [xuǎnzé]
9. 별도로. 그 밖에     另外 [lìngwài]
10. 돈을 더 내다.     加钱 [jiāqián]
11. 재료를 넣다     加料 [jiāliào]
12. 입맛     口味 [kǒuwèi]
13. 주문하다.     点单 [diǎndān]
                                  下单 [xiàdān]
14. 음식을 가리다.     忌口 [jìkǒu]
15. 비고란에 기재하다.     备注 [bèizhù]
16. 고수     香菜 [xiāngcài]
17. 밥     米饭 [mǐfàn]

메이투안(美团), 얼러마(饿了么)
배달원들의 모습

리리:　밥 때가 되었네. 점심 뭐 먹을까?

莉莉:　**到饭点儿了，中午吃啥呢？**
Dào fàndiǎnr le, zhōngwǔ chī shá ne?

룸메이트:　마라샹궈 어때? 내가 메이투안으로 주문할게.

室友:　**麻辣香锅怎么样？我来叫美团外卖。**
Málàxiāngguō zěnmeyàng? wǒ lái jiào měituán wàimài.

리리:　그래, 가까운 식당으로 주문해.

莉莉:　**好的，选择离这儿近的餐厅点单吧。**
Hǎode, xuǎnzé lí zhèr jìnde cāntīng diǎndān ba.

룸메이트:　최근에 우리 학교 근처에 마라샹궈 전문점이 오픈을 했는데,

室友:　**最近我们学校附近新开了麻辣香锅餐厅，**
Zuìjìn wǒmen xuéxiào fùjìn xīnkāi le Málàxiāngguō cāntīng,

평이 좋아.

**好评特别多。**
hǎopíng tèbié duō.

우리 한 번 먹어 보자. 넌 어떤 것들을 넣을거야?

**我们试试吧。你想加什么料？**
Wǒmen shìshi ba. Nǐ xiǎng jiā shénme liào?

리리:　난 라면 사리, 계란만두, 베이컨, 콩나물,

莉莉:　**我想加方便面、培根、黄豆芽、**
Wǒ xiǎng jiā fāngbiànmiàn, dànjiǎo, péigēn, huángdòuyá,

청경채, 알박이배추 등을 넣을거야.

**青菜、娃娃菜 什么的。**
qīngcài, wáwácài shénmede.

5장

221

룸메이트: 약간 매운맛과 보통 매운맛 중에 뭐 할래?

**室友:** **你要微辣还是中辣？**
Nǐ yào wēilà háishì zhōnglà?

고수는 넣을까 말까?

**要不要香菜？**
Yào bú yào xiāngcài?

리리: 난 약간 매운맛으로 할게.

**莉莉:** **我要微辣的。**
Wǒ yào wēilàde.

난 고수 아직도 못먹겠어.

**香菜我还吃不惯。**
Xiāngcài wǒ hái chī bú guàn.

룸메이트: 좋아. 고수 넣지 말라고 비고란에 쓸게.

**室友:** **好的，我要备注 '不要放香菜'。**
Hǎode, wǒ yào bèizhù 'búyào fàng xiāngcài'.

지금까지 53원인데, 55원 채우면 13원을 깎아 준대. 뭘 더 넣을까?

**现在53元，满55元减13元。**
Xiànzài wǔ shí sān yuán, mǎn wǔ shí wǔ yuán jiǎn shí sān yuán.
**你要再加什么？**
Nǐ yào zài jiā shénme?

리리: 팽이버섯을 더 넣자.

**莉莉:** **加金针菇吧。**
Jiā jīnzhēngū ba.

룸메이트: 배송비 4원하고, 용기 값 2원은 추가로 돈을 받아.
모두 다 48원이야.

**室友:** **配送费四块和打包盒两块要另外加钱。**
Pèisòngfèi sì kuài hé dǎbāohé liǎng kuài yào lìngwài jiāqián.
**总共四十八块。**
Zǒnggòng sì shí bā kuài.

리리: 배고파 죽겠어. 배달 기사 어디까지 왔어?

**莉莉:** **我饿死了。配送员到哪里了?**
Wǒ èsǐ le. Pèisòngyuán dào nǎlǐ le?

룸메이트: 곧 도착할 거야. 어머나, 깜빡하고 밥을 안 시켰어.

**室友:** **快到了。哎呀，我忘点米饭了。**
Kuài dào le. Āiyā, wǒ wàng diǎn mǐfàn le.

리리: 이 바보야, 왜 이렇게 덜렁대니?

**莉莉:** **你这个傻瓜，你怎么这么马虎呢?**
Nǐ zhège shǎguā, nǐ zěnme zhème mǎhu ne?

마라시양궈(麻辣香锅)

샤오카오(烧烤), 맥주 안주로 그만이다.

# 星巴克 Xīngbākè 스타벅스  Coco 都可 dūkě 코코

커피를 마시는 중국인이 갈수록 늘고 있습니다. 중국에서도 커피 하면 바로 떠오르고 어딜 가도 꼭 있을 정도로 인기있는 커피전문점은 역시 스타벅스. 중국어로는 씽바커(星巴克)라고 합니다. 씽바커에는 간단한 영어를 할 수 있는 직원들이 있어서 중국어를 모르는 외국인도 별 어려움 없이 주문을 할 수 있어요.

커피가 씽바커라면 나이차(奶茶)는 단연코 코코(Coco)예요. 코코는 원래 대만 브랜드였는데 중국 대륙에까지 진출하여 엄청난 인기를 끌고 있어요. 나이차(奶茶)는 홍차에 우유를 탄 영국의 전통 음료에 설탕을 첨가하여 단맛을 낸 음료인데요, 기호에 따라 설탕을 빼도 되고 쩐주(珍珠:버블)나 예궈(椰果: 코코넛) 등을 추가할 수도 있습니다.

쩐주나이차(珍珠奶茶)는 보통 굵은 빨대를 꽂아 주는데요, 무심코 빨아 먹을 때 쩐주가 목에 훅 걸릴 수 있으니 주의해야 합니다. 또 나이차라면 역시 이디엔디엔(1点点)도 빼놓을 수 없겠는데요, 아직은 코코의 인기에는 못미치만 급상승중인 브랜드입니다.

씽바커와 코코에는 언제나 사람들이 줄을 서서 차례를 기다립니다. 수많은 커피점과 음료점이 생기고 없어지고를 반복하는 동안에도 씽바커와 코코는 문 닫는 걸 한 번도 본 적이 없을 정도로 성업인 것 같습니다.

최근 새롭게 등장한 '루이싱(瑞幸)'이라는 커피 브랜드를 들어 보셨나요? 앱으로 주문을 받고 배달을 해주는 새로운 방식을 도입하고 커피 가격을 획기적으로 낮춤으로써 커피 시장에 돌풍을 일으키고 있어요. 루이싱 커피가 스타벅스의 아성을 무너뜨릴 수 있을지 관심이 쏠리고 있답니다.

1. 커피를 마시는 중국인들이 점점 많아지고 있습니다.

## 喝咖啡的中国人越来越多。

Hē kāfēide Zhōngguórén yuè lái yuè duō.

2. 따뜻한 라떼 두 잔 주세요.

## 我要两杯热的拿铁。

Wǒ yào liǎng bēi rède nátiě.

3. 톨, 그란데 어떤 싸이즈로 드릴까요?

## 你要中杯还是大杯?

Nǐ yào zhōngbēi háishì dàbēi?

4. 한 잔은 무료로 드립니다.

## 一杯是免费送的。

Yì bēi shì miǎnfèi sòngde.

5. 얼음은 빼주세요.

## 请帮我去冰。

Qǐng bāng wǒ qù bīng.

6. 여기서 드시겠어요, 테이크아웃 하시겠어요?

## 这里喝还是带走?

Zhèlǐ hē háishì dàizǒu?

중국에서도 사랑받는 커피점 씽바커(星巴克)

225

| | | |
|---|---|---|
| 1. | 스타벅스 | 星巴克 [Xīngbākè] |
| 2. | 코코 | Coco |
| 3. | 커피 | 咖啡 [kāfēi] |
| 4. | 에스프레소 | 浓缩咖啡 [nóngsuō kāfēi] |
| 5. | 아메리카노 | 美式咖啡 [měishì kāfēi] |
| 6. | 라떼 | 拿铁 [nátiě] |
| 7. | 카푸치노 | 卡布奇诺 [kǎbùqínuò] |
| 8. | 카라멜마끼야또 | 焦糖玛奇朵 [jiāotángmǎqíduǒ] |
| 9. | 뜨거운 것 | 热的 [rède] |
| 10. | 차가운 것 | 冰的 [bīngde] |
| 11. | 쇼트 | 小杯 [xiǎobēi] |
| 12. | 톨 | 中杯 [zhōngbēi] |
| 13. | 그란데 | 大杯 [dàbēi] |
| 14. | 벤티 | 超大杯 [chāodàbēi] |
| 15. | 밀크티 | 奶茶 [nǎichá] |
| 16. | 버블밀크티 | 珍珠奶茶 [zhēnzhū nǎichá] |
| 17. | 코코넛밀크티 | 椰果奶茶 [yēguǒ nǎichá] |
| 18. | 얼음을 넣다. | 加冰 [jiābīng] |
| 19. | 얼음을 빼다. | 去冰 [qùbīng] |
| 20. | 점점 더 늘다. | 越来越多 [yuè lái yuè duō] |
| 21. | 인기 있다. 환영 받다. | 受欢迎 [shòu huānyíng] |
| 22. | 유명하다. | 有名 [yǒumíng] |
| 23. | 줄을 서다. | 排队 [páiduì] |
| 24. | 회원카드 | 会员卡 [huìyuánkǎ] |
| 25. | 공짜로 주다. | 免费送 [miǎnfèisòng] |

| | | |
|---|---|---|
| 26. 탁자 | 桌子 | [zhuōzi] |
| 27. 당도 | 甜度 | [tiándù] |
| 당도100% | 全塘 | [quántáng] |
| 당도 90% | 九分 | [jiǔfēn] |
| 당도 50% | 半塘 | [bàntáng] |
| 설탕 약간 | 少糖 | [shǎotáng] |
| 아주 조금 | 微糖 | [wēitáng] |
| 무가당 | 无糖 | [wútáng] |
| 28. 얼음 | 冰块 | [bīngkuài] |
| 보통 | 正常 | [zhèngcháng] |
| 얼음 조금 | 少冰 | [shǎobīng] |
| 얼음 제거 | 去冰 | [qùbīng] |
| 상온 | 常温 | [chángwēn] |
| 29. 음료 | 饮料 | [yǐnliào] |
| 30. 디저트 | 甜品 | [tiánpǐn] |
| 31. 간식 | 点心 | [diǎnxīn] |
| 32. 군것질거리 | 零食 | [língshí] |

음료점 이디엔디엔(1点点)

음료점 코코(coco). 나이차(奶茶)로 이름난 음료점이다.

리리:　지금 사람들이 줄을 많이 서 있네요.

莉莉:　**现在有很多人在排队。**
Xiànzài yǒu hěn duō rén zài páiduì.

선생님:　커피를 마시는 중국인들이 점점 많아지고 있어요.

老师:　**喝咖啡的中国人越来越多。**
Hē kāfēide Zhōngguórén yuè lái yuè duō.

스타벅스는 중국에서도 인기가 많습니다.

**星巴克在中国也很受欢迎。**
Xīngbākè zài Zhōngguó yě hěn shòu huānyíng.

리리:　선생님, 뭘로 드시겠어요?

莉莉:　**老师，你要喝什么?**
Lǎoshī, nǐ yào hē shénme?

선생님:　나는 따뜻한 라떼로 할게요.

老师:　**我要热的拿铁。**
Wǒ yào rède nátiě.

리리:　아이스 아메리카노 한 잔과 따뜻한 라떼 한 잔 주세요.

莉莉:　**我要一杯冰的美式咖啡和一杯热的拿铁。**
Wǒ yào yì bēi bīngde měishì kāfēi hé yì bēi rède nátiě.

종업원:　톨, 그란데 어떤 사이즈로 드릴까요?

服务员: **你要中杯还是大杯?**
Nǐ yào zhōngbēi háishì dàbēi?

리리: 아메리카노는 그란데, 라떼는 톨로 주세요.

莉莉: **美式要大杯，拿铁要中杯。**
Měishì yào dàbēi, nátiě yào zhōngbēi.

종업원: 회원 카드에 한 잔 무료 쿠폰이 있는데 쓰시겠어요?

服务员: **你的会员卡里有可以免费送的咖啡，你要吗?**
Nǐde huìyuánkǎ lǐ yǒu kěyǐ miǎnfèi sòngde kāfēi, nǐ yào ma?

리리: 네, 쓸게요.

莉莉: **要的。**
Yàode.

종업원: 다른 거 필요하신 거 있으세요? 성이 어떻게 되시죠?

服务员: **你还要其他的吗? 您贵姓?**
Nǐ háiyào qítāde ma? Nín guì xìng?

리리: 다른 건 필요 없습니다. 제 성은 '안' 입니다.

莉莉: **不要其他的。我姓安。**
Búyào qítāde. Wǒ xìng Ān.

종업원: 여기서 드시겠어요, 테이크아웃 하시겠어요?

服务员: **这里喝还是带走?**
Zhèlǐ hē háishì dàizǒu?

리리: 여기서 마실게요.

莉莉: **这里喝。**
Zhèlǐ hē.

리리: 날씨도 좋은데, 우리 밖에 앉아서 마셔요.

莉莉: **天气很好，咱们坐外面喝吧。**

Tiānqì hěn hǎo, zánmen zuò wàimiàn hē ba.

선생님: 좋아요.

老师: **好的。**

Hǎode.

여기요, 여기 탁자 위 좀 치워 주세요.

**服务员，这边桌子上的东西请撤一下。**

Fúwùyuán, zhèbiān zhuōzi shàngde dōngxi qǐng chè yíxià.

리리: 선생님, 잠깐 기다리세요. 제가 가서 커피 가져 올게요.

莉莉: **老师，稍等一下。我去拿咖啡。**

Lǎoshī, shāoděng yíxià. Wǒ qù ná kāfēi.

선생님: 코코라는 음료점 알아요?

老师: **你知道Coco吗?**

Nǐ zhīdào Coco ma?

코코 밀크티는 중국에서 아주 유명해요.

**Coco奶茶在中国非常有名。**

Coco nǎichá zài Zhōngguó fēicháng yǒumíng.

리리: 친구들한테 들은 적은 있는데, 저는 아직 못 먹어 봤어요.

莉莉: **我听朋友们说过，但我还没喝过。**

Wǒ tīng péngyoumen shuō guo, dàn wǒ hái méi hē guo.

친구들 말이 음료 주문이 너무 복잡하다고 하던데요.

**他们说点单比较复杂。**

Tāmen shuō diǎndān bǐjiào fùzá.

선생님: 그래요. 일단 컵 크기도 정해야 하고

老师: 是的。首先要选杯子的大小，

Shìde. Shǒuxiān yào xuǎn bēizide dàxiǎo,

뭘 넣을지도 골라야 하고,

还要自己选择要加什么料，

hái yào zìjǐ xuǎnzé yào jiā shénme liào,

음료의 온도, 당도 또한 모두 본인이 선택해야 해요.

什么温度和甜度。

shénme wēndù hé tiándù.

저는 얼음 빼고 당도 50% 쩐주나이차를 가장 좋아해요.

我最喜欢的是半塘珍珠奶茶去冰。

Wǒ zuì xǐhuande shì bàntáng zhēnzhū nǎichá qùbīng.

리리: 저도 다음에 기회 있으면 꼭 먹어 봐야겠어요..

莉莉: 下次有机会一定要喝。

Xiàcì yǒu jīhuì yídìng yào hē.

선생님: 이제 수업합시다.

老师: 我们上课吧。

Wǒmen shàngkè ba.

지난 시간 배운 내용 복습했어요?

上节课学过的内容复习了吗?

Shàngjié kè xué guode nèiróng fùxí le ma?

리리: 그게, 제가요, 복습하려고 했는데요…

莉莉: 那个, 我呢, 本来打算要复习的…

Nàge, wǒ ne, běnlái dǎsuàn yào fùxíde…

# 饭桌礼仪 Fànzhuō lǐyí 식사 예절

나라마다 고유한 식사 예절이 있습니다. 중국인들과 식사를 할 때, 중국의 식사 예절을 따르는 것은 함께 식사하는 중국인들에 대한 예의이고, 중국인들에게 좋은 인상을 남길 수 있겠지요.

그럼, 중국의 식사 예절에 대해 알아 볼까요?

1. 먼저 찬 음식을 먹고, 그 다음에 따뜻한 음식을 먹습니다.
   ### 先吃冷菜，再吃热菜。
   Xiān chī lěngcài, zài chī rècài.

2. 여러 사람이 함께 먹을 때, 음식을 개인 접시에 덜어서 먹습니다.
   ### 大家一起吃饭时，要把菜盛到自己的碗里再吃。
   Dàjiā yìqǐ chīfàn shí, yào bǎ cài chéng dào zìjǐde wǎn lǐ zài chī.

3. 원탁의 회전판을 돌릴 때, 시계 방향으로 돌립니다.
   ### 转动圆桌的转盘时，一般是顺时针。
   Zhuàndòng yuánzhuōde zhuǎnpán shí, yìbān shì shùnshízhēn.

4. 다른 사람이 회전판을 돌릴 때는 잠시 기다립니다.
   ### 别人转转盘时，要等一下。
   Biérén zhuàn zhuǎnpán shí, yào děng yíxià.

5. 밥그릇을 들고 먹습니다.
   ### 端着饭碗吃饭。
   Duān zhe fànwǎn chīfàn.

6. 초대를 받아 식사를 할 때, 음식을 다 먹지 말고 조금 남깁니다.

**别人邀请我吃饭时，不能把菜都吃完，要留一点。**

Biérén yāoqǐng wǒ chīfàn shí,
bùnéng bǎ cài dōu chīwán, yào liú yìdiǎn.

7. 연장자나 상사와 건배할 때, 자신의 술잔을 낮추어야 합니다.

**和长辈或领导碰杯时，自己的酒杯不能高于他们。**

Hé zhǎngbèi huò lǐngdǎo pèngbēi shí,
zìjǐde jiǔbēi bùnéng gāoyú tāmen.

8. 상대방이 술을 다 마시지 않았어도 계속 술잔을 채워 줍니다.

**就算对方还没喝完，也要把酒给他满上。**

Jiùsuàn duìfāng hái méi hēwán, yě yào bǎ jiǔ gěi tā mǎnshàng.

9. 문에서 가장 먼 위치가 중요한 사람의 자리입니다.

**离门最远的位置是主位。**

Lí mén zuì yuǎnde wèizhì shì zhǔwèi.

중국도 음식 남기지 않기, 먹을 만큼 주문하기 캠페인을 한다.

1. 한턱 내다      请客 [qǐngkè]
2. 찬 음식      冷菜 [lěngcài]
3. 뜨거운 음식      热菜 [rècài]
4. 음식을 담다. 덜다.      盛 [chéng]
5. 원탁      圆桌 [yuánzhuō]
6. 회전판을 돌리다.      转动转盘 [zhuàndòng zhuànpán]
7. 시계 방향      顺时针 [shùnshízhēn]
8. 밥그릇      饭碗 [fànwǎn]
9. 술잔      酒杯 [jiǔbēi]
10. 술잔을 부딪치다.      碰杯 [pèngbēi]
11. 물, 차, 술 등을 따르다.      倒 [dào]
12. 가득 채우다.      满上 [mǎnshàng]
13. 연장자      长辈 [zhǎngbèi]
14. 상사. 지도자      领导 [lǐngdǎo]
15. 주인의 자리. 주인석      主位 [zhǔwèi]
16. 음식. 요리      饭菜 [fàncài]
17. 입맛. 구미      胃口 [wèikǒu]
18. 입맛에 맞다.      合胃口 [hé wèikǒu]
     合口味 [hé kǒuwèi]
19. 입맛이 없다.      没食欲 [méi shíyù]
20. 솜씨. 재주      手艺 [shǒuyì]
21. 즐겁다. 유쾌하다.      开心 [kāixīn]
22. 풍성하다.      丰盛 [fēngshèng]

텐텐: 어때요? 맛있게 드셨어요?

天天: **怎么样? 吃得好吗?**
Zěnmeyàng? Chīde hǎo ma?

음식이 입맛에 잘 맞나요?

**饭菜合你的胃口吗?**
Fàncài hé nǐde wèikǒu ma?

리리: 정말 맛있게 먹었어요. 텐텐은 요리 정말 잘하네요.

莉莉: **吃得很香。天天你的手艺真棒。**
Chīde hěn xiāng. Tiāntiān nǐde shǒuyì zhēn bàng.

텐텐: 맛있게 드셨다니 다행입니다.

天天: **吃得开心就好。**
Chīde kāixīn jiù hǎo.

리리: 이렇게 풍성한 저녁 식사를 대접해 주셔서 감사합니다.

莉莉: **谢谢。你请我们吃了这么丰盛的晚餐。**
Xièxie. Nǐ qǐng wǒmen chī le zhème fēngshèngde wǎncān.

텐텐: 무슨 그런 말씀을. 앞으로 자주 놀러오세요.

天天: **您太客气了。以后常来玩。**
Nín tài kèqi le. Yǐhòu cháng lái wán.

5장

235

# 중국음식과 차 추천

## 1) 中国菜 Zhōngguócài 중국음식

다음은 한국인들의 입맛을 저격할 만한 중국음식들 입니다.
百试不爽! 결코 실망하지 않고 돈이 아깝지 않으며, 시간이 흐르면 또 다시 생각날 음식들을 추천해 드립니다.

**百试不爽 [bǎishì bùshuǎng]**
백 번 시도해도 절대 틀리지 않는다. 백이면 백 모두 성공한다.

**炫食族 [xuànshízú]**
식사 전 음식사진을 찍어 자신의 SNS에 올려 자랑하는 부류를 일컫는다.

**地三鲜 [dìsānxiān]**
띠싼시엔이란 '땅에서 나는 세 가지 신선함'이라는 뜻으로 감자, 고추, 가지를 볶은 음식입니다. 맛, 색깔, 향기와 영양까지 고루 갖춘 정말 맛있는 요리입니다.

**干锅花菜 [gānguō huācài]**
깐궈화차이는 콜리플라워를 삼겹살과 더불어 짭짤한 간장 베이스 양념에 마늘, 양파, 생강을 넣어 볶은 음식으로 화로에 졸여 가면서 먹으면 더욱 맛있습니다.

### 回锅肉 [huíguōròu]

훼이귀로우는 삶은 삼겹살에 다시 고추와 양념을 넣어 볶은 매콤한 음식입니다. 밥 위에 얹어서 함께 먹으면 정말 맛있습니다.

### 炸茄盒 [zháqiéhé]

쟈치에허는 가지 튀김 요리로 가지 안에 양파, 버섯, 고기를 잘게 썰어 넣고 계란물을 입혀서 튀깁니다. 가지를 싫어하는 아이들도 아주 잘 먹습니다.

### 锅包肉 [guōbāoròu]

꿔바오로우는 감자전분으로 튀김옷을 입힌 돼지고기를 기름에 두 번 튀겨서 새콤달콤한 소스를 부어 먹는 맛있는 음식입니다.

### 鱼香肉丝 [yúxiāng ròusī]

위샹로우쓰는 돼지고기를 실처럼 가늘게 썰어 죽순, 목이버섯 등의 야채와 파, 생강, 고추, 식초, 소금, 간장, 설탕 등을 넣고 볶다가 전분과 육수로 걸쭉하게 마무리하는 요리입니다.
짭짜름하고 매콤한 맛이 한국인도 무리 없이 잘 먹는 요리입니다.

### 宫保鸡丁 [gōngbǎo jīdīng]

꿍바오지띵은 닭고기를 깍뚝 썰기해서 땅콩, 매운 고추와 함께 볶아낸 요리입니다.
밥반찬 뿐만 아니라 간단한 맥주 안주로도 안성맞춤입니다.

### 蚂蚁上树 [mǎyǐ shàngshù]

마이샹슈는 우리의 잡채와 비슷한 음식으로, '개미가 나무에 올라가다'라는 뜻입니다. 즉, 면 사이에 붙은 자잘한 고기조각이 마치 나뭇가지를 올라가는 개미와 같다고 해서 붙여진 이름입니다. 간장과 소금 베이스 요리여서 누구나 무난하게 잘 먹을 수 있습니다.

### 海鲜疙瘩汤 [hǎixiān gēdatāng]

하이시엔 꺼다탕은 일종의 해물수제비입니다. 꺼다는 작게 뭉쳐진 덩어리를 말합니다. 계란, 표고버섯 및 각종 해산물과 아주 조금만 꺼다(수제비)를 함께 끓인 국물맛이 정말 맛있습니다.

### 剁椒鱼头 [duòjiāo yútóu]

뚜어찌아오위토우는 보통 민물고기 대가리로 만든 음식입니다. 다진 빨간 고추 녹색 고추를 골고루 얹어 쪄먹는 요리인데 매콤하고 고소한 감칠맛이 최고입니다.

### 蒜蓉扇贝粉丝 [suànróng shànbèi fěnsī]

쏸롱샨뻬이펀쓰는 통통한 가리비 조개에 다진 마늘과 가는 당면을 얹어 찐 요리입니다. 예쁘고 먹기 편해 여성분들이 아주 좋아하는 요리입니다.

### 火锅 [huǒguō]

훠꿔는 중국의 샤브샤브입니다. 맑은 국물 칭탕(清汤)과 매운 국물 훙탕(红汤)이 있고, 둘을 함께 먹을 수 있는 위엔양꿔(鸳鸯锅)가 있습니다.

탕에 넣을 재료는 고기(소, 돼지, 닭, 양 등), 물고기, 새우, 오징어, 조개, 당면, 상추, 배추, 두부, 시금치, 죽순 등 다양하므로 취향에 따라 고르면 됩니다. 고기류는 다시 혓바닥, 간, 허파, 위, 내장, 똥집 등 부위별로 나누어집니다. 온갖 산해진미를 한 자리에서 맛보세요.

\* **여러 가지 조리법**

| 끓이다 | 煮 [zhǔ], 烧 [shāo] | 부치다 | 煎 [jiān] |
|---|---|---|---|
| 굽다 | 烤 [kǎo] | 볶다 | 炒 [chǎo] |
| 튀기다 | 炸 [zhá] | 고다 | 炖 [dùn], 焖 [mèn] |
| 찌다 | 蒸 [zhēng] | 무치다 | 拌 [bàn] |

## 2) 茶 chá 차

따뜻한 차 한 잔은 여러분의 바쁜 일상에 여유와 향기를 더해줄 것입니다. 이미 잘 알려진 녹차와 홍차는 빼고 다섯 가지 차를 골라 보았습니다.

### 六安瓜片 [liùān guāpiàn]

리우안 꽈피엔은 안후이성 리우안 시에서 생산됩니다. 청나라 때 황제에게 바치던 차인데, 중국 전 총리 저우언라이(周恩来)도 많이 즐겼다고 합니다. 빛과 향기도 좋고 맛도 아주 고소합니다.

### 普洱茶 [pǔěr chá]

푸얼차는 중국 윈난 성에서 나오고 지방분해 효과가 있다고 합니다. 한국어로 보이차라고 하며 우리나라에서도 다이어트 차로 유명하지요. 차는 주황색을 띠며, 특유의 향이 있습니다.

### 龙井茶 [lóngjǐng chá]

롱징차는 중국 항저우 성에서 생산되는 차로 한국어로 용정차라고 합니다. 역사도 오래되었고 우리가 잘 알고 있는 녹차 중 가장 대표적인 차라고 할 수 있습니다. 깔끔한 맛과 향기 때문에 한국인들도 아주 즐겨마실 수 있는 차입니다.

### 铁观音 [tiěguānyīn]

테꽌인차는 한국어로 철관음이라고 하고 대만 바로 위 푸젠성(福建省)에서 생산되는 차입니다. 발효차의 일종으로 녹차보다 조금 더 진한 노란색을 띱니다. 맛이 순하고 향긋한 차를 원한다면 꼭 한번 드셔보세요.

## 黄山毛峰 [huángshān máofēng]

황샨 마오펑은 안후이 성 황산에서 생산되는 차입니다. 발효과정이 없는 차여서 녹차의 맑은 맛을 간직하는 동시에 마오펑 만의 특유의 향이 어우러져 최고의 녹차라고 불립니다.

차관(茶馆). 고급 차관은 차값이 아주 비싸다.

차관(茶馆). 보이차

# 6장

## 여가생활

· 공원

· 박물관

· 영화관

· 노래방

· 수영장

· 스케이트장

# 公园 Gōngyuán 공원

공원은 국적과 인종, 남녀노소를 불문하고 누구에게나 사랑 받는 도심 속 자연입니다. 공원에 가면 계절에 따른 자연의 변화를 눈으로 보고 몸으로 느낄 수 있지요.

서희 집에서 가까워 맘만 먹으면 언제라도 갈 수 있는 인조우공원(鄞州公园)을 소개해 볼게요. 넓은 공간에 잔디와 숲과 호수가 적절히 조화를 이루고, 놀이터, 체육 시설물, 그리고 작은 미술관(중국 유명 건축가 왕슈가 디자인한)이 있는 아름다운 공원입니다.

잔디밭에 자리를 깔고 앉은 가족들, 데이트를 즐기는 연인들, 강아지랑 뛰어노는 아기들, 연을 날리는 아이들, 자전거를 타는 학생들이 만들어 내는 평화로운 공원 풍경은 복잡한 바깥 세상의 일을 잠시 잊게 만들지요.

공원 앞에는 필시 먹거리가 있겠지요? 달달한 솜사탕은 기본에, 과일 꼬치에 시럽을 묻힌 새콤달콤한 맛의 탕후루(糖葫芦)는 중국에만 있는 특산물인데요, 탕후루 중에 으뜸은 역시나 원조, 샨쟈(山楂)로 만든 탕후루입니다.

닝보 인저우공원 호수에서는 배를 탈 수 있는데요, 발로 페달을 밟는 식의 수동배도 있고 전동배도 있습니다. 가족끼리, 연인끼리, 또는 평화롭고 낭만적인 휴식이 필요할 때 한 번 타 보세요. 다만 구명조끼를 입도록 하지 않는 점이 좀 마음에 걸리네요.

탕후루(糖葫芦). 원조는 샨쟈(山楂)

1. 입장권은 어떻게 사요?

**门票怎么买?**

Ménpiào zěnme mǎi?

2. 이 공원은 입장료가 없습니다.

**这个公园不用门票。**

Zhège gōngyuán búyòng ménpiào.

3. 배를 타려면 돈을 내야 합니다.

**划船是收费的。**

Huáchuán shì shōufèide.

4. 우리 가족은 주말에 공원에 가서 점심 먹을 거예요.

**我们一家周末要去公园野餐。**

Wǒmen yì jiā zhōumò yào qù gōngyuán yěcān.

5. 점심 먹고 우리 공원에 가서 산책하면서 소화 좀 시키자.

**午餐后，我们去公园散散步，消消食。**

Wǔcān hòu, wǒmen qù gōngyuán sànsanbù, xiāoxiaoshí.

인조우공원(鄭州公园). 잔디밭, 숲, 호수, 놀이터, 미술관 등이 잘 갖춰져 있다.

1. 공원 　　公园 [gōngyuán]
2. 입장권. 입장료 　　门票 [ménpiào]
3. 김밥 　　紫菜包饭 [zǐcàibāofàn]
4. 호수 　　湖 [hú]
5. 배를 타다. 뱃놀이 하다. 　　划船 [huáchuán]
6. 먹이를 주다. 밥을 먹이다. 　　喂 [wèi]
7. 백로 　　白鹭 [báilù]
8. 페달을 밟는 수동배 　　脚踏船 [jiǎotàchuán]
9. 전동배 　　电动船 [diàndòngchuán]
10. 유료 　　收费 [shōufèi]
11. 무료 　　免费 [miǎnfèi]
12. 구명조끼 　　救生服 [jiùshēngfú]
13. 잔디밭 　　草地 [cǎodì]
14. 연을 날리다. 　　放风筝 [fàng fēngzheng]
15. 야외에서 밥 먹다. 　　野餐 [yěcān]
16. 산책하다 　　散步 [sànbù]
17. 소화시키다 　　消食 [xiāoshí]
18. 쉬다. 휴식하다. 　　休息 [xiūxi]
19. 점심 식후의 휴식 　　午休 [wǔxiū]
20. 점심 식후의 낮잠 　　午睡 [wǔshuì]
21. 나무그늘 　　树荫 [shùyīn]
22. 깔개. 매트. 방석 　　野餐垫 [yěcāndiàn]

남친: 주말에 우리 뭐 할까?

男友: **我们周末要干什么?**
Wǒmen zhōumò yào gàn shénme?

리리: 날씨 좋으면, 우리 공원에 가서 놀자.

莉莉: **天气好的话，我们去公园玩儿吧。**
Tiānqì hǎode huà, wǒmen qù gōngyuán wánr ba.

내가 김밥 싸 갈게.

**我做紫菜包饭带过去。**
Wǒ zuò zǐcàibāofàn dài guòqù.

남친: 좋아. 배 타본 지도 오래됐네.

男友: **好，我很久没在湖上划过船。**
Hǎo, wǒ hěn jiǔ méi zài hú shàng huá guo chuán.

우리 배 타자.

**我们划划船吧。**
Wǒmen huáhua chuán ba.

리리: 빵 사서 백로들 좀 줄까?

莉莉: **买面包喂白鹭怎么样?**
Mǎi miànbāo wèi báilù zěnmeyàng?

분명 재미있을 거야.

**肯定会很有趣的。**
Kěndìng huì hěn yǒuqùde.

남친: 안녕하세요. 배 타는데 얼마예요?

男友: **你好，划船要多少钱?**
Nǐ hǎo, huáchuán yào duōshao qián?

# 슬기로운 대화 (1)

매표소: 수동배는 30분에 50원이고,

**售票处: 脚踏船要50元30分钟，**
Jiǎotàchuán yào wǔ shí yuán sān shí fēnzhōng,

전동배는 20분에 50원입니다.

**电动船要50元20分钟。**
diàndòngchuán yào wǔ shí yuán èr shí fēnzhōng.

남친: 우리는 수동배로 할게요.

**男友: 我们要脚踏船。**
Wǒmen yào jiǎotàchuán.

매표소: 네. 보증금은 100원입니다. 제 시간에 배를 돌려 주세요.

**售票处: 需要押金一百块。准时下船。**
Xūyào yājīn yì bǎi kuài. Zhǔnshí xiàchuán.

리리: 오늘 날씨가 따뜻해서, 사람들이 정말 많이 놀러 나왔구나.

**莉莉: 今天天气很暖和，有很多人来玩呢。**
Jīntiān tiānqì hěn nuǎnhuo, yǒu hěn duō rén lái wán ne.

남친: 너무 힘들어. 수동배로 한 거 후회돼.

**男友: 好累啊，我很后悔选择脚踏的。**
Hǎo lèi a, wǒ hěn hòuhuǐ xuǎnzé jiǎotàde.

리리: 넌 젊은 애가 몸이 왜 그리 약하니? 내가 할게.

**莉莉: 你这么年轻，身体怎么这么柔弱，我来吧。**
Nǐ zhème niánqīng, shēntǐ zěnme zhème róuruò, wǒ lái ba.

남친: 배 돌려 줄 시간이 다 됐네.

**男友: 下船的时间要到了。**
Xiàchuánde shíjiān yào dào le.

잔디밭에서 김밥 먹자.

**去草地上吃紫菜包饭吧。**
Qù cǎodì shàng chī zǐcàibāofàn ba.

여기다 자리를 펴고 앉자.

**这边铺野餐垫坐坐。**
Zhèbiān pū yěcāndiàn zuòzuo.

리리: 잔디밭에서 연 날리는 아이들이 참 많네.

莉莉: **有很多孩子在草地上放风筝。**
Yǒu hěn duō háizi zài cǎodì shàng fàng fēngzheng.

남친: 저 연은 진짜 새 같아.

男友: **那个风筝真像鸟。**
Nàge fēngzheng zhēn xiàng niǎo.

리리: 나 김밥 싸느라고 아침 일찍 일어났더니 지금 너무 졸려.

莉莉: **我今天很早起床做紫菜包饭，现在很困。**
Wǒ jīntiān hěn zǎo qǐchuáng zuò zǐcàibāofàn, xiànzài hěn kùn.

우리 걸으면서 소화 좀 시키자.

**我们去散散步，消消食。**
Wǒmen qù sānsanbù, xiāoxiaoshí.

남친: 봄볕이 좀 따가운데, 너 하얀 얼굴 탈라.

男友: **春天的太阳有点大，我怕你的白脸晒黑了。**
Chūntiānde tàiyáng yǒudiǎn dà, wǒ pà nǐde báiliǎn shàihēi le.

우리 나무 그늘로 가서 쉬자.

**咱们找个树荫休息一下吧。**
Zánmen zhǎo gè shùyīn xiūxi yíxià ba.

# 博物馆 Bówùguǎn 박물관

중국은 유구한 역사를 자랑하는 만큼 도시마다 박물관이 없는 곳이 없습니다. 중국과 그 도시의 역사와 문화를 이해하고자 한다면 꼭 가 봐야 하는 곳이 박물관이 아닐까요? 한 번에 다 돌아보기는 힘들 거예요. 갈 때마다 새로운 발견을 하는 재미를 느껴 보세요.

저는 운 좋게도 집에서 가까운 곳에 닝보 박물관이라는 역사 박물관이 있는데요. 앞서 소개한 인조우 공원과 인접해 있어요. 그러니 공원에서 놀다 박물관 구경을 가도 좋고, 박물관 구경을 하다 공원에 놀러가도 좋고 마음대로! 공원도 박물관도 모두 무료라서 기쁨이 두 배입니다.

닝보 박물관은 일단 건물이 예쁘고 독특해서 처음 본 사람이라면 누구나 감탄을 금치 못하는데요. 바로 중국의 대표적인 건축가 왕슈(王澍)의 작품입니다. 왕슈는 건축계의 노벨상이라고 불리는 프리츠커상을 수상했다고 해요. 이 박물관을 지을 때에도 오랜 시간 구상과 연구를 하고 건물의 모든 재료를 닝보에 있는 폐재료를 재활용해서 만들었다고 하니 의미가 있지요.

이제 여러분 집 근처에 있는 박물관부터 찾아가 보세요. 중국을 좀 더 알고자 한다면요.

1. 저는 이 박물관에 두 번 가 봤어요.

**我去过这博物馆两次了。**

Wǒ qù guo zhè bówùguǎn liǎng cì le.

2. 여기서 사진 찍어도 됩니까?

**这里可以拍照吗?**

Zhèlǐ kěyǐ pāizhào ma?

3. 박물관의 소장품들은 만지면 안됩니다.

**博物馆的藏品不能触摸。**

Bówùguǎnde cángpǐn bùnéng chùmō.

4. 마음 놓으세요.

**您放心。**

Nín fàngxīn.

5. 우리는 우리의 전통 문화를 잘 계승해야 합니다.

**我们要好好传承我们的传统文化。**

Wǒmen yào hǎohāo chuánchéng wǒmende chuántǒng wénhuà.

1. 박물관      博物馆 [bówùguǎn]
2. 입장권. 입장료      门票 [ménpiào]
3. 소장품      藏品 [cángpǐn]
4. 만지다.      触摸 [chùmō]
    손을 대다.      碰 [pèng]
5. 사진 찍다.      拍照 [pāizhào]
6. 큰 소리로 고함을 치다.      大喊大叫 [dàhǎn dàjiào]
7. 마구 뛰어 다니다.      乱跑 [luànpǎo]
8. 해설가      解说员 [jiěshuōyuán]
9. 소개하다.      介绍 [jièshào]
10. 내력      来历 [láilì]
11. 보존하다.      保存 [bǎocún]
12. 계승하다.      传承 [chuánchéng]
13. 전통 문화      传统文化 [chuántǒng wénhuà]
14. 강의를 듣다.      听讲 [tīngjiǎng]
15. 마음을 놓다. 안심하다.      放心 [fàngxīn]

닝보 박물관은 무료

닝보 박물관. 중국 유명 건축가 왕슈가 디자인한 건물이다.

엄마: 우리 박물관 가자.

妈妈: **我们去博物馆吧。**
Wǒmen qù bówùguǎn ba.

아들: 저 벌써 두 번이나 갔었는데, 또 가야 해요?

儿子: **我已经去过两次，还要去吗?**
Wǒ yǐjing qù guo liǎng cì, hái yào qù ma?

엄마: 박물관은 갈 때 마다 새로운 것을 발견하게 된단다.

妈妈: **每次去博物馆，总会有新的发现的。**
Měicì qù bówùguǎn, zǒng huì yǒu xīnde fāxiànde.

아들: 알았어요. 이번엔 내가 좋아하는 소장품들 사진을 찍어도 돼요?

儿子: **好的。这次我想拍我喜欢的藏品, 可以吗?**
Hǎode. Zhècì wǒ xiǎng pāi wǒ xǐhuande cángpǐn, kěyǐ ma?

엄마: 이 박물관에선 사진찍어도 돼.

妈妈: **这个博物馆是可以的。**
Zhège bówùguǎn shì kěyǐde.

아들: 소장품들이 아주 잘 보관되어 있어요.

儿子: **藏品被很好地保存着。**
Cángpǐn bèi hěn hǎode bǎocún zhe.

엄마: 소장품은 만지면 안 되고, 고함치거나

妈妈: **博物馆的藏品不能碰，也不能大喊大叫，**
Bówùguǎnde cángpǐn bùnéng pèng, yě bùnéng dàhǎn dàjiào,

뛰어 다니면 안 되는 거 알지?

**也不能乱跑，你知道吧。**
yě bùnéng luànpǎo, nǐ zhīdào ba.

아들: 제가 어린애도 아닌데요. 마음 놓으셔도 돼요.

儿子: **我又不是小孩子。您放心。**
Wǒ yòu búshì xiǎoháizi. Nín fàngxīn.

엄마: 큐레이터가 저 쪽에서 소장품에 대해 소개해 주고 있구나.

妈妈: **那里有解说员在给大家介绍藏品的来历。**
Nàlǐ yǒu jiěshuōyuán zài gěi dàjiā jièshào cángpǐnde láilì.

아들: 엄마, 우리도 가서 들어 봐요.

儿子: **妈妈，我们也去听听吧。**
Māma, wǒmen yě qù tīngting ba.

닝보 박물관. 예로부터 닝보와 우리나라 사이에는 활발한 교류가 있어왔다.

# 电影院 Diànyǐngyuàn 영화관

영화는 예나 지금이나 사랑을 받는 가장 대중적인 영상 예술이라고 할 수 있지요. 닝보에도 영화관은 쇼핑몰마다 없는 곳이 없을 정도로 많은데요. 영화관은 중국어로 띠엔잉위엔(电影院)이라고 하고, 아이맥스 영화관은 쥐무띠엔잉위엔(巨幕电影院)이라고 합니다.

그런데 영화에 따라, 영화관에 따라, 시간대에 따라 관람료가 모두 다르므로 잘 따져봐야 합니다. 그리고 현장 구매보다는 즈푸바오(支付宝)에서 싸게 표를 예매해서 가는 게 일반적인 추세입니다. 그 다음에 현장에 와서 예매한 표를 찾기만 하면 되지요.

아주 가끔은 우리나라 영화가 개봉될 때도 있는데요. 보통은 중국 국산 영화가 가장 많고 외국 수입 영화로는 미국 헐리우드 영화(또는 애니메이션)가 많은 것 같아요. 수입 영화의 경우엔 중국어로 더빙을 한 영화(또는 애니메이션)도 있고 그렇지 않은 영화도 있으니 잘 살펴보고 고르도록 합니다.

중국 영화와 수입 영화 모두 중국어 간체로 자막이 나오니까 중국어를 어느 정도 공부했다면 도전해 볼 만 하겠지요? 우리 아이는 영화관에 가는 걸 아주 좋아라 합니다. 왜냐하면 영화도 보고 팝콘도 먹을 수 있기 때문이죠. 역시 팝콘과 콜라는 한국이나 중국이나 영화 관람 태도의 정석입니다.

1. 우리 저녁에 영화보러 가는 거 어때?

**我们晚上去看电影怎么样?**

Wǒmen wǎnshang qù kàn diànyǐng zěnmeyàng?

2. 요즘 어떤 영화가 재미있니?

**最近哪部电影好看?**

Zuìjìn nǎ bù diànyǐng hǎokàn?

3. 내가 인터넷으로 찾아볼게.

**我上网搜索一下。**

Wǒ shàngwǎng sōusuǒ yíxià.

4. 내가 예매할게.

**我要提前买票。**

Wǒ yào tíqián mǎipiào.

5. 내가 가서 표를 찾을게.

**我去取票。**

Wǒ qù qǔpiào.

6. 영화 곧 시작하겠어.

**都快开场了。**

Dōu kuài kāichǎng le.

7. 스포일하지 마. 난 스포일이 제일 싫어.

**不许剧透,我最讨厌剧透。**

Bùxǔ jùtòu, wǒ zuì tǎoyàn jùtòu.

1. 영화　　　　　　　　　电影 [diànyǐng]
2. 영화관　　　　　　　　电影院 [diànyǐngyuàn]
3. 아이맥스영화관　　　　巨幕电影院 [jùmù diànyǐngyuàn]
4. 애니메이션　　　　　　动画片 [dònghuàpiàn]
5. 영화를 보다.　　　　　看电影 [kàn diànyǐng]
6. 재미있다.　　　　　　好看 [hǎokàn]
7. 중국어 자막　　　　　中文字幕 [zhōngwén zìmù]
8. 배우　　　　　　　　演员 [yǎnyuán]
9. 감독　　　　　　　　导演 [dǎoyǎn]
10. 출연하다.　　　　　出演 [chūyǎn]
11. 배역　　　　　　　角色 [juésè]
12. ~배역을 맡다.　　　扮演 [bànyǎn]
13. 상영 회차　　　　　场次 [chǎngcì]
14. 앞당기다. 미리　　　提前 [tíqián]
15. 표를 구입하다.　　　买票 [mǎipiào]
16. 송금하다.　　　　　转账 [zhuǎnzhàng]
　　　　　　　　　　　打钱 [dǎqián]
17. 표를 찾다.　　　　　取票 [qǔpiào]
18. 영화가 시작되다.　　开场 [kāichǎng]
19. 영화가 끝나다.　　　散场 [sànchǎng]
20. 끝나다.　　　　　　结束 [jiéshù]
21. 러닝타임　　　　　　片长 [piàncháng]
22. 스포일하다.　　　　　剧透 [jùtòu]

영화관(아이맥스)

영화관. 표를 예매하고 현장에 와서 표를 찾는다.

리리:  우리 저녁에 영화보러 갈까?

**莉莉:  我们晚上去看电影怎么样?**

Wǒmen wǎnshang qù kàn diànyǐng zěnmeyàng?

친구:  요즘 어떤 영화가 재미있니?

**朋友:  最近哪部电影好看?**

Zuìjìn nǎ bù diànyǐng hǎokàn?

리리:  내가 인터넷으로 찾아 볼게. 이 영화 어때?

**莉莉:  我上网搜索一下。这部动画片怎么样?**

Wǒ shàngwǎng sōusuǒ yíxià. Zhè bù dònghuàpiàn zěnmeyàng?

이 애니메이션은 영어 버전도 있고 중국어 버전도 있어.

**这部动画片有英文版，也有中文版。**

Zhè bù dònghuàpiàn yǒu yīngwénbǎn, yě yǒu zhōngwénbǎn.

친구:  중국어 자막도 있으니까

**朋友:  这部电影也有中文字幕，**

Zhè bù diànyǐng yě yǒu zhōngwén zìmù,

이해하기 편하겠구나.

**应该方便理解。**

yīnggāi fāngbiàn lǐjiě.

리리:  이 영화는 어때?

**莉莉:  这部电影怎么样?**

Zhè bù diànyǐng zěnmeyàng?

친구:  내가 좋아하는 배우가 이 영화에 나와.

**朋友:  我喜欢的演员出演了这部电影。**

Wǒ xǐhuande yǎnyuán chūyǎn le zhè bù diànyǐng.

좋아, 이걸로 보자.

**好的，看这部吧。**

Hǎode, kàn zhè bù ba.

리리: 완다국제영화관에 몇 시 표가 있는지 볼게.

莉莉: **我看看万达国际影城有哪些场次。**

Wǒ kànkan Wàndá guójì yǐngchéng yǒu nǎxiē chǎngcì.

저녁 7시 영화로 예매할게.

**我要提前买晚上七点的票。**

Wǒ yào tíqián mǎi wǎnshang qī diǎnde piào.

친구: 좋아, 웨이신으로 돈 보내줄게.

朋友: **好，我微信转账给你。**

Hǎo, wǒ Wēixìn zhuǎnzhàng gěi nǐ.

리리: 표 찾았어. 영화 시작하려면 30분 정도 남았어.

莉莉: **我取票了。离电影开始还有半个小时。**

Wǒ qǔpiào le. Lí diànyǐng kāishǐ háiyǒu bàn gè xiǎoshí.

친구: 곧 영화 시작하겠다. 얼른 들어가자.

朋友: **都快开场了，赶紧去吧。**

Dōu kuài kāichǎng le, gǎnjǐn qù ba.

영화 러닝타임이 얼마나 되니?

**片长多久？**

Piàncháng duōjiǔ?

리리: 두 시간 정도니까 9시에 끝날 거야.

莉莉: **大概两个小时，电影九点结束。**

Dàgài liǎng gè xiǎoshí, diànyǐng jiǔ diǎn jiéshù

# 歌厅 Gētīng   KTV 노래방

노래방을 중국어로는 꺼팅(歌厅) 또는 케이티비(KTV)라고 하는데요, 젊은 사람들은 KTV라고 더 많이 하는 것 같아요. 방(룸)은 인원수에 따라 선택합니다. 식당이나 노래방 같은 곳에 있는 방을 중국어로는 빠오시앙(包厢)이라고 하는데요, 크기에 따라 시아오빠오(小包), 쫑빠오(中包), 따빠오(大包)가 있어요.

노래방마다 가격은 천차만별입니다. 100원 이하의 저렴한 노래방부터 빠오시앙타오찬(包厢套餐)이 있어 가격대에 따라 차등하게 술, 요리, 스낵, 과일 등을 제공하는 노래방(리앙판스 量販式KTV)까지 다양합니다. 메이투안(美团)이나 따쫑(大众)과 같은 앱에서 예매를 하면 믿을 수 없을 만큼 큰 금액을 할인받을 수 있답니다.

부를 노래를 선택할 때는 리모콘의 번호를 누르는 예전 방식의 노래방도 있고, 각자 폰으로 노래방의 큐알코드를 스캔해 앱에 들어가 곡목을 검색해서 선택하는 방식도 있어요. 한국 노래의 경우, 상해 노래방에는 금영노래방 프로그램이 더러 있지만, 닝보의 노래방에는 외국 노래에 한국 노래가 일부 있는 정도입니다.

미성년 학생들의 경우, 술을 파는 노래방은 반드시 성인과 함께라야 갈 수 있습니다. 하지만 외국 학생들은 PC방이나 노래방 모두 여권만 제시하면 들어갈 수 있고 술도 마실 수 있다고 우리 큰애가 알려 주네요.

1. 우리 노래방 가자.
   **我们去唱K吧。**
   Wǒmen qù chàng K ba.

2. 어떤 방을 드릴까요?
   **你们想要什么包厢?**
   Nǐmen xiǎngyào shénme bāoxiāng?

3. 너 노래 정말 잘 하는구나.
   **你歌唱得很好听。**
   Nǐ gē chàngde hěn hǎotīng.

4. 너 노래를 정말 가수처럼 잘 부르는구나.
   **你唱歌唱得像歌手一样。**
   Nǐ chànggē chàngde xiàng gēshǒu yíyàng.

5. 난 노래만 부르면 음이탈이야, 노래 부르기 싫어.
   **我唱歌总是跑调，不想唱。**
   Wǒ chànggē zǒngshì pǎodiào, bù xiǎng chàng.

6. 난 음치야, 노래 시키지 마.
   **我五音不全，唱歌别叫我。**
   Wǒ wǔyīn bùquán, chànggē bié jiào wǒ.

| | | |
|---|---|---|
| 1. | 노래방에 가다. | 去唱K [qù chàng K] |
| 2. | 노래 부르다. | 唱歌 [chànggē] |
| 3. | 방. 룸 | 包厢 [bāoxiāng] |
| 4. | 얼마 동안 | 多久 [duōjiǔ] |
| 5. | 모듬 과일 | 水果拼盘 [shuǐguǒ pīnpán] |
| 6. | 맥주 | 啤酒 [píjiǔ] |
| 7. | 피처잔. 생맥주 | 扎啤 [zhāpí] |
| 8. | 노래를 신청하다. | 点歌 [diǎngē] |
| 9. | 잘 모른다. | 不清楚 [bù qīngchu] |
| 10. | 유행하다. | 流行 [liúxíng] |
| 11. | 곡 | 歌曲 [gēqǔ] |
| 12. | 댄스곡 | 舞曲 [wǔqǔ] |
| 13. | 발라드곡 | 情歌 [qínggē] |
| 14. | 랩 | 说唱 [shuōchàng] |
| | | 绕舌歌 [ràoshégē] |
| 15. | 원키 | 原调 [yuándiào] |
| 16. | 키를 내리다. | 降调 [jiàngdiào] |
| 17. | 키를 올리다. | 升调 [shēngdiào] |
| 18. | 듣기 좋다. | 好听 [hǎotīng] |
| 19. | 듣기 싫다. | 难听 [nántīng] |
| 20. | 음이탈하다. | 跑调 [pǎodiào] |
| 21. | 음치이다. | 五音不全 [wǔyīn bùquán] |
| 22. | 목이 쉬다. | 嗓子哑 [sǎngzi yǎ] |

노래방. 술을 파는 노래방의 경우 미성년자는 성인과 함께 가야지만
입장이 가능하다.

요우창(友唱)KTV. 저렴하고 간편한 일인용 노래방.

리리:  우리 노래방 가자.

莉莉:  **我们去唱K吧。**
Wǒmen qù chàng K ba.


사장님:  어떤 방을 드릴까요? 시간은 얼마나 하실 거예요?

老板:  **你们想要什么包厢? 唱多久?**
Nǐmen xiǎngyào shénme bāoxiāng? Chàng duōjiǔ?


리리:  우리 5명인데요. 중간방으로 할게요.

莉莉:  **我们有五位。我们要小包，三个小时。**
Wǒmen yǒu wǔ wèi. Wǒmen yào xiǎobāo, sān gè xiǎoshí.

저희 모듬과일이랑 맥주 피처 하나 주세요.

**我们点水果拼盘和扎啤。**
Wǒmen diǎn shuǐguǒ pīnpán hé zhāpí.


친구1:  난 요즘 유행하는 노래를 잘 몰라.

朋友1:  **我不清楚最近流行的歌曲。**
Wǒ bù qīngchu zuìjìn liúxíngde gēqǔ.


친구2:  이 노래 요즘 완전 유행하는 댄스곡인데 정말 신나.

朋友2:  **这首歌是最近流行的舞曲，听起来很开心。**
Zhè shǒu gē shì zuìjìn liúxíngde wǔqǔ, tīng qǐlái hěn kāixīn.


친구3:  난 발라드 노래를 좋아해.

朋友3:  **我喜欢情歌。**
Wǒ xǐhuan qínggē.

친구4:　나 완전 음치야. 노래 안 할래.

**朋友4:** **我唱歌总是跑调，五音不全。**
Wǒ chànggē zǒngshì pǎodiào, wǔyīn bùquán.

**我不想唱。**
Wǒ bù xiǎng chàng.

리리:　괜찮아. 한 곡 불러 봐.

**莉莉:** **没关系，唱一首吧。**
Méi guānxi, chàng yì shǒu ba.

친구1:　나 이 노래 부를게, 대신 좀 눌러 줄래?

**朋友1:** **我要唱这首歌，帮我点一下。**
Wǒ yào chàng zhè shǒu gē, bāng wǒ diǎn yíxià.

친구2:　너 노래 정말 잘하는구나.

**朋友2:** **你歌唱得很好听。**
Nǐ gē chàngde hěn hǎotīng.

친구3:　이 노래 원키가 너무 높은데, 두 키만 내려줘.

**朋友3:** **原调太高了，帮我降两个。**
Yuándiào tài gāo le, bāng wǒ jiàng liǎng gè.

친구4:　노랠 많이 불렀더니 목이 다 쉬었어.

**朋友4:** **唱了很久，我嗓子都哑掉了。**
Chàng le hěn jiǔ, wǒ sǎngzi dōu yǎdiào le.

# 游泳池 Yóuyǒngchí 수영장

　중국도 한국과 마찬가지로 실내 수영장과 실외 수영장이 있고, 수영장에 따라 이용료가 많이 차이납니다. 대단지 아파트에 딸린 수영장은 20원~30원으로 비교적 저렴하고, 아무래도 호텔이나 시설이 좋은 수영장은 100원 이상으로 비쌉니다. 자주 수영장에 다닐 사람이라면 회원권을 끊어 이용하면 이보다 저렴하게 수영장을 이용할 수 있겠습니다.

　중국에서는 중학교 3학년 때 보는 쭝카오(中考)에서 체육 이론 시험과 실기 시험을 다 보는데요. 닝보에서는 이 체육 실기 항목들 중에 요우융(游泳), 즉 수영이 포함되어 있다고 합니다. 그리고 시험은 자유영, 평영, 접영, 배영 4가지 영법 중 한 가지를 자유롭게 선택해서 볼 수 있다고 하네요.

　여름방학이면 쭝카오(中考)를 앞둔 중학생들 뿐만 아니라 빠르게는 초등학생들도 수영 강습을 많이 받는데요. 15명 인원으로 15회 강습을 받는 경우 800원 정도의 비용이 든다고 합니다.

　저는 사람이 살아가는데 꼭 필요한 기술 중의 하나가 '수영'이라고 생각하기 때문에 비용을 들여 배우더라도 이러한 시험에는 대찬성입니다.

1. 저는 수영을 할 줄 알아요.

   **我会游泳。**

   Wǒ huì yóuyǒng.

2. 저는 200미터를 수영할 수 있어요.

   **我能游200米。**

   Wǒ néng yóu èr bǎi mǐ.

3. 저는 수영을 못해요.

   **我不会游泳。**

   Wǒ búhuì yóuyǒng.

4. 저는 맥주병이에요.

   **我是个旱鸭子。**

   Wǒ shì gè hànyāzi.

5. 수영 전에는 워밍업을 해야합니다.

   **游泳之前要做热身。**

   Yóuyǒng zhīqián yào zuò rèshēn.

6. 나 다리에 쥐가 났어. 나가서 좀 쉴게.

   **我的腿抽筋了，去休息一下。**

   Wǒde tuǐ chōujīn le, qù xiūxi yíxià.

| | | | |
|---|---|---|---|
| 1. | 수영장 | 游泳池 | [yóuyǒngchí] |
| 2. | 수영하다. | 游泳 | [yóuyǒng] |
| 3. | 입장권. 입장료 | 门票 | [ménpiào] |
| 4. | 대인 | 大人 | [dàrén] |
| 5. | 소인 | 小孩 | [xiǎohái] |
| 6. | 수영복 | 泳衣 | [yǒngyī] |
| 7. | 수모 | 泳帽 | [yǒngmào] |
| 8. | (모자, 안경 등을)쓰다. | 戴 | [dài] |
| 9. | 들어가다. | 进去 | [jìnqù] |
| 10. | 수심이 얕은 구역 | 浅水区 | [qiǎnshuǐqū] |
| 11. | 튜브 | 游泳圈 | [yóuyǒngquān] |
| 12. | 깊다. | 深 | [shēn] |
| 13. | 얕다. | 浅 | [qiǎn] |
| 14. | 껴입다. 걸쳐 입다. 겉에 씌우다. | 套 | [tào] |
| 15. | 물놀이하다. | 玩水 | [wánshuǐ] |
| 16. | 내기하다. | 比 | [bǐ] |
| 17. | 먼저 도착하다. | 先到 | [xiāndào] |
| 18. | 쥐가 나다 | 抽筋 | [chōujīn] |
| 19. | 코가 찡하다. | 呛鼻子 | [qiàng bízi] |
| 20. | 자유영 | 自由泳 | [zìyóuyǒng] |
| 21. | 접영 | 蝶泳 | [diéyǒng] |
| 22. | 와영 | 蛙泳 | [wāyǒng] |
| 23. | 배영 | 仰泳 | [yǎngyǒng] |
| 24. | 개헤엄 | 狗刨儿 | [gǒupáor] |
| 25. | 강습비 | 培训费 | [péixùnfèi] |

26. 자줏빛으로 변하다.　　　变紫 [biànzǐ]

27. 여기까지　　　到这儿 [dàozhèr]

28. 몸풀기, 워밍업, 준비운동을 하다　热身 [rèshēn]

29. 맥주병　　　旱鸭子 [hànyāzi]

30. 잠수하다. 눈팅하다.　　　潜水 [qiánshuǐ]

실내 수영장(소피텔 호텔). 수질 안내 화면이 보인다.

실외 수영장(똥후화위엔 아파트)

| 엄마: | 수영장 입장료가 얼마예요? |
|---|---|

妈妈: **门票多少钱?**
Ménpiào duōshao qián?

| 안내데스크: | 어른은 100원이고, 어린이는 70원입니다. |
|---|---|

前台: **大人100元，小孩70元。**
Dàrén yì bǎi yuán, xiǎohái qī shí yuán.

수영장에는 먹을 것을 들고 들어가실 수 없습니다.

**游泳池里不能带吃的进去。**
Yóuyǒngchí lǐ bùnéng dài chīde jìnqù.

| 엄마: | 여기 얕은 풀 있어요? |
|---|---|

妈妈: **这里有浅水区吗?**
Zhèlǐ yǒu qiǎnshuǐqū ma?

| 안내데스크: | 없습니다. 이 수영장은 수심이 1.5미터입니다. |
|---|---|

前台: **没有。这个泳池有1.5深。**
Méiyǒu. Zhège yǒngchí yǒu yì diǎn wǔ shēn.

| 딸: | 얕은 풀은 재미 없어요. |
|---|---|

女儿: **浅水区没有意思。**
Qiǎnshuǐqū méiyǒu yìsi.

여기서 튜브 타고 물놀이하고 싶어요.

**我想这里套着游泳圈玩水。**
Wǒ xiǎng zhèlǐ tào zhe yóuyǒngquān wánshuǐ.

| 엄마: | 너희들 수영 전에는 준비운동을 해야 돼. |
|---|---|

妈妈: **你们游泳之前要做热身。**
Nǐmen yóuyǒng zhīqián yào zuò rèshēn.

아들:
儿子:
수영장 안에서는 수모를 꼭 써야 해요.

**泳池里一定要戴泳帽。**
Yǒngchí lǐ yídìng yào dài yǒngmào.

엄마, 내 수모 어디 넣었어요?

**妈，我的泳帽放在哪儿了？**
Mā, wǒde yǒngmào fàng zài nǎr le?

엄마:
妈妈:
우리 저기까지 누가 빨리 도착하는지 내기하자.

**我们比一比谁先到那儿。**
Wǒmen bǐ yì bǐ shéi xiān dào nàr.

아들:
儿子:
난 접영이 가장 어려운 것 같아요.

**我觉得蝶泳最难。**
Wǒ juéde diéyǒng zuì nán.

아야, 나 다리에 쥐가 났어. 나가서 좀 쉴게요.

**哎呦，我的腿抽筋了，去休息一下。**
Āiyōu, wǒde tuǐ chōujīn le, qù xiūxi yíxià.

딸:
女儿:
아악, 난 코에 물이 들어갔어요. 코가 매워요.

**哎呦，我的鼻子进水了。我呛鼻子了。**
Āiyōu, wǒde bízi jìnshuǐ le. Wǒ qiàng bízi le.

엄마:
妈妈:
너 입술이 자줏빛으로 변했구나. 오늘은 여기까지 하자.

**你的嘴唇变紫了，今天就到这儿吧。**
Nǐde zuǐchún biànzǐ le, jīntiān jiù dào zhèr ba.

# 溜冰场 Liūbīngchǎng 스케이트장

중국의 스케이트장은 한국과 크게 다르지 않습니다. 다만 장갑과 보호 장구는 무료로 제공하고 착용도록 하는데, 헬맷은 쓰도록 하지 않더군요. 한국에선 반드시 헬맷을 써야 했던 것으로 기억하는데요, 어디까지나 운영자 마음이니 스케이트를 잘 못타는 사람은 개인적으로 헬맷을 준비를 해오는 것이 안전할 것 같네요.

저희 가족이 종종 가는 실내 스케이트장의 이용료는 성인, 아동 관계없이 일인당 60원 정도이고, 스케이트를 타지 않는다면 입장료를 따로 내지 않아도 됩니다. 이용 시간은 두 시간이라고 명시는 되어 있지만 실제로 관리는 하지 않으니 하루 종일 지칠 때까지 놀아도 상관 없습니다.

스케이트는 분명 겨울 스포츠인데 피서겸 여름에 더 인기가 많은 것 같아요. 여름에 가더라도 두 시간 정도 놀다 보면 시원하다 못해 추워서 덜덜 떨게 되지요. 그래서 두 시간마다 정빙을 하는 걸까요? 정빙 시간에 나와서 따뜻한 음료를 마시고 또 들어가 놀 수 있으니 이용료가 그리 비싼 것 같지는 않네요.

한 쪽에선 아이스 하키 훈련이나 스케이트 강습을 하기도 합니다. 운 좋으면 멋진 피겨 스케이팅 연습 장면을 관람할 수도 있답니다.

1. 1인당 65원이고, 장갑은 무료로 드립니다.

**65元一个人, 手套是免费送的。**

Liù shí wǔ yuán yí gè rén, shǒutào shì miǎnfèi sòngde.

2. 스케이트화는 몇 호로 드릴까요?

**溜冰鞋你要多少码?**

Liūbīngxié nǐ yào duōshao mǎ?

3. 자꾸 넘어져야 타는 법을 배울 수 있단다.

**多滑倒才能学会滑冰。**

Duō huádǎo cái néng xuéhuì huábīng.

4. 옷을 좀 더 껴입어요.

**你多穿点衣服。**

Nǐ duō chuān diǎn yīfu.

5. 스케이트 탈 때, 다치지 않도록 조심하세요.

**滑冰时, 要小心点, 以免受伤。**

Huábīng shí, yào xiǎoxīn diǎn, yǐmiǎn shòushāng.

6. 스케이트를 오래 탔더니 좀 추워요.

**冰滑久了, 有点冷。**

Bīnghuá jiǔ le, yǒudiǎn lěng.

| | | |
|---|---|---|
| 1. | 스케이트장 | 溜冰场 [liūbīngchǎng] |
| | | 滑冰场 [huábīngchǎng] |
| 2. | 스케이트를 타다. | 溜冰 [liūbīng] |
| | | 滑冰 [huábīng] |
| 3. | 장갑 | 手套 [shǒutào] |
| 4. | 보호장구 | 护具 [hùjù] |
| 5. | 스케이트화 | 溜冰鞋 [liūbīngxié] |
| | | 滑冰鞋 [huábīngxié] |
| 6. | 신발 호수 | 鞋码 [xiémǎ] |
| 7. | 보증금 | 押金 [yājīn] |
| 8. | 소지품 | 随身物品 [suíshēn wùpǐn] |
| 9. | 소지품을 맡기다. | 拿随身物品抵押 [ná suíshēn wùpǐn dǐyā] |
| 10. | 두려워하다. 겁내다. | 怕 [pà] |
| 11. | 미끄러져 넘어지다. | 滑倒 [huádǎo] |
| 12. | ~하는 법을 배우다. | 学会 [xuéhuì] |
| 13. | 젖다. | 湿 [shī] |
| 14. | 춥다. | 冷 [lěng] |
| 15. | 덥다. | 热 [rè] |
| 16. | 역방향 | 逆向 [nìxiàng] |
| 17. | 사고가 나다. | 出事故 [chū shìgù] |
| 18. | 다치다. 부상 당하다. | 受伤 [shòushāng] |

스케이트장. 스케이트화와 보호장구를 대여해 준다.

스케이트장 안내데스크

스케이트장. 여름 더위를 잊게 해준다.

형: 입장료가 얼마예요?

哥哥: **门票多少钱?**
Ménpiào duōshao qián?

안내데스크: 일인당 65원입니다. 장갑은 무료로 드려요.

前台: **65元一个人，手套是免费送的。**
Shí wǔ yuán yí gè rén, shǒutào shì miǎnfèi sòngde.

형: 스케이트화와 보호장구를 주세요.

哥哥: **请给我溜冰鞋和护具。**
Qǐng gěi wǒ liūbīngxié hé hùjù.

안내데스크: 보증금을 걸거나 소지품을 맡기셔야 합니다.

前台: **需要押金或者拿随身物品抵押。**
Xūyào yājīn huòzhě ná suíshēn wùpǐn dǐyā.

스케이트화는 몇 호로 드릴까요?

**溜冰鞋你要多少码?**
Liūbīngxié nǐ yào duōshao mǎ?

형: 40호와 32호 주세요.

哥哥: **我要40码和32码。**
Wǒ yào sì shí mǎ hé sān shí èr mǎ.

안내데스크: 여기 있습니다.

前台: **给你。**
Gěi nǐ.

스케이트를 탈 때, 역방향으로 타면 사고가 날 수 있으니 주의하세요.

**滑冰的时候，逆向滑会出事故的，注意一下。**
Huábīngde shíhòu, nìxiàng huá huì chū shìgùde, zhùyì yíxià.

**동생:** 난 스케이트를 잘 못 타.

**弟弟:** 我冰滑得不好。
Wǒ bīng huáde bù hǎo.

**형:** 넘어지는 걸 겁내지 마.

**哥哥:** 别怕滑倒。
Bié pà huádǎo.

자꾸 넘어져야 타는 법을 배울 수 있단다.

多滑倒才能学会滑冰。
Duō huádǎo cái néng xuéhuì huábīng.

**동생:** 나 너무 많이 넘어져서 바지가 다 젖었어.

**弟弟:** 我滑倒很多次，裤子都湿了。
Wǒ huádǎo hěn duō cì, kùzi dōu shī le.

스케이트를 오래 탔더니 좀 추워.

冰滑久了，有点冷。
Bīng huá jiǔ le, yǒudiǎn lěng.

**안내방송:** 쉬는 시간(정빙 시간)입니다.

**广播:** 护理冰面的时间到了。
Hùlǐ bīngmiànde shíjiān dào le.

모두 나가서 기다려 주세요.

请大家出去稍等一下。
Qǐng dàjiā chūqù shāoděng yíxià.

# 7장

주거생활

· 부동산 중개소

· 계약/집주인

· 이사

· 관리사무소

· 주택관리

# 房屋中介 Fángwūzhōngjiè 부동산 중개소

　부동산 중개소는 중국어로 팡우쫑지에(房屋中介)라고 하는데, 팡찬(房产)라고 씌여진 간판을 흔히 볼 수 있습니다. 닝보의 부동산 중개소는 한국에서 흔히 보던 모습과 다른데요, 마치 교실처럼 책상들이 줄 지어 배치되어 있고, 각 책상마다 직원이 손님을 옆에 앉게 하고 상담을 합니다. 재밌는 건 학교의 교무실에 가 봐도 이런 모습이랍니다. 직원들이 모두 앞 사람의 등을 보고 앉아 있는 모습이 좀 신기합니다.

　중국에는 우리나라의 전세와 같은 임대 방식은 없고 집을 사거나 월세를 내고 삽니다. 집을 보고 싶으면 직원에게 어떤 집을 원하는지 말씀하시면 됩니다. 방은 몇 개, 욕실은 몇 개, 집의 방향, 월세는 얼마 선 등의 조건을 제시하면 그에 맞는 집들을 몇 군데 찾아서 같이 집을 보러 가줄 거예요.

　중국은 아파트를 지어 팔 때 단지 집의 '공간'만을 팔기 때문에 내부 구조와 인테리어 즉 쥬앙시우(装修)는 집을 산 사람이 알아서 합니다. 따라서 같은 아파트의 같은 라인이라 하더라도 집집마다 구조나 인테리어가 모두 다르다는 점 참고하세요.

　거래가 성사되면 집주인은 중개 수수료를 내지 않고 세입자만 한 달 월세의 50%~100%를 중개 수수료로 지불합니다. 닝보는 2년 전부터 100%인데 말만 잘하면 좀 깎아 주기도 한다네요. 부동산 직거래 앱을 활용하면 이러한 중개 수수료를 절약할 수 있다는 장점이 있지만, 사진 상으로는 좋아 보여도 사진과 다를 수 있으므로 반드시 방문해서 살펴 보아야 합니다.

　집을 고를 때는 채광과 통풍이 잘 되는지 여부도 반드시 고려하세요. 닝보는 특히 비가 자주 오고 습한 편이라 자칫하면 곰팡이가 생기기 쉬운데요, 건강에 좋을 리가 없겠지요. 채광 상태는 날씨 좋은 날 낮에 가서 집을 봐야 알 수 있습니다. 집과 인근 건물 사이의 거리와 인근 건물의 높이도 채광에 영향을 미치므로 반드시 직접 눈으로 확인해야 합니다.

제가 가 본 중국의 집들은 대부분 음식을 조리하는 주방(厨房)과 식탁이 있는 공간(餐厅)이 트여 있지 않고 분리되어 있다는 느낌이 들었어요. 심지어 식탁까지 거리가 먼 집도 봤구요. 주방에는 반드시 문이 있는데요, 앞집 중국인 가정을 보니 음식 냄새가 집안에 퍼진다며 언제나 주방의 문을 닫고 음식을 만들더군요.

온수는 잘 나오고 배수에 문제가 없는지도 잘 살펴 보세요. 제가 맨 처음 살았던 집은 욕실에 순간 온수기가 있었는데요, 온수 지속 시간이 짧아서 불편했어요. 또 부엌 씽크대 바닥으로 연결된 배관으로 물이 잘 내려가지 못하고 역류를 해서 부엌 바닥이 엉망이 되기도 했답니다.

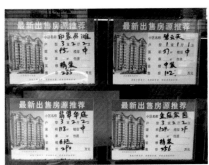

3室2厅2卫는 방3개, 거실2개, 욕실2개를 뜻한다.

부동산 입구에 붙여진 매물 정보.

1. 방 세 개와 거실이 하나 있는 집을 구합니다.

   **我想找个三室一厅的房子。**

   Wǒ xiǎng zhǎo gè sānshìyìtīngde fángzi.

2. 지금 집을 볼 수 있을까요?

   **现在可以去看房子吗?**

   Xiànzài kěyǐ qù kàn fángzi ma?

3. 집을 사실건가요 아니면 월세로 하실건가요?

   **你要买房还是要租房?**

   Nǐ yào mǎifáng háishì yào zūfáng?

4. 월세로 하면 한달에 얼마를 냅니까?

   **月租的话，一个月要交多少钱?**

   Yuèzūde huà, yí gè yuè yào jiāo duōshao qián?

5. 이 집은 어떠세요?

   **你觉得这个房子怎么样?**

   Nǐ juéde zhège fángzi zěnmeyàng?

6. 마음에 들어요. 계약하고 싶어요.

   **我喜欢, 我想签合同。**

   Wǒ xǐhuan, wǒ xiǎng qiān hétong.

| | | |
|---|---|---|
| 1. | 부동산 중개소 | 房屋中介 [fángwū zhōngjiè] |
| 2. | 집 | 房子 [fángzi] |
| 3. | 월세 | 月租 [yuèzū] |
| 4. | 계약하다. | 签合同 [qiān hétong] |
| 5. | 집주인 | 房东 [fángdōng] |
| 6. | 세입자 | 租户 [zūhù] |
| 7. | 남향 | 朝南 [cháonán] |
| 8. | 방 셋 거실 하나 | 三室一厅 [sānshìyìtīng] |
| 9. | 부동산 매물 | 房源 [fángyuán] |
| 10. | 이사하다. | 搬家 [bānjiā] |
| 11. | 입주하다. | 入住 [rùzhù] |
| 12. | 주차장. 주차공간 | 车位 [chēwèi] |
| 13. | 채광 | 采光 [cǎiguāng] |
| 14. | 통풍 | 通风 [tōngfēng] |
| 15. | 습하다. | 潮湿 [cháoshī] |
| 16. | 곰팡이가 피다. | 发霉 [fāméi] |
| 17. | 인테리어를 하다. | 装修 [zhuāngxiū] |
| 18. | 보수하다. | 维修 [wéixiū] |
| 19. | 깨끗하다. | 干净 [gānjìng] |
| 20. | 지저분하다. | 邋遢 [lāta] |
| 21. | 수납 공간 | 收纳空间 [shōunà kōngjiān] |
| 22. | 주방 | 厨房 [chúfáng] |

7장

리리: 집을 좀 보려고 합니다.

莉莉: **我想找个房子。**
Wǒ xiǎng zhǎo gè fángzi.

중개인: 어떤 집을 찾으세요?

中介: **想找什么样的?**
Xiǎng zhǎo shénmeyàngde?

리리: 남향에 방 세 개와 거실이 하나 있는 집이요.

莉莉: **朝南，三室一厅。**
Cháonán, sānshìyìtīng.

중개인: 월세는 어느 정도로 예산을 잡고 계시나요?

中介: **预算多少月租?**
Yùsuàn duōshao yuèzū?

리리: 월 6천원 정도요.

莉莉: **六千左右。**
Liù qiān zuǒyòu.

중개인: 완다공위 어떠세요? 주변 환경이 좋아요.

中介: **你觉得万达公寓怎么样? 周边环境好。**
Nǐ juéde Wàndá gōngyù zěnmeyàng? Zhōubiān huánjìng hǎo.

교통도 편리하고, 편의 시설도 잘 갖춰져 있지요.

**交通方便，设施齐全。**
Jiāotōng fāngbiàn, shèshī qíquán.

마침 나온 집이 몇 군데 있어요.

**正好有几个房源。**
Zhènghǎo yǒu jǐ gè fángyuán.

리리: 그래요? 지금 집을 볼 수 있을까요?

莉莉: **是吗? 现在可以去看房子吗?**
Shì ma? Xiànzài kěyǐ qù kàn fángzi ma?

중개인: 네, 가능합니다. 지금 집에 아무도 살고 있지 않아요.

中介: **可以的。现在没人入住。**
Kěyǐde. Xiànzài méi rén rùzhù.

열쇠 가지고 올게요. 같이 가서 봅시다.

**我拿了钥匙, 一起去看看吧。**
Wǒ ná le yàoshi, yìqǐ qù kànkan ba.

리리: 저층은 채광이 별로 좋지 않아서 곰팡이가 피기 쉬워요.

莉莉: **低层采光不好，容易发霉。**
Dīcéng cǎiguāng bù hǎo, róngyì fāméi.

아악! 바퀴벌레가 있어요. 다른 집을 보여 주세요.

**啊! 有蟑螂。让我看看别的房子。**
A! Yǒu zhāngláng. Ràng wǒ kànkan biéde fángzi.

중개인: 이 집은 어떠세요?

中介: **你觉得这个房子怎么样?**
Nǐ juéde zhège fángzi zěnmeyàng?

새로 인테리어를 해서, 월세가 조금 비싸요.

**新装修的，但是月租有点贵。**
Xīn zhuāngxiūde, dànshì yuèzū yǒudiǎn guì.

이 집은 주차장도 있답니다.

**这个房子还带了车位。**
Zhège fángzi hái dài le chēwèi.

리리: 아주 깨끗하네요. 수납공간이 많고 주방이 넓군요.

**莉莉: 很干净。收纳空间多，厨房大。**
Hěn gānjìng. Shōunà kōngjiān duō, chúfáng dà.

마음에 듭니다. 이 집으로 계약하고 싶어요.

**我喜欢。我想签合同了。**
Wǒ xǐhuan. Wǒ xiǎng qiān hétong le.

중개인: 알겠습니다. 집주인한테 바로 연락하겠습니다.

**中介: 好的。我马上跟房东联系。**
Hǎode. Wǒ mǎshang gēn fángdōng liánxì.

288  7장 주거생활

부동산 중개소. 책상 배치가 색다르다.

부동산. 팡찬(房产)이라는 간판이 보인다.

여백에  부동산 중개소. 팡찬(房产)이라고 쓰인
간판들이 보인다.

# 签合同 Qiān hétong 계약  房东 Fángdōng 집주인

　중국의 집은 보통 집주인이 침대, 소파, 식탁, 에어컨, TV, 냉장고, 세탁기 등을 구비해 놓습니다. 내가 쓰던 소파나 침대 등을 가지고 가서 놓고 싶다면 집주인에게 기존의 가구들을 치워줄 수 있는지 확인해야 합니다.

　또 중국 가정은 대체로 냉장고와 세탁기가 작은 편인데요, 만약 큰 걸 원한다면 바꿔줄 수 있는지 집주인에게 미리 물어 보세요. 집주인이 안된다고 하면 다음에 이사 나갈 때 내가 구입한 것들을 가지고 나갈 것까지를 생각해서 신중하게 구입하시구요.

　중국은 플러그를 꽂는 콘센트 구멍 모양이 두 가지인 거 아세요? 바로 전자제품에 따라 플러그의 모양이 다르기 때문이에요. 중국도 가정에 들어오는 전압이 220V 이므로 한국에서 가져운 전자제품을 모두 사용할 수 있답니다.

　집주인이 주차장을 가지고 있는지의 여부도 알아 보시고, 없다면 주차 임대료는 어떻게 할 것인지도 합의를 봐야 합니다. 또 중국은 에어컨을 여름과 겨울에 다 사용하므로 필터 청소나 소독이 필수인데요, 비용이 얼마 들지 않으니 웬만한 집주인이면 해 줄 거예요.

　모든 사항에 합의가 되었다면 이제 집주인과 계약을 해 봅시다. 집주인은 중국말로 팡똥(房东)이라고 하는데요, 집주인을 잘 만나는 것도 큰 복이라고 개인적으로 생각합니다. 제가 생각하는 좋은 집주인이란 첫째 재계약시 월세를 올리지 않는다. 둘째 집에 문제가 생겼을 때 바로 조치를 취해 준다. 셋째 집에 올 때 빈손으로 오지 않는다. 지금 우리 집주인이 바로 이렇답니다.

　월세 계약 기간은 쌍방 합의 하에 1년 또는 2년으로 합니다. 월세를 매월 낼 지 분기별로 낼 지 역시 쌍방 간에 정하기 나름입니다. 보통 처음 월세를 낼 때 보증금(월세 한 달분)을 같이 냅니다. 혹시나 '나 집주인인데 이번 달부터는 월세를 이 계좌로 보내라'는 사기 문자가 올 수 있으니 당하지 않도록 주의하세요.

아파트의 경우 관리비와 주차장 관리비를 누가 부담할 지도 계약서에 명시를 해야 나중에 문제가 생기지 않습니다. 어떤 집은 월세가 싼 대신 관리비를 세입자가 부담하고, 어떤 집은 월세가 비싼 대신 집주인이 관리비를 부담하기도 하니 잘 따져 보고 선택해야겠어요.

계약시에는 똑같은 계약서 2부를 작성해서 한 장은 집주인이 보관하고 한 장은 세입자가 보관합니다. 계약서에 쓰인 계약 기간, 월세, 보증금, 집주인의 은행 계좌, 기타 합의한 세부 조건들(예: 관리비 책임, 물건 구입, 에어컨 소독, 집기 교체 등)을 확인하고 서명을 하시기 바랍니다.

집주인과 관계가 좋으면 계약 기간이 끝날 때까지 마음이 편하답니다.

여러 가지 모양의 플러그

콘센트. 두 가지 모양 모두 220볼트.

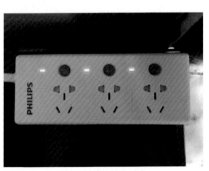
멀티탭에도 두 가지 모양의 구멍이 있다.

아파트 에어컨. 천장에 설치된 가정이 많다.
겨울엔 히터로 전환해서 쓴다.

1. 마음에 들긴 드는데 월세가 좀 비싸네요.

   **喜欢是喜欢，但是月租有点贵。**

   Xǐhuan shì xǐhuan, dànshì yuèzū yǒudiǎn guì.

2. 이 집은 주차장이 있습니다.

   **这个房子还带了车位。**

   Zhège fángzi hái dài le chēwèi.

3. 계약 만료일이 다 되어갑니다.

   **合同期限快到了。**

   Hétong qīxiàn kuài dào le.

4. 재계약을 하고 싶습니다.

   **我想续签。**

   Wǒ xiǎng xùqiān.

5. 집에 다른 문제는 없습니까?

   **房子有其他问题吗?**

   Fángzi yǒu qítā wèntí ma?

| | | |
|---|---|---|
| 1. | 계약하다. | 签合同 [qiān hétong] |
| 2. | 보증금 | 押金 [yājīn] |
| 3. | 월세 | 月租 [yuèzū] |
| 4. | 집주인 | 房东 [fángdōng] |
| 5. | 세입자 | 租户 [zūhù] |
| 6. | 계좌 | 账户 [zhànghù] |
| 7. | 계약 만료일 | 合同期限 [hétong qīxiàn] |
| 8. | 재계약하다. | 续签 [xùqiān] |
| 9. | 냉장고 | 冰箱 [bīngxiāng] |
| 10. | 에어컨 | 空调 [kōngtiáo] |
| 11. | 세탁기 | 洗衣机 [xǐyījī] |
| 12. | TV | 电视 [diànshì] |
| 13. | 침대 | 床 [chuáng] |
| 14. | 소파 | 沙发 [shāfā] |
| 15. | 식탁 | 餐桌 [cānzhuō] |
| | | 饭桌 [fànzhuō] |
| 16. | 에어컨을 점검하다. | 保养空调 [bǎoyǎng kōngtiáo] |
| 17. | 가스 | 煤气 [méiqì] |
| 18. | 배터리를 바꾸다. | 换电池 [huàn diànchí] |
| 19. | 서비스센터 | 售后服务中心 [shòuhòu fúwù zhōngxīn] |
| 20. | 타일 | 瓷砖 [cízhuān] |
| 21. | 떨어지다. | 脱落 [tuōluò] |
| 22. | 보수하다. | 修补 [xiūbǔ] |
| 23. | 찢어지다. | 破裂 [pòliè] |

집주인: 집이 마음에 드세요?

**房东: 你喜欢这个房子吗?**

Nǐ xǐhuan zhège fángzi ma?

리리: 마음에 들긴 드는데 월세가 좀 비싸네요.

**莉莉: 喜欢是喜欢，但是月租有点贵。**

Xǐhuan shì xǐhuan, dànshì yuèzū yǒudiǎn guì.

집주인: 인테리어를 지금처럼 이렇게 하느라 돈이 많이 들었어요.

**房东: 装修成现在这样，要很多钱。**

Zhuāngxiūchéng xiànzài zhèyàng, yào hěn duō qián.

리리: 냉장고가 좀 작은데요, 하나 더 사 주실 수 있어요?

**莉莉: 冰箱有点小，能不能再给我买一台?**

Bīngxiāng yǒudiǎn xiǎo, néng bù néng zài gěi wǒ mǎi yì tái?

집주인: 네. 그렇게 해 드릴께요.

**房东: 好的。我会买的。**

Hǎode. Wǒ huì mǎide.

리리: 감사합니다. 에어컨 청소도 해 주시는 거예요?

**莉莉: 谢谢。还有可以叫师傅保养一下空调吗?**

Xièxie. Háiyǒu kěyǐ jiào shīfu bǎoyǎng yíxià kōngtiáo ma?

집주인: 네. 들어오시기 전에 다 처리해 놓을게요.

**房东: 好的。你们入住之前我会处理好的。**

Hǎode. Nǐmen rùzhù zhīqián wǒ huì chǔlǐ hǎode.

리리: 네. 그리고 중개인이 이 집에 주차장이 있다고 하던데요.

莉莉: **谢谢。还有，中介说这个房子还带了车位。**
Xièxie. Háiyǒu, zhōngjiè shuō zhège fángzi hái dài le chēwèi.

집주인: 맞습니다. 집을 살 때 주차장도 샀어요.

房东: **对。我买这个房子的时候也买了车位。**
Duì. Wǒ mǎi zhège fángzide shíhou yě mǎi le chēwèi.

주차장은 무료로 쓰실 수 있지만, 1년에 한 번 주차장 관리비용은 부담하셔야 합니다.

**车位你可以用，但是一年一次你自己付车位管理费。**
Chēwèi nǐ kěyǐ yòng, dànshì yì nián yí cì nǐ zìjǐ fù chēwèi guǎnlǐfèi.

리리: 네, 알겠습니다. 그럼 계약할게요.

莉莉: **好的。那我要签合同了。**
Hǎode. Nà wǒ yào qiān hétong le.

이번 달 말에 이사하려고 합니다.

**这个月末我要搬家了。**
Zhège yuèmò wǒ yào bānjiā le.

집주인: 이 달 말까지 보증금과 3개월치 월세를 이 계좌로 보내 주세요.

房东: **在这个月末之前，把押金和三个月的月租转到这个账户。**
Zài zhège yuèmò zhīqián, bǎ yājīn hé sān gè yuède yuèzū zhuǎn dào zhège zhànghù.

집주인: 계약 기간이 다 되어가네요.

房东: **合同期限快到了。**
Hétong qīxiàn kuài dào le.

리리: 재계약을 하고 싶습니다.

莉莉: **我想续签。**
Wǒ xiǎng xùqiān.

집주인: 좋습니다. 이번 주 토요일 오전 시간 어떠세요?

房东: **好的。这周六上午的时间怎么样?**
Hǎode. Zhè zhōuliù shàngwǔde shíjiān zěnmeyàng?

리리: 네, 괜찮습니다. 토요일에 뵐게요.

莉莉: **可以的。周六见。**
Kěyǐde. Zhōuliù jiàn.

집주인: 오랜만입니다. 집에 무슨 문제 있나요?

房东: **好久不见。房子有没有问题?**
Hǎojiǔ bú jiàn. Fángzi yǒu méi yǒu wèntí?

리리: 요즘 가스렌지 점화가 잘 안됩니다.

莉莉: **最近煤气打不着。**
Zuìjìn méiqì dǎ bù zháo.

배터리도 바꿔 봤는데 소용이 없네요.

**我已经换过电池了，也没有用。**
Wǒ yǐjing huàn guo diànchí le, yě méiyǒuyòng.

집주인: 서비스센터에 연락해서 기사를 불러 드릴게요.

**房东:** 我来联系售后服务中心，叫师傅看看。
Wǒ lái liánxì shòuhòu fúwù zhōngxīn, jiào shīfu kànkan.

수리가 안된다면, 제가 교체해 드릴게요.

修不了的话，我给你换一个。
Xiū bù liǎode huà, wǒ gěi nǐ huàn yí gè.

리리: 그리고, 남편이 며칠 전에 샤워를 하는데 타일이 떨어졌어요.

**莉莉:** 还有，我老公前几天洗澡的时候，瓷砖脱落了。
Háiyǒu, wǒ lǎogōng qián jǐ tiān xǐzǎode shíhou, cízhuān tuōluò le.

수리해 주셨으면 합니다.

帮我修补一下。
Bāng wǒ xiūbǔ yíxià.

집주인: 혹시 다치진 않으셨어요? 정말 미안해요.

**房东:** 有受伤吗? 实在不好意思。
Yǒu shòushāng ma? Shízài bù hǎoyìsi.

바로 처리해 드리죠. 다른 문제는 없나요?

我马上处理。房子有其他的问题吗?
Wǒ mǎshang chǔlǐ. Fángzi yǒu qítāde wèntí ma?

리리: 소파가 많이 찢어졌는데, 바꿀 수 있을까요?

**莉莉:** 沙发破裂了不少，可以换新的沙发吗?
Shāfā pòliè le bù shǎo, kěyǐ huàn xīnde shāfā ma?

집주인: 알겠습니다. 새 소파로 바꿔 드릴게요.

**房东:** 好的。我要给你买新的
Hǎode. Wǒ yào gěi nǐ mǎi xīnde.

297

## 搬家 Bānjiā 이사

중국에 와서 6년 사는 동안 딱 한 번, 같은 아파트 같은 동 A라인에서 C라인으로 이사를 갔습니다. 가깝다고 만만히 보고 이사 업체를 부르지 말고 그냥 우리 식구끼리 해 보자고 고집을 부렸던 걸 후회합니다. 얼마나 힘들었던지 그 후로 다시는 이사를 하지 않기로 결심했지요.

어차피 큰 가구들이야 집주인의 것이고 그걸 빼고 나면 별로 크지 않은 화장대와 책꽂이, 키 낮은 수납장 정도의 가구들이 있고 그 외에는 대부분 책과 옷이라 별로 힘들지 않을 거라고 생각했던 것입니다. 마침 이사 가려는 집이 비어 있었기 때문에 짐은 천천히 옮기면 되었구요.

그런데 막상 짐을 옮기기 시작하니 삼일 밤낮을 해도 끝이 나질 않더군요. 한국에서 중국으로 올 때 이삿짐을 가져오지 않았는데도 그동안 사들인 게 알게 모르게 많았었나 봅니다. 버리는 물건이 적지 않았는데도 우리는 개미처럼 끝없이 짐을 날라야 했습니다.

중국은 아니 닝보는 처음부터 끝까지 완전 포장 이사를 하는 업체가 없다고 하네요. 우리나라의 완전 포장 이사는 책꽂이의 책들과 진열장의 장식품까지도 제자리에 배열해 주고 청소까지 깔끔하게 해 주지만, 닝보는 그렇지 않습니다. 물론 가구와 박스는 차에 실어 옮겨 주고, 가구들 배치까지는 해 줍니다.

이삿짐을 싸려면 먼저 물건들을 담을 박스가 많이 필요한데요, 박스는 타오바오에서 저렴하게 구입할 수 있습니다. 닝보의 경우 이사 경비는 이삿짐의 양에 따라 다르겠지만 5톤 트럭 한 대당 350원~400원, 3명 정도가 짐을 나른다면 인건비가 1,000원, 여기에 약간의 추가 요금을 감안하면 총 2,000원 정도 소요된다고 합니다.

닝보는 도우미 아줌마를 부를 경우 시간당 35원~40원 정도가 시세이고 보통 세 시간 이상은 쓰는 게 기본입니다.

1. 이사 비용은 얼마입니까?

   **搬家费用是多少?**
   Bānjiā fèiyòng shì duōshao?


2. 큰 가구들은 어떤 것들을 옮겨야 합니까?

   **有什么大的家具要搬的?**
   Yǒu shénme dàde jiājù yào bānde?


3. 옮길 때 조심해 주세요.

   **搬的时候小心一点。**
   Bānde shíhou xiǎoxīn yìdiǎn.


4. 이사 축하합니다.

   **祝贺你搬家了。**
   Zhùhè nǐ bānjiā le.

   **恭喜乔迁之喜。**
   Gōngxǐ qiáoqiānzhīxǐ.


5. 좀 섭섭하네요.

   **我有点舍不得。**
   Wǒ yǒudiǎn shěbude.

7장

| | | |
|---|---|---|
| 1. | 이사하다. | 搬家 [bānjiā] |
| 2. | 이사 비용 | 搬家费用 [bānjiā fèiyòng] |
| 3. | 운반하다. 옮기다. | 搬 [bān] |
| 4. | 가구 | 家具 [jiājù] |
| 5. | 책꽂이 | 书柜 [shūguì] |
| 6. | 피아노 | 钢琴 [gāngqín] |
| 7. | 화장대 | 化妆台 [huàzhuāngtái] |
| 8. | TV대 | 电视柜 [diànshìguì] |
| 9. | 이삿짐 나르는 직원 | 搬运人员 [bānyùn rényuán] |
| 10. | 담다. 싣다. | 装 [zhuāng] |
| 11. | 종이 박스 | 纸箱 [zhǐxiāng] |
| 12. | 조심하다. | 小心 [xiǎoxīn] |
| 13. | 축하하다. | 祝贺 [zhùhè] |
| 14. | 서운하다. 아깝다. 섭섭하다. | 舍不得 [shěbude] |

이웃과 작별인사

이웃: 이사 가신다고 들었어요.

邻居: **听说你要搬家了.**
Tīngshuō nǐ yào bānjiā le.

리리: 네. 다음 주 토요일에 갑니다.

莉莉: **是的。下周六要搬家了。**
Shìde. Xiàzhōuliù yào bānjiā le.

이웃: 어디로 이사 가세요?

邻居: **搬到哪儿?**
Bān dào nǎr?

리리: 완다공위로 갑니다. 여기서 멀지 않아요.

莉莉: **搬到万达公寓。离这儿不远。**
Bān dào Wàndá gōngyù. Lí zhèr bù yuǎn.

이웃: 네. 이사 가시는 거 축하드려요.

邻居: **好。祝贺你搬家。**
Hǎo. Zhùhè nǐ bānjiā.

리리: 고마워요. 이사가면 제가 초대할게요. 꼭 오셔야 돼요.

莉莉: **谢谢。搬完了就请你们吃饭。一定要来。**
Xièxie. Bānwán le jiù qǐng nǐmen chīfàn. Yídìng yào lái.

이웃: 당연하지요. 꼭 갈게요.

邻居: **当然啊。我一定要来。**
Dāngrán ā. Wǒ yídìng yào lái.

리리:　　8월 25일에 이사를 하려고 해요.

莉莉:　**我八月二十五号要搬家了。**
　　　Wǒ bā yuè èr shí wǔ hào yào bānjiā le.

이사업체:　어디에서 어디로 이사를 하실 건가요?

搬家公司: **从哪儿搬到哪儿?**
　　　Cóng nǎr bān dào nǎr?

리리:　　뚱후화위엔에서 완다공위로 이사합니다.

莉莉:　**从东湖花园搬到万达公寓。**
　　　Cóng Dōnghú huāyuán bān dào Wàndá gōngyù.

　　　이사 비용은 어떻게 되나요?

　　　**搬家费用是多少?**
　　　Bānjiā fèiyòng shì duōshao?

이사업체:　큰 가구들은 어떤 것들이 있습니까?

搬家公司: **有什么大的家具要搬的?**
　　　Yǒu shénme dàde jiājù yào bānde?

리리:　　책꽂이, 피아노,

莉莉:　**有书柜、钢琴、**
　　　Yǒu shūguì, gāngqín,

　　　화장대, TV대 등이 있어요.

　　　**化妆台和电视柜什么的。**
　　　huàzhuāngtái hé diànshìguì shénmede.

이사업체: 2천원입니다. (이삿짐 나르는) 직원 세 명이 아침 8시에 가겠습니다.

搬家公司: **要两千。三个搬运人员八点到你家。**
Yào liǎng qiān. Sāngè bānyùn rényuán bā diǎn dào nǐ jiā.

리리: 네, 알겠어요. 가구 옮길 때 조심해 주세요.

莉莉: **好的。 搬家具的时候小心一点。**
Hǎode. Bān jiājùde shíhou xiǎoxīn yìdiǎn.

이사업체: 걱정 마세요. 작은 물건들은 박스에 담아 두세요.

搬家公司: **放心吧。请把小东西装到纸箱里。**
Fàngxīn ba. Qǐng bǎ xiǎo dōngxi zhuāng dào zhǐxiāng lǐ

이사는 보통 일이 아니다. 닝보에는
완전포장이사가 없다.

# 物业服务中心 Wùyè fúwù zhōngxīn 관리사무소

아파트 관리 사무소는 중국어로 우예푸우쭝신(物业服务中心) 또는 간단히 우예(物业)라고 합니다. 아파트 주민들이라면 관리비를 내는데요, 우리나라처럼 매월 내는 게 아니라 6개월이나 1년에 한 번 내더군요. 그리고 아파트 전용 주차장을 이용하고 있다면 주차장 관리비를 추가로 내야 합니다. 아파트 주민이 아파트 내 길가에 주차하는 건 돈을 내지 않지만, 전용 주차장에 주차를 하려면 주차장을 사거나 임대를 해야 합니다.

여기서 전기 요금, 가스 요금, 수도 요금은 아파트 관리비에 포함되어 있지 않으므로 따로 납부해야 합니다. 전기 요금과 가스 요금은 납부 기간이 경과하면 독촉장이 나오고 2차 납부 기간도 넘겨 버리면 전기나 가스를 차단당할 수 있습니다. 닝보에 오래 산 한 친구는 겨울 방학 동안 한국에 다녀왔더니 가스가 끊겨 있어 추위에 떨며 밤을 보냈다고 하더군요.

관리 사무소의 공지 사항은 보통 엘리베이터에 안내문을 붙여 알려 줍니다. 공지하는 내용은 관리비와 수도요금 납부 안내, 단수 안내, 소방 점검 안내, 정원 농약 살포 안내, 고층 낙하물 경고, 명절맞이 주민 잔치 안내, 출입 카드 업그레이드 안내 등 다양합니다.

제가 사는 아파트는 동마다 입주민들의 위챗그룹채팅방이이 있어서 관리 사무소에서 공지 사항을 올리기도 하고 주민들은 불편 사항을 개선해 달라는 건의도 하고 분실물을 신고하고 찾아 주기도 하는 등 소통이 아주 활발히 이루어지고 있습니다. 베란다에 날아든 남의 집 빨래를 사진 찍어 위챗방에 올리면 주인을 대번에 찾을 수 있지요. 하루는 목에 리본을 맨 아기 고양이가 길을 잃고 헤매다 주민들의 도움으로 무사히 주인의 품으로 돌아간 일도 있었습니다. 요즘은 엘리베이터가 노후해서 자주 고장이 나니 교체를 하자는 요구가 빗발치고 있네요.

1. 우리 회사 업무에 대한 입주민들의 지지와 협조에 매우 감사드립니다.

## 非常感谢业主对我司工作的支持和帮助。

Fēicháng gǎnxiè yèzhǔ duì wǒ sī gōngzuòde zhīchí hé bāngzhù.

2. 각 세대는 8월 31일까지 관리비를 납부해 주시기 바랍니다.

## 请各住户在8月31日前缴纳物业管理费。

Qǐng gè zhùhù zài bā yuè sān shí yī rì qián jiǎonà wùyè guǎnlǐfèi.

3. 이웃집에서 인테리어 공사를 하는데 소음이 너무 심해요.

## 邻居家在装修，噪音很大。

Línjūjiā zài zhuāngxiū, zàoyīn hěn dà.

4. 엘리베이터가 또 고장났어요. 지금 수리 다 되었나요?

## 电梯又坏了。现在修好了吗?

Diàntī yòu huài le. Xiànzài xiūhǎo le ma?

5. 위에서 떨어지는 물건을 조심하세요.

## 小心高空坠物。

Xiǎoxīn gāokōng zhuìwù.

7장

1. 관리 사무소     物业服务中心 [wùyè fúwù zhōngxīn]

                     物业 [wùyè]

2. 세대주. 입주민     业主 [yèzhǔ]

                     住户 [zhùhù]

3. 수도 요금     水费 [shuǐfèi]

4. 전기 요금     电费 [diànfèi]

5. 관리비     物业费 [wùyèfèi]

                     物业管理费 [wùyè guǎnlǐfèi]

6. 주차장 관리비     车位管理费 [chēwèi guǎnlǐfèi]

7. 납부하다.     缴纳 [jiǎonà]

                     付 [fù] · 交 [jiāo]

8. 계좌이체하다.     转账 [zhuǎnzhàng]

9. 계좌 번호     账号 [zhànghào]

10. 베란다     阳台 [yángtái]

11. 인테리어를 하다.     装修 [zhuāngxiū]

12. 인부     工人 [gōngrén]

13. 소음     噪音 [zàoyīn]

14. 전구     灯泡 [dēngpào]

15. 사다리     梯子 [tīzi]

16. 엘리베이터     电梯 [diàntī]

17. 고장났다     坏了 [huài le]

18. 다 고쳤다.     修好了 [xiūhǎo le]

19. 안전 사고     安全隐患 [ānquán yǐnhuàn]

20. 비상 통로     安全通道 [ānquán tōngdào]

21. 녹지. 정원　　　　　绿化 [lǜhuà]

22. 농약을 뿌리다.　　喷农药 [pēn nóngyào]

23. 에어컨 실외기　　空调外机 [kōngtiáo wàijī]

24. 물이 새다.　　　　漏水 [lòushuǐ]

25. 단수되다.　　　　停水 [tíngshuǐ]

26. 정전되다.　　　　停电 [tíngdiàn]

27. 통지문. 안내문　　通知 [tōngzhī]

28. 거울을 보다.　　　照镜子 [zhào jìngzi]

29. 물을 받아 놓다.　储水 [chǔshuǐ]

30. 말도 안된다.　　　不像话 [bú xiàng huà]

31. 고공낙하물　　　高空坠物 [gāokōng zhuìwù]

32. 개똥을 밟다.　　　踩狗屎 [cǎi gǒushǐ]

33. 부도덕하다.　　　缺德 [quēdé]

아파트 관리사무소. 여기서 관리비와 수도요금 등을 낸다.

## 슬기로운 대화 (1)

아파트 위챗그룹채팅방 대화

**관리사무소:** 먼저 저희 회사 업무에 대한 세대주 여러분들의 큰 지지와 협조에 감사드립니다.

**物业:** 首先，非常感谢业主对我司工作的支持和帮助。

Shǒuxiān, fēicháng gǎnxiè yèzhǔ duì wǒ sī gōngzuòde zhīchí hé bāngzhù.

**관리사무소:** 수도요금 청구서가 나왔습니다.

**物业:** 水费单已经出来了。

Shuǐfèidān yǐjing chūlái le.

각 세대는 8월 22일 전으로 가능한 빨리 납부 바랍니다.

请各业主尽快在8月22号前缴纳费用。

Qǐng gè yèzhǔ jǐnkuài zài bā yuè èr shí èr hào qián jiǎonà fèiyòng.

**관리사무소:** 각 세대는 8월 31일까지

**物业:** 请各业主在8月31日前,

Qǐng gè yèzhǔ zài bā yuè sān shí yī rì qián,

관리 사무소로 직접 오셔서 관리비를 납부해 주시기 바랍니다.

亲临物业服务中心缴纳物业管理费。

qīnlín wùyè fúwù zhōngxīn jiǎonà wùyè guǎnlǐfèi.

**입주민1:** 지금 다른 지방에 있어서 갈 수가 없습니다.

**住户1:** 现在我在别的地方，去不了。

Xiànzài wǒ zài biéde dìfang, qù bù liǎo.

계좌로 납부할 수 있나요?

可以转账吗？

Kěyǐ zhuǎnzhàng ma?

관리사무소: 가능합니다.

**物业:** **可以的。**
Kěyǐde.

우리 회사의 계좌번호와 내실 비용을 문자로 알려 드리겠습니다.

**我发短信告诉您我公司的账号和需要的管理费用。**
Wǒ fā duǎnxìn gàosu nín wǒ gōngsīde zhànghào hé xūyàode guǎnlǐ fèiyòng.

입주민2: 베란다에 빨래를 널어 말리는데, 옷이 바람에 날아 갔어요.

**住户2:** **在阳台晾衣服的时候，衣服被风吹掉了。**
Zài yángtái liàng yīfude shíhou, yīfu bèi fēng chuīdiào le.

입주민3: 혹시 이 옷입니까? 우리집 베란다에서 발견했어요.

**住户3:** **是不是这件衣服? 我在我们的阳台上发现了。**
Shì bú shì zhè jiàn yīfu? Wǒ zài wǒmende yángtái shàng fāxiàn le.

입주민2: 네 맞아요. 고맙습니다. 지금 찾으러 가도 될까요?

**住户2:** **是的。谢谢。现在可以去拿吗?**
Shìde. Xièxie. Xiànzài kěyǐ qù ná ma?

입주민4: 이웃집에서 인테리어 공사를 하는데

**住户4:** **邻居家在装修，**
Línjūjiā zài zhuāngxiū,

아침 일찍부터 소음이 너무 심해요.

**从早上开始，噪音特别大。**
Cóng zǎoshang kāishǐ, zàoyīn tèbié dà.

입주민5: 정말 죄송합니다.

住户5: **很抱歉。**
Hěn bàoqiàn.

앞으로 아침 9시 이전에는 공사를 하지 않도록 하겠습니다.

**以后我早上九点前不让工人装修。**
Yǐhòu wǒ zǎoshang jiǔ diǎn qián bú ràng gōngrén zhuāngxiū.

입주민6: 사다리가 없어서 전구를 못 바꾸겠어요.

住户6: **我没有梯子，换不了灯泡。**
Wǒ méiyǒu tīzi, huàn bù liǎo dēngpào.

죄송하지만 좀 바꿔 주세요.

**麻烦你帮我换一下。**
Máfan nǐ bāng wǒ huàn yíxià.

관리사무소: 저희 직원이 사다리를 가지고 가서 바꿔 드릴게요.

物业: **我这儿的师傅拿梯子去换一下。**
Wǒ zhèrde shīfu ná tīzi qù huàn yíxià.

입주민7: 번거롭게 해서 죄송합니다.

住户7: **不好意思，麻烦你们了。**
Bù hǎoyìsi, máfan nǐmen le.

관리사무소: 내일은 아파트 정원에 약을 뿌릴 예정입니다. 여러분 조심하시
기 바랍니다.

物业: **明天小区的绿化要喷农药。大家要小心。**
Míngtiān xiǎoqūde lǜhuà yào pēn nóngyào. Dàjiā yào xiǎoxīn.

입주민7: 아침에 엘리베이터가 또 고장났어요. 지금 수리 다 되었나요?

**住户7: 早上电梯又坏了。现在修好了吗?**

Zǎoshang diàntī yòu huài le. Xiànzài xiūhǎo le ma?

관리사무소: 다 고쳤습니다. 안전사고에 대비하여

**物业: 修好了。为了避免安全隐患,**

Xiūhǎo le. Wèile bìmiǎn ānquán yǐnhuàn,

비상 통로에 놓아두신 물건들을 되도록 빨리 치워 주시기 바랍니다.

**请尽快处理摆放在安全通道的物品。**

qǐng jǐnkuài chǔlǐ bǎifàng zài ānquán tōngdàode wùpǐn.

입주민8: 윗집 에어컨 실외기에서 물이 샙니다.

**住户8: 楼上的空调外机漏水了。**

Lóushàngde kōngtiáo wàijī lòushuǐ le.

우리집 베란다가 다 젖었어요.

**我们的阳台都湿了。**

Wǒmende yángtái dōu shī le.

관리사무소: 곧 처리하겠습니다.

**物业: 我马上去处理。**

Wǒ mǎshang qù chǔlǐ.

이웃:　지난 번엔 갑자기 정전이 되더니, 오늘은 왜 갑자기 물이 안 나오죠?

邻居:　**上次突然停电了，这次怎么突然停水了？**
Shàngcì tūrán tíngdiàn le, zhècì zěnme tūrán tíngshuǐ le?

리리:　관리사무소에서 엘리베이터에 안내문 붙였던데, 못 보셨어요?

莉莉:　**物业贴出了停水通知。你没看到吗？**
Wùyè tiēchū le tíngshuǐ tōngzhī. Nǐ méi kàndào ma?

이웃:　아, 못 봤어요. 엘리베이터에서는 거울만 봐서요.

邻居:　**啊，没看到。在电梯我只照镜子。**
A, méi kàndào. Zài diàntī wǒ zhǐ zhào jìngzi.

리리:　오늘 아침 8시부터 4시까지 물이 안 나온대요.

莉莉:　**物业说今天从早上8点到下午4点停水。**
Wùyè shuō jīntiān cóng zǎoshang bā diǎn dào xiàwǔ sì diǎn tíngshuǐ.

이웃:　일찍 알았더라면 미리 물을 받아 놓았을 텐데, 어떡하죠?

邻居:　**早知道我就提前储水了，怎么办呢？**
Zǎo zhīdào wǒ jiù tíqián chǔshuǐ le, zěnmebàn ne?

리리:　제가 물을 아주 많이 받아 놨으니, 급하게 물이 필요하면 말씀하세요.

莉莉:　**我储了很多水，你急用的话跟我说。**
Wǒ chǔ le hěn duō shuǐ, nǐ jíyòngde huà gēn wǒ shuō.

이웃:　네, 고마워요. 근데 저희 윗집에서 밤마다 아이가 뛰어서 너무 시끄럽네요.

邻居:　**好的，谢谢。对了，楼上孩子每天晚上跑动的噪音很大。**
Hǎode, xièxie. duì le, lóushàng háizi měitiān wǎnshang pǎodòngde zàoyīn hěn dà.

리리: 애들이 뛰는 건 당연한 일이죠.

莉莉: **孩子跑动是当然的事情。**
Háizi pǎodòng shì dāngránde shìqíng.

하지만 밤에 그러는 건 너무 하네요.

**但是晚上这样太过分了。**
Dànshì wǎnshang zhèyàng tài guòfèn le.

올라가서 잘 말씀해 보세요.

**你去好好说说吧。**
Nǐ qù hǎohāo shuōshuo ba.

이웃: 오늘은 꼭 가서 말해야겠어요.

邻居: **今天我一定要去说说。**
Jīntiān wǒ yídìng yào qù shuōshuo.

리리: 저는 며칠 전에 여길 걸어 가는데, 위에서 물건이 떨어지는 바람에

莉莉: **前几天我路过这里的时候，**
Qiánjǐtiān wǒ lùguò zhèlǐde shíhou,

**有一个小东西掉下来了，**
yǒu yí gè xiǎo dōngxi diào xiàlái le,

얼마나 놀랬나 몰라요.

**真让我吓死了。**
zhēn ràng wǒ xiàsǐ le.

이웃: 세상에, 말도 안돼. 어디 다치진 않으셨죠?

邻居: **真不像话。有没有受伤？**
Zhēn bú xiànghuà. Yǒu méi yǒu shòushāng?

## 슬기로운 대화 (2)

리리: 다행히 다치진 않았어요. 위에서 떨어지는 물건 조심해야 합니다.

**莉莉: 幸好没有。你也要小心高空坠物。**
Xìnghǎo méiyǒu. Nǐ yě yào xiǎoxīn gāokōng zhuìwù.

이웃: 전 엘리베이터 바닥에 있는 개똥을 못보고

**邻居: 上次我没看到电梯地板上的狗屎，**
Shàngcì wǒ méi kàndào diàntī dìbǎn shàngde gǒushǐ,

밟은 적도 있어요. 정말 양심도 없는 사람들이 있다니까요.

**不小心踩中了。有些人真缺德。**
bù xiǎoxīn cǎizhòng le. Yǒuxiē rén zhēn quēdé.

단오절을 맞아 아파트 관리사무소에서
마련한 쭝즈(粽子) 만들기 행사

아파트 관리직원들이 물을 빼고 이끼 제거 작업을 하고 있다.

아파트 소방 안전 장비

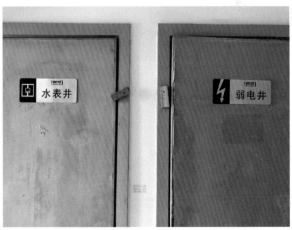

아파트 수도 계량기(좌)와 변전실(우)

## 房屋管理 Fángwū guǎnlǐ 주택관리

　사람이 살다 보면 병이 나는 것처럼 집도 마찬가지입니다. 하루는 샤워를 하던 중 벽의 타일이 떨어지는 바람에 발등을 다친 일이 있었어요. 또 보일러가 고장나서 온수가 안 나온 적도 있었고 천장에 매달려 있던 빨래 건조대가 털썩 내려 앉은 일도 있었구요.

　수리가 시급하고 비용이 발생하는 문제는 반드시 집주인과 먼저 상의를 한 후에 진행하는 것이 순서입니다. 벽에 못을 박아야 할 때도 집주인의 양해를 먼저 구하는 게 예의이고, 전구 같은 소모품은 본인이 부담해야 합니다. 간혹 이런 사소한 일로 집주인과 감정이 상하는 경우를 본 적이 있어요. 그런데 만약 전구가 아니라 안정기에 문제가 있을 경우엔 집주인에게 연락하고 기사를 부르도록 합니다.

　공용 엘리베이터가 고장났을 때, 전구 교체를 해야 하는데 사다리가 없을 때, 열쇠를 두고 나왔는데 문이 잠겼을 때, 변기가 막혔을 때, 세면대 물이 안 내려갈 때, 벽에 못을 박아야 할 때, 배관에서 물이 역류할 때, 윗집 에어컨에서 나온 물이 우리집 베란다로 떨어질 때 등 혼자 해결할 수 없는 여러 가지 상황이 생깁니다. 모두 다 제가 경험했던 실제 상황이랍니다.

　이렇듯 집 안팎으로 크고 작은 문제가 생겼을 때 관리 사무소에 연락하면 직원이 달려옵니다. 간단한 문제는 아파트의 기사가 바로 해결해 주기도 하고, 필요할 경우 외부에서 전문 기사를 불러 주기도 합니다. 수리가 필요할 땐 반드시 집주인에게 연락해서 알리고 영수증을 꼭 받아서 비용을 청구하는 것 잊지 마세요.

　집에서 쓰던 가전제품이 고장 나면 어떻게 할까요? 본인이 구입해서 쓰던 제품은 직접 서비스센터에 연락해서 수리를 받고, 집주인이 비치해 둔 제품이 고장 난 경우는 집주인에게 알리면 집주인이 서비스센터에 연락을 해 줄 거에요. 고장의 원인이 세입자 잘못이 아니라면 집주인이 비용을 부담할 것입니다.

1. 세탁기 수리를 받고 싶습니다.

   **我要修洗衣机。**

   Wǒ yào xiū xǐyījī.


2. 구입하신 지 얼마나 되셨습니까?

   **买洗衣机多久了?**

   Mǎi xǐyījī duōjiǔ le?


3. 세탁기에 어떤 문제가 있습니까?

   **洗衣机出了什么问题?**

   Xǐyījī chū le shénme wèntí?


4. 집에 사람 있습니까?

   **家里有人吗?**

   Jiā lǐ yǒu rén ma?


5. 비용을 내야 합니까?

   **要付费用吗?**

   Yào fù fèiyòng ma?


6. 보증기간 내에는 무료입니다.

   **保修期内免费。**

   Bǎoxiūqī nèi miǎnfèi.

7장

1. 서비스 센터      售后服务中心 [shòuhòu fúwù zhōngxīn]
2. 모델명      型号 [xínghào]
3. 보증 기간      保修期 [bǎoxiūqī]
4. 기사가 방문하다.      师傅上门 [shīfu shàngmén]
5. 슬리퍼      拖鞋 [tuōxié]
6. 고장이 났다.      坏了 [huài le]
7. 전구를 갈다.      换灯泡 [huàn dēngpào]
8. 유리를 닦다.      清洗玻璃 [qīngxǐ bōli]
9. 보일러      热水器 [rèshuǐqì]
10. 온수      热水 [rèshuǐ]
11. 냉각하다.      制冷 [zhìlěng]
12. 문이 잠겼다.      门被锁了 [mén bèi suǒ le]
13. 잠긴 것을 열다.      开锁 [kāisuǒ]
14. 벽이 깨지고 갈라지다.      墙壁破裂 [qiángbì pòliè]
15. 벽의 페인트칠이 벗겨지다.      墙皮脱落 [qiángpí tuōluò]
16. 보수하다.      修补 [xiūbǔ]
17. 페인트칠하다.      粉刷 [fěnshuā]
18. 변기      马桶 [mǎtǒng]
19. 세면대. 씽크대      水槽 [shuǐcáo]
20. 욕조      浴缸 [yùgāng]
21. 수도꼭지      水龙头 [shuǐlóngtóu]
22. 샤워꼭지      淋浴喷头 [línyù pēntóu]
23. 막히다.      堵 [dǔ] · 堵塞 [dǔsè]
24. 물이 안 내려가다.      水下不去 [shuǐ xià bú qù]
25. 못을 박다.      钉钉子 [dìng dīngzi]

**서비스센터:** 안녕하세요? 하이얼 서비스센터입니다.

**中心:** **你好。这里是海尔售后服务中心。**
Nǐ hǎo. Zhèlǐ shì Hǎi'ěr shòuhòu fúwù zhōngxīn.

**리리:** 세탁기 수리를 받고 싶습니다.

**莉莉:** **我要修洗衣机。**
Wǒ yào xiū xǐyījī.

**서비스센터:** 세탁기 모델명이 무엇입니까?

**中心:** **洗衣机的型号是什么?**
Xǐyījīde xínghào shì shénme?

**리리:** EG10014B39GU1입니다.

**莉莉:** **是EG10014B39GU1。**
Shì EG yāo líng líng yāo sì B sān jiǔ GU yāo.

**서비스센터:** 구입하신 지 얼마나 되셨습니까?

**中心:** **买洗衣机多久了?**
Mǎi xǐyījī duōjiǔ le?

**리리:** 작년 12월에 샀으니까 일 년이 아직 안 되었어요.

**莉莉:** **去年十二月份买的，还不到一年。**
Qùnián shí èr yuè fèn mǎide, hái bú dào yì nián.

**서비스센터:** 세탁기에 어떤 문제가 있습니까?

**中心:** **洗衣机出了什么问题?**
Xǐyījī chū le shénme wèntí?

7장

리리:　세탁할 때 세탁기 밑으로 물이 새어 나옵니다.

莉莉:　**洗衣服时，下面漏水。**
Xǐ yīfu shí, xiàmiàn lòushuǐ.

서비스센터:　알겠습니다.

中心:　**好的。**
Hǎode.

잠시 후 기사 방문 시간을 문자로 알려 드리겠습니다.

**稍后会发短信告诉你师傅上门修理的时间。**
Shāohòu huì fā duǎnxìn gàosu nǐ shīfu shàngmén xiūlǐde shíjiān.

집주인이 쓰라고 준 세탁기가 너무 작아 따로 구입한 세탁기.
하이얼(海尔)은 중국에서 유명한 전자제품 브랜드이다.

기사: 집에 계십니까? 20분 내로 도착합니다.

师傅: **家里有人吗? 我二十分钟内到。**
Jiālǐ yǒu rén ma? Wǒ èr shí fēnzhōng nèi dào.

리리: 안녕하세요. 이 슬리퍼로 갈아 신으세요.

莉莉: **你好。请换拖鞋。**
Nǐ hǎo. Qǐng huàn tuōxié.

기사: 세탁기 밑으로 물이 새는 거 맞나요?

师傅: **洗衣机下面漏水, 对吧?**
Xǐyījī xiàmiàn lòushuǐ, duì ba?

리리: 맞아요. 다른 문제는 없는데 물이 새어 나오네요.

莉莉: **对的。别的没问题，就是漏水。**
Duìde. Biéde méi wèntí, jiùshì lòushuǐ.

기사: 호스에 구멍이 났는지 좀 보겠습니다.

师傅: **我看看水管有没有破。**
Wǒ kànkan shuǐguǎn yǒu méi yǒu pò.

아, 호스에 구멍이 났네요. 교체해야 합니다.

**啊，是水管破了。要换一下。**
A, shì shuǐguǎn pò le. yào huàn yíxià.

리리: 비용을 내야 합니까?

莉莉: **要付费用吗?**
Yào fù fèiyòng ma?

기사: 아니요, 보증 기간 내에는 무료입니다.

师傅: 不用。保修期内免费。
Búyòng. Bǎoxiūqī nèi miǎnfèi.

바꿨습니다. 앞으로 무슨 문제가 있으면 또 연락 주세요.

换好了。以后有什么问题再找我。
Huànhǎo le. Yǐhòu yǒu shénme wèntí zài zhǎo wǒ.

리리: 수고하셨습니다. 감사합니다.

莉莉: 辛苦了。谢谢。
Xīnkǔ le. Xièxie.

---

**Tip 주택 관리와 관련된 표현 더 알아보기**

---

전등이 나갔어요. 전구를 갈아야겠어요.

灯泡坏了。要换灯泡。
Dēngpào huài le. Yào huàn dēngpào.

전등이 어두워졌어요. 전구를 갈아야겠어요.

灯泡变暗了。要换灯泡。
Dēngpào biàn'àn le. Yào huàn dēngpào.

전등이 문제가 아니라 안정기가 문제입니다.

这不是灯泡的问题，而是镇流器的问题。
Zhè búshì dēngpàode wèntí, érshì zhènliúqìde wèntí.

유리가 너무 더러워 아줌마를 불러 좀 닦아야겠어요.

**玻璃很脏，叫阿姨清洗一下。**

Bōli hěn zāng, jiào āyí qīngxǐ yíxià.


보일러가 고장이 나서 온수가 안 나와요.

**热水器坏了，没热水。**

Rèshuǐqì huài le, méi rèshuǐ.


에어컨을 틀어도 시원해지지가 않아요.

**空调不会制冷了。**

Kōngtiáo búhuì zhìlěng le.


냉장고가 차갑지 않아요. 냉기가 나오지 않아요.

**冰箱不会制冷了。**

Bīngxiāng búhuì zhìlěng le.


문이 잠겼어요. 사람을 불러 문을 열어 주세요.

**门被反锁了。找人来开锁。**

Mén bèi fǎnsuǒ le. Zhǎo rén lái kāisuǒ.


호스가 망가졌네요. 새것으로 교체해야 합니다.

**水管破了。要换新的。**

Shuǐguǎn pò le. Yào huàn xīnde.


벽이 깨지고 금이 가고 페인트칠이 벗겨졌어요.

**墙壁破裂, 还有墙皮脱落。**

Qiángbì pòliè, háiyǒu qiángpí tuōluò.

보수해 주시고 페인트도 새로 칠해 주세요.
**请修补后, 重新粉刷一下。**
Qǐng xiūbǔ hòu, chóngxīn fěnshuā yíxià.

변기가 막혔어요. 뚫어 주세요.
**马桶堵塞了, 帮我通一下。**
Mǎtǒng dǔsè le, bāng wǒ tōng yíxià.

세면대(또는 씽크대)가 막혀서 물이 안 내려갑니다.
**水槽堵了, 水下不去。**
Shuǐcáo dǔ le, shuǐ xià bú qù.

욕조의 물이 안 빠져요.
**浴缸的水下不去。**
Yùgāngde shuǐ xià bú qù.

벽에 못을 박아도 되겠습니까?
**我可以在墙上钉钉子吗?**
Wǒ kěyǐ zài qiáng shàng dìng dīngzi ma?

아파트 직원들이 와서 전등을
교체해주고 있다.

타일이 떨어지는 등 집에 문제가 생
기면 집주인에게 사진을 찍어 보내
고 수리를 요구한다.

쓰레기 분리배출 안내. 네 종류로 분리배출하도록 하지만 잘 지켜지지 않는다.

쓰레기 분리배출 홍보 현수막

쓰레기 분리배출하기

쓰레기통. 기타쓰레기통(좌)과 음식쓰레기통(우)

최근 닝보에 설치된 재활용쓰레기수거함. 재활용 쓰레기를 버리면
위챗으로 현금을 돌려준다.

# 8장

학교와 교육

· 유치원

· 초등학교

· 학교선생님/과외선생님

· 취미반/학원/한글학교

· 중국대학 진학

# 幼儿园 Yòu'éryuán 유치원

중국인이 공립 유치원 및 공립 초중고에 입학하려면 그 지역의 후코우(户口)와 해당 학군 내에 집을 소유하고 있어야 한다고 합니다. 보통 4월에 입학 신청을 해서 합격 통지를 받으면 9월에 입학을 합니다.

우리 가족이 중국에 온 다음 해 3월에 작은애가 유치원에 입학하게 되었습니다. 지정병원에 가서 건강검진을 받았고, 입학 며칠 전에는 담임선생님들이 가정방문을 왔습니다.

중국 유치원 학급은 연령에 따라 시아오빤(小班), 쭝빤(中班), 따빤(大班)으로 나누어집니다. 우리 아이는 나이에 맞게 소반 2학기부터 다니게 되었는데요, 25명 정원에 담임과 부담임, 보육원(생활선생님)이 있었습니다. 중국은 학년이 올라가더라도 친구들과 담임선생님들이 바뀌지 않는다는 점이 한국과 다릅니다.

아침에 등원을 하면 입구에서 유치원 간호사가 체온을 재고 건강 상태를 체크한 후 아이를 들여 보냅니다. 그리고 나면 아이들은 바로 실외놀이와 아침 체조를 합니다. 한국의 유치원에선 등원 후 보통 조용한 실내놀이를 진행하는데 반해 중국 유치원의 하루는 이렇게 활기차게 시작된답니다.

한국의 유치원처럼 중국 유치원에서도 부모참관수업, 학부모회의를 하고 운동회, 소풍, 아이들 공연 등의 행사를 하고, 명절이나 절기에는 민속놀이를 하는 등 다양한 활동을 합니다. 특히 입하 때의 펑딴(碰蛋) 시합과 원소절의 탕위엔(汤圆) 만들기, 바베큐 소풍과 우유공장 견학, 케이크 만들기 활동 등은 아이에게 즐거웠던 기억으로 남아 있습니다.

그런데, 지금 4학년이 된 아이는 유치원 때 그렇게나 절 이뻐해 주었던 선생님들의 얼굴이 하나도 기억나지 않는다고 하네요. 그래서 머리 검은 짐승은 거두지 말라는가 봅니다.

**1.** 선생님, 안녕하세요.?

老师好。

Lǎoshī hǎo.

**2.** 저는 종공묘중심 유치원에 다닙니다.

我上钟公庙中心幼儿园。

Wǒ shàng Zhōnggōngmiào zhōngxīn yòu'éryuán.

**3.** 저는 모래놀이가 가장 좋아요.

我最喜欢玩沙。

Wǒ zuì xǐhuan wánshā.

**4.** 수업시간에는 바른 자세로 앉아 있어야 해요.

上课的时候要坐好。

Shàngkède shíhou yào zuòhǎo.

**5.** 내일 유치원에서 탕원 만들기 활동이 있습니다.

明天幼儿园有包汤圆活动。

Míngtiān yòu'éryuán yǒu bāo tāngyuán huódòng.

**6.** 다음 주말에 봄소풍을 갑니다.

下个周末去春游。

Xiàgè zhōumò qù chūnyóu.

**7.** 시간이 정말 빨리 흐르네요.

时间过得真快。

Shíjiān guòde zhēn kuài.

1. 유치원     幼儿园 [yòu'éryuán]
2. 소반     小班 [xiǎobān]
3. 중반     中班 [zhōngbān]
4. 대반     大班 [dàbān]
5. 유치원 교사     幼师 [yòushī]
6. 담임 선생님     班主任 [bānzhǔrèn]
       主班老师 [zhǔbān lǎoshī]
7. 부담임 선생님     副班主任 [fù bānzhǔrèn]
       副班老师 [fù bānlǎoshī]
8. 보육원 (생활 선생님)     保育员 [bǎoyùyuán]
       生活老师 [shēnghuó lǎoshī]
9. 교사 자격 시험을 보다.     考教师资格证 [kǎo jiàoshī zīgézhèng]
10. 실외 활동     室外活动 [shìwài huódòng]
11. 실내 활동     室内活动 [shìnèi huódòng]
12. 체조하다     做体操 [zuò tǐcāo]
13. 방송 체조     广播体操 [guǎngbō tǐcāo]
14. 눈 운동     眼保健操 [yǎnbǎo jiàncāo]
15. 운동장     操场 [cāochǎng]
16. 공놀이하다.     玩球 [wánqiú] · 拍球 [pāiqiú]
17. 모래 놀이를 하다.     玩沙 [wánshā]
18. 볼풀 놀이를 하다.     玩海洋球 [wán hǎiyángqiú]
19. 미끄럼틀 타다.     滑滑梯 [huá huátī]
20. 시소 타다.     玩跷跷板 [wán qiāoqiāobǎn]
21. 그네 타다.     荡秋千 [dàng qiūqiān]
22. 출석을 부르다.     点名 [diǎnmíng]

23. 결석이나 휴가를 신청하다.　请假 [qǐngjià]

24. 병결. 병가　病假 [bìngjià]

25. 학부모　家长 [jiāzhǎng]

26. 학부모 회의를 하다.　开家长会 [kāi jiāzhǎnghuì]

27. 공개수업일　家长开放日 [jiāzhǎng kāifàngrì]

28. 원소절　元宵节 [yuánxiāojié]

29. 탕원　汤圆 [tāngyuán]

30. 초롱. 등불　灯笼 [dēnglong]

31. 등롱 수수께끼 놀이　猜灯谜 [cāi dēngmí]

32. 숙제　作业 [zuòyè]

33. 야외로 놀러가다.　去郊游 [qù jiāoyóu]

34. 봄소풍　春游 [chūnyóu]

35. 가을소풍　秋游 [qiūyóu]

36. 견학하다. 참관하다.　参观 [cānguān]

37. 수업 시간에　在课堂上 [zài kètáng shàng]

　　　　　　　　　　上课时 [shàngkè shí]

38. 질문하다.　提问 [tíwèn]

39. 졸업 공연　毕业表演 [bìyè biǎoyǎn]

40. 졸업식　毕业典礼 [bìyè diǎnlǐ]

41. 학군 내의 집　学区房 [xuéqūfáng]

42. 호구. 호적　户口 [hùkǒu]

43. 학교에 들어가다.　入学 [rùxué]

　　　　　　　　　上学 [shàngxué]

　　　　　　　　　进小学 [jìn xiǎoxué]

44. 예외　例外 [lìwài]

교실에서

화선생님: 소 1반 친구들 안녕하세요?

**华老师: 小一班的朋友们，你们好。**
Xiǎoyībānde péngyoumen, nǐmen hǎo.

친구들: 화 선생님, 안녕하세요?

**朋友们: 华老师好。**
Huá lǎoshī hǎo.

화선생님: 실외 활동과 체조하고 나서 손 씻었지요?

**华老师: 做室外活动和体操后把手洗过了吧?**
Zuò shìwài huódòng hé tǐcāo hòu bǎ shǒu xǐ guo le ba?

출석 부를게요. 1번!

**那开始点名了。1号!**
Nà kāishǐ diǎnmíng le. Yī hào!

1번: 네!

**1号: 到!**
Dào!

화선생님: 2번 친구는 안 왔지요?

**华老师: 2号同学没有来吧?**
Èr hào tóngxué méiyǒu lái ba?

그 친구는 오늘 아파서 결석을 했어요.

**那个同学今天请病假了。**
Nàge tóngxué jīntiān qǐng bìngjià le.

3번: 화 선생님, 화장실에 가도 돼요?

**3号: 华老师，我可以去洗手间吗?**
Huá lǎoshī, wǒ kěyǐ qù xǐshǒujiān ma?

화선생님: 가도 돼요. 하지만 다음부터는 수업 시작하기 전에 다녀 오세요.

**华老师:** **可以，但是下次要在上课前去。**

Kěyǐ, dànshì xiàcì yào zài shàngkè qián qù.

4번: 내일 부모님들 유치원 오시는 날이지요?

**4号:** **明天家长们来我们的幼儿园，对吧?**

Míngtiān jiāzhǎngmen lái wǒmende yòu'éryuán, duì ba?

화선생님: 맞아요. 내일은 공개 수업 날이에요.

**华老师:** **对，明天是家长开放日。**

Duì, míngtiān shì jiāzhǎng kāifàngrì.

부모님들이 오셔서 활동에 참여하실 거예요.

**家长们要来参加一些活动。**

Jiāzhǎngmen yào lái cānjiā yìxiē huódòng.

5번: 저는 아빠가 오신다고 했어요.

**5号:** **我爸说了他要来。**

Wǒ bà shuō le tā yào lái.

화선생님: 자 친구들, 바르게 앉으세요.

**华老师:** **小朋友们，坐好。**

Xiǎopéngyoumen, zuòhǎo.

내일은 원소절입니다.

**明天是元宵节。**

Míngtiān shì yuánxiāojié.

6번: 원소절은 탕원 먹는 날 아니에요?

6号: **元宵节不是吃汤圆的节日吗?**
Yuánxiāojié búshì chī tāngyuánde jiérì ma?

화선생님: 맞아요.

华老师: **对的,**
Duìde,

그래서 내일은 부모님들과 탕위엔을 만들어 볼 거예요.

**所以明天我们要跟家长们一起包汤圆。**
suǒyǐ míngtiān wǒmen yào gēn jiāzhǎngmen yìqǐ bāo tāngyuán.

7번: 지난 주말에 숙제로 등롱 만든 것도 가지고 올까요?

7号: **上个周末作业做的灯笼也要带来吗?**
Shànggè zhōumò zuòyè zuòde dēnglong
yě yào dàilái ma?

화선생님: 네. 가지고 와야 해요. 내일 등롱 수수께기 놀이를 할 거예요.

华老师: **要带来。明天要一起猜灯谜。**
Yào dàilái. Míngtiān yào yìqǐ cāi dēngmí.

---

\* **중국의 학제**

| | | |
|---|---|---|
| 유치원(3년) | **幼儿园** | [yòu'éryuán] |
| 소학교(6년) | **小学** | [xiǎoxué] |
| 중학교(3년) | **初中** | [chūzhōng] |
| 고등학교(3년) | **高中** | [gāozhōng] |
| 대학교(4년) | **大学** | [dàxué] |

리리: 우리 소 1반은 지난 주말에 봄소풍을 다녀왔어요.

莉莉: **我们小一班上个周末去春游了。**
Wǒmen xiǎoyībān shànggè zhōumò qù chūnyóu le.

이웃: 그래요? 어디로 갔었어요?

邻居: **是吗? 去哪儿了?**
Shì ma? Qù nǎr le?

리리: 닝보 우유공장을 견학하고 근처 공원에서 놀았어요.

莉莉: **去参观了宁波牛奶工厂，然后在附近的公园**
**玩儿了。**
Qù cānguān le Níngbō niúnǎi gōngchǎng,
ránhòu zài fùjìnde gōngyuán wánr le.

이웃: 우리도 소반 때 거기 갔었어요.

邻居: **我们小班的时候也去过。**
Wǒmen xiǎobānde shíhou yě qù guo.

우리 대 3반은 이번 주말에 바베큐 소풍을 가요.

**我们大三班这个周末去郊外吃烧烤。**
Wǒmen dàsānbān zhège zhōumò qù jiāowài chī shāokǎo.

우리 아들은 그 날만 목빠지게 기다리고 있답니다.

**我儿子盼着那天。**
Wǒ érzi pàn zhe nà tiān.

리리: 애들은 실내 활동보다 실외 활동을 훨씬 좋아하죠.

莉莉: **比起室内活动, 他们更喜欢室外活动，**
Bǐqǐ shìnèi huódòng, tāmen gèng xǐhuan shìwài huódòng,

그래서, 비오는 날을 싫어해요.

**所以，他们不喜欢下雨天。**
Suǒyǐ, tāmen bù xǐhuan xiàyǔtiān.

이웃: 맞아요. 저번에 원소절 행사 때 참석하셨어요?

邻居: **对的。上次元宵节活动，你参加了吗?**
Duìde. Shàngcì yuánxiāojié huódòng, nǐ cānjiā le ma?

리리: 저도 참가했어요.

莉莉: **我也参加了。**
Wǒ yě cānjiā le.

선생님이 수업시간에 질문을 하면 아이들이 모두 적극적으로 발표를
잘 하던데요.

**老师在课堂上提问时，孩子们都表现得很积极。**
Lǎoshī zài kètáng shàng tíwèn shí, háizimen dōu biǎoxiànde hěn jījí.

이웃: 부모님들이 와서 애들이 모두 즐거웠겠어요.

邻居: **家长们都来了，孩子们应该都很开心。**
Jiāzhǎngmen dōu lái le, háizimen yīnggāi dōu hěn kāixīn.

우리 대반 아이들은 요즘 졸업공연 준비를 하고 있어요.

**我们大班同学们最近在准备毕业表演。**
Wǒmen dàbān tóngxuémen zuìjìn zài zhǔnbèi bìyè biǎoyǎn.

리리: 시간이 정말 빠르네요.

莉莉: **时间过得真快。**
Shíjiān guòde zhēn kuài.

그 집 아들은 초등학교는 종공묘중심소학교로 가나요?

**你儿子要上钟公庙中心小学吗?**

Nǐ érzi yào shàng Zhōnggōngmiào zhōngxīn xiǎoxué ma?

이웃:

우리집은 학군내에 집이 없고, 여기 호적이 없어서,

**邻居: 我家没有学区房和这里的户口,**

Wǒjiā méiyǒu xuéqūfáng hé zhèlǐde hùkǒu,

종공묘중심소학교에 못 들어가요.

**不能进钟公庙中心小学。**

bùnéng jìn Zhōnggōngmiào zhōngxīn xiǎoxué.

리리:

듣자 하니 외국인은 예외라던데요.

**莉莉: 听说外国人是例外的。**

Tīngshuō wàiguórén shì lìwàide.

유치원 어린이날 (六一儿童节)공연

유치원 운동회. 장애물 달리기.

유치원 졸업식날

각 가정에서 만들어 온 등롱 작품들

# 小学 Xiǎoxué 초등학교

취학할 나이가 되면 초등학교 이름이 적힌 취학 통지서가 알아서 나오는 우리나라와는 다르게 중국은 해당 학군의 학교에 직접 서류를 내고 입학 신청을 합니다. 서류 심사에서 통과되면 입학 통지서를 받고 9월에 입학을 하게 됩니다. 좋다는 학교들은 중국인들의 신청이 워낙 몰리기 때문에 외국인은 들어가기 힘들다고 하는데요. 우리 애가 지원한 학교는 다행히도(?) 그렇지가 않아서 입학하는데 어려움은 없었습니다.

입학 며칠 전 예비 소집이 있었습니다. 반 배정 및 1학년 담임교사의 소개를 위한 자리였어요. 입학할 학생들이 투명한 통에 든 공들 중에 하나를 뽑아 학급을 정하는데요. 우리 아이는 제 손으로 5번 공을 뽑아서 1학년 5반이 되었지요. 나중에 들으니 학교마다 다 뽑기를 한 건 아니더군요. 암튼 아이로서는 흥미로운 경험이었고 학부모 입장에서는 반 배정이 공개적으로 공정하게 이루어져서 마음에 들었습니다. 그리고 다음 날 바로 담임 선생님과 부담임 선생님이 가정방문을 오셨습니다.

한 학급 인원은 45명이고 담임과 부담임이 있습니다. 중국은 초등학교부터 각 과목마다 모두 다른 선생님이 들어와 수업을 하더군요. 초등학교에 들어간 작은애는 사회주의 핵심가치관 12개를 외웁니다. 공산당 어쩌구 하는 가사가 들어간 노래도 부릅니다. 홍링진 수여식(红领巾的仪式)을 한다고 부모들을 학교에 오라고 합니다. 홍링진(红领巾)은 초등학생들이 목에 매고 다니는 빨간 스카프인데요. 이 홍링진을 받음으로써 중국 샤오시엔두이(少先队: 소년선봉대)의 일원이 되는 것이지요. 근데 이 홍링진 의식이 얼마나 경건하고 멋있던지 괜히 가슴이 뭉클하더라구요.

중국 학교도 우리나라처럼 학부모들의 수업참관, 학부모 회의 등이 있고 아침마다 학교 앞에서 돌아가며 교통 안전지도를 합니다. 여기서 놀라운 건 참석률이 거의 백프로라는 것입니다. 게다가 아빠들의 참석도 적지 않구요. 중국의 직장에선 아이의 학교 일이라면 반차나 휴가를 눈치보지 않고 당당하게 쓰는 분위기라고 하네요.

어문은 거의 매일 단어 시험을 보고 본문을 외우게 합니다. 수학은 제한 시간 내에 연산을 빠르고 정확하게 할 수 있도록 계속 연습을 시킵니다. 학교에서 완성해야 하는 숙제도 있고 집에 가서 하는 숙제도 있습니다. 일주일 중 하루는 '숙제없는 날'로 하라는 교육국의 지시에도 일선학교에선 잘 지키지 않습니다. 중국은 1학년 때의 담임 선생님과 반 친구들이 바뀌지 않고 쭉 같이 올라가므로 학부모들이 뭔가 하고 싶은 말이 있어도 눈치를 많이 보는 듯합니다.

아주 가끔은 노는 날도 있습니다. 어린이날에는 한두 시간만 하고 귀가를 하고, 매년 봄이나 가을에 운동회를 합니다. 학생수가 워낙 많다 보니 종목별로 반 예선을 거치고 올라간 아이들만이 운동회 당일에 시합을 하더군요. 운동회당일 학생 모두가 참여해 즐기는 한국 초등학교의 운동회와는 좀 다르지요.

봄과 가을에는 소풍도 갑니다. 어떨 때는 보호자 몇 명만 따라가서 교사를 도와 아이들을 관리하고, 어떨 때는 보호자들이 다 참석하기도 합니다. 공부하기를 제일 싫어하고 소풍날을 가장 좋아하는 작은애는 소풍 전날엔 잠을 못 이루지요. 아이에게 물어보니 갯벌에 가서 게를 잡았던 소풍과 여러 가지 직업 체험을 했던 소풍이 제일 기억에 남는다고 하네요.

1학년부터 중간고사와 기말고사를 봅니다. 매일 보는 작은 시험과는 차원이 다릅니다. 학급 간 경쟁도 치열한데요. 학급 성적에 따라서 담임의 수당이 차이가 있어서 그렇다는 말을 들은 적이 있어요. 저학년 때 OMR 방식으로 시험을 보기도 합니다. 시험 시간에는 다른 학년의 선생님들이 감독을 하고 시험지 채점을 하는데요, 이 점은 아주 합리적이고 공정하다는 생각이 듭니다.

기말고사가 끝나면 다음 날부터 바로 방학에 들어갑니다. 그리고 1주일 후 학교에 가서 방학식을 하고 성적표와 반갑지 않은 방학 과제를 받아 오지요.
9월에 학년이 바뀌는 중국은 여름 방학이 두 달, 겨울 방학이 한 달 정도입니다. 아이들이 방학 때 만이라도 공부와 숙제 스트레스 없이 쉴 수 있다면 얼마나 좋을까요?

1. 선생님, 우리 아들이 아파서 오늘 결석합니다.

**老师，我儿子生病了今天请假。**

Lǎoshī, wǒ érzi shēngbìng le jīntiān qǐngjià.

2. 오늘 우리 딸이 몸이 좋지 않아요. 신경 좀 써 주세요.

**今天我女儿身体不舒服，请帮我留意一下。**

Jīntiān wǒ nǚér shēntǐ bù shūfu, qǐng bāng wǒ liúyì yíxià.

3. 조금 늦을 것 같습니다.

**我可能晚点到。**

Wǒ kěnéng wǎn diǎn dào.

4. 이번 주는 어느 분단이 당번이에요?

**这周哪一组做值日？**

Zhè zhōu nǎ yì zǔ zuò zhírì?

5. 오늘 너 정말 잘 했어.

**今天你表现得真好。**

Jīntiān nǐ biǎoxiànde zhēn hǎo.

6. 배운 내용을 확실히 복습하세요.

**你要复习巩固学过的内容。**

Nǐ yào fùxí gǒnggù xué guode nèiróng.

7. 오늘은 여기까지 해요.

**今天到这儿。**

Jīntiān dào zhèr.

| 1. | 가정방문하다. | 家访 [jiāfǎng] |
| 2. | 결석하다. 휴가를 신청하다. | 请假 [qǐngjià] |
| 3. | 관심을 가지다. 마음을 쓰다. | 留意 [liúyì] |
| 4. | 학교 친구 | 同学 [tóngxué] |
| 5. | 반 친구 | 同班同学 [tóngbān tóngxué] |
| 6. | 짝 | 同桌 [tóngzhuō] |
| 7. | 당번 학생 | 值日生 [zhírìshēng] |
| 8. | 당번을 하다. | 做值日 [zuò zhírì] |
| 9. | 청소하다 | 打扫卫生 [dǎsǎo wèishēng] |
| 10. | 교복 | 校服 [xiàofú] |
| 11. | 정장 교복 | 正装校服 [zhèngzhuāng xiàofú] |
| | | 西装校服 [xīzhuāng xiàofú] |
| 12. | 체육복 | 运动服 [yùndòngfú] |
| 13. | 빨간 네커치프를 매다. | 系红领巾 [jì hónglǐngjīn] |
| 14. | 소년 선봉대 | 少年先锋队 [shàonián xiānfēngduì] |
| | | 少先队 [shàoxiānduì] |
| 15. | 국기 게양식 | 升旗仪式 [shēngqí yíshì] |
| 16. | 국가 부르기 | 唱国歌 [chàng guógē] |
| 17. | 상을 받다. | 领奖 [lǐngjiǎng] |
| | | 获奖 [huòjiǎng] |
| 18. | 경비실. 수위실 | 门卫 [ménwèi] |
| 19. | 이웃 | 邻居 [línjū] |
| 20. | 읽다. 열독하다. | 阅读 [yuèdú] |
| 21. | 참가하다. | 参加 [cānjiā] |

학교 8

| | |
|---|---|
| 22. 정원. 인원수. 티오 | 名额 [míng'é] |
| 23. 선착순 | 先到先得 [xiāndào xiāndé] |
| 24. 회신문 | 回执单 [huízhídān] |
| 25. 서명하다. 싸인하다. | 签字 [qiānzì] |
| | 签名 [qiānmíng] |
| 26. 자료를 올리다. | 上传 [shàngchuán] |
| 27. 일대일 비공개로 채팅하다. | 私聊 [sīliáo] |
| | 私信 [sīxìn] |
| 28. 프린트하다. | 打印 [dǎyìn] |
| 29. 비슷한 말 | 近义词 [jìnyìcí] |
| 30. 반대말 | 反义词 [fǎnyìcí] |
| 31. 외워 쓰기 | 默写 [mòxiě] |
| 32. 베껴 쓰기 | 抄写 [chāoxiě] |
| 33. 처음부터. 새로이 | 重新 [chóngxīn] |
| 34. 외우다. | 背 [bèi]·背诵 [bèisòng] |
| 35. 문단. 단락 | 自然段 [zìránduàn] |
| 36. 검사하다. | 检查 [jiǎnchá] |
| 37. 장려하다. 칭찬하다. | 奖励 [jiǎnglì] |
| 38. 상으로 스티커를 주다. | 奖励贴纸 [jiǎnglìtiēzhǐ] |
| 39. 방과 후 남아서 공부하다. | 留下来做 [liúxiàlái zuò] |
| | 关晚学 [guānwǎnxué] |
| 40. (비교적 큰) 시험 | 考试 [kǎoshì] |
| 41. 작은 시험. 쪽지 시험 | 小测试 [xiǎocèshì] |
| | 小测验 [xiǎocèyàn] |

| | |
|---|---|
| 42. 중간 고사 | 期中考试 [qīzhōng kǎoshì] |
| 43. 기말 고사 | 期末考试 [qīmò kǎoshì] |
| 44. 모의 고사 | 模拟考试 [mónǐ kǎoshì] |
| 45. 시험 감독 하다. | 监考 [jiānkǎo] |
| 46. 시험지를 채점하다. | 打分 [dǎfēn] |
| | 批改试卷 [pīgǎi shìjuàn] |
| 47. 백점 맞다 | 得一百分 [dé yìbǎifēn] |
| 48. 빵점 맞다. | 吃鸭蛋 [chī yādàn] |
| 49. 빠뜨리고 답을 안 쓰다. | 漏题 [lòutí] |
| 50. 복습하다. | 复习 [fùxí] |
| 51. 예습하다. | 预习 [yùxí] |
| 52. 공고히 하다. 튼튼히 다지다. | 巩固 [gǒnggù] |
| 53. 운동회 | 运动会 [yùndònghuì] |
| 54. 예선전을 하다. | 预选 [yùxuǎn] |
| | 筛选 [shāixuǎn] |
| 55. 본선에 들다. | 进入决赛 [jìnrù juésài] |
| 56. 공 몰기. 드리블 | 运球 [yùnqiú] |
| 57. 제기 차기 | 踢毽子 [tī jiànzi] |
| 58. 줄넘기 | 跳绳 [tiàoshéng] |
| 59. 1등을 하다. | 得第一名 [dé dì yī míng] |
| 60. 금메달을 따다. | 获得金牌 [huòdé jīnpái] |
| 61. 전학 가다. | 转学 [zhuǎnxué] |
| 62. 게를 잡다. | 抓螃蟹 [zhuā pángxiè] |
| 63. 인상 깊다. | 印象深刻 [yìnxiàng shēnkè] |

| | |
|---|---|
| 64. 리허설하다. 예행연습하다. | 彩排 [cǎipái] |
| 65. 행사에서 네모꼴로 정렬하다. | 走方阵 [zǒu fāngzhèn] |
| 66. 과목 | 科目 [kēmù] · 课[kè] |
| 67. 두 과목 | 两门科目 [liǎng mén kēmù] |
| 68. 계산 | 计算 [jìsuàn] |
| 69. 필산 | 笔算 [bǐsuàn] |
| 70. 암산 | 口算 [kǒusuàn] |
| 71. 덧셈 | 加法 [jiāfǎ] |
| 72. 뺄셈 | 减法 [jiǎnfǎ] |
| 73. 곱셈 | 乘法 [chéngfǎ] |
| 74. 나눗셈 | 除法 [chúfǎ] |
| 75. 구구단 | 乘法口诀 [chéngfǎ kǒujué] |
| 76. 식물 기르기 | 种植 [zhòngzhí] |
| 77. 누에 기르기 | 养蚕 [yǎngcán] |
| 78. 누에 고치 | 蚕茧 [cánjiǎn] |
| 79. 누에 나방 | 蚕蛾 [cán'é] |
| 80. 조금씩. 점점 | 渐渐地 [jiànjiànde] |
| 81. 수업 시간 | 课堂时间 [kètáng shíjiān] |
| 82. 쉬는 시간 | 课间时间 [kèjiān shíjiān] |
| 83. 점심 시간 | 午饭时间 [wǔfàn shíjiān] |
| 84. 시간표 | 课程表 [kèchéngbiǎo] |
| 85. 1교시. 첫째 시간 | 第一节课 [dì yī jié kè] |
| 86. 수업하다. | 上课 [shàngkè] |
| 87. 수업을 마치다. | 下课 [xiàkè] |

| | | |
|---|---|---|
| 88. | 하교하다. | 放学 [fàngxué] |
| 89. | 방학하다. | 放假 [fàngjià] |
| 90. | 여름 방학 | 暑假 [shǔjià] |
| 91. | 겨울 방학 | 寒假 [hánjià] |
| 92. | 책을 펴다. | 打开书 [dǎkāi shū] |
| 93. | 책을 덮다. | 合上书 [héshàng shū] |
| 94. | 숙제 | 作业 [zuòyè] |
| 95. | 매주 한 편 일기 쓰기 | 每周一篇周记 [měizhōu yì piān zhōujì] |
| 96. | 글짓기 | 写作文 [xiě zuòwén] |
| 97. | PPT 제작 | 制作PPT [zhìzuò PPT] |
| 98. | PPT 발표 | PPT演讲 [PPT yǎnjiǎng] |
| | | 讲PPT [jiǎng PPT] |
| 99. | 어떤 주제에 대해 손으로 적은 글이나 그림 | 手抄报 [shǒuchāobào] |
| 100. | 그림을 곁들인 시 | 诗配图 [shīpèitú] |
| 101. | 독후감 | 读后感 [dúhòugǎn] |
| 102. | 영화 감상문 | 电影观后感 [diànyǐng guānhòugǎn] |
| 103. | 그리기 | 画画 [huàhuà] |
| 104. | 만들기 | 手工 [shǒugōng] |
| 105. | 식물 관찰 일지 | 写种植日记 [xiě zhòngzhí rìjì] |
| 106. | 누에 관찰 일지 | 养蚕写观察日记 [yǎngcán xiě guānchá rìjì] |
| 107. | 분단장. 조장 | 组长 [zǔzhǎng] |
| 108. | 소방 훈련 | 消防演习 [xiāofáng yǎnxí] |
| 109. | 리코더를 불다. | 吹竖笛 [chuī shùdí] |

8장

QQ그룹채팅방 대화

학부모1: 오선생님, 오늘 우리 아들이 아파서 결석합니다.

**家长1: 吴老师，我儿子生病了，今天要请假。**
Wú lǎoshī, wǒ érzi shēngbìng le, jīntiān yào qǐngjià.

학부모2: 오늘 우리 딸이 몸이 좋지 않은데 좀 살펴봐 주세요. 감사합니다.

**家长2: 今天我女儿身体不舒服，请帮我留意一下，谢谢。**
Jīntiān wǒ nǚér shēntǐ bù shūfu, qǐng bāng wǒ liúyì yíxià, xièxie.

학부모3: 집에 일이 있어서 3일간 결석합니다.

**家长3: 我家有事，请三天假。**
Wǒjiā yǒu shì, qǐng sān tiān jià.

오선생님: @학부모1, 2, 3 네, 알겠습니다.

**吴老师: @家长1, 2, 3。好的。**
@jiāzhǎng 1, 2, 3 Hǎode.

학부모4: 이번 주는 어느 분단이 당번이죠?

**家长4: 这周哪一组做值日?**
Zhè zhōu nǎ yì zǔ zuò zhírì?

학부모5: 3분단입니다.

**家长5: 是第三组。**
Shì dì sān zǔ.

학부모6: 오늘 어떤 교복을 입어야 합니까?

**家长6: 今天要穿什么校服?**
Jīntiān yào chuān shénme xiàofú?

오선생님: 이미 아이들에게 여러 번 말했습니다.

吴老师: **我跟同学们已经说了好几次。**
Wǒ gēn tóngxuémen yǐjing shuō le hǎo jǐ cì.

월요일 아침은 전교생이 다 모여 국기 게양식을 하니 체육복을 입어야 한다구요.

**周一早上全校进行升旗仪式，要穿运动服。**
Zhōuyī zǎoshang quánxiào jìnxíng shēngqí yíshì,
yào chuān yùndòngfú.

학부모7: 오선생님, 우리 아이가 미술 준비물을 안 가져 갔어요.

家长7: **吴老师，我家孩子忘带美术材料了。**
Wú lǎoshī, wǒjiā háizi wàng dài měishù cáiliào le.

경비실에 맡겨 둘 테니 우리 애 보고 찾아 가라고 해 주세요. 죄송합니다.

**我放在门卫那儿了，麻烦你叫他去拿一下。**
Wǒ fàng zài ménwèi nàr le, máfan nǐ jiào tā qù ná yíxià.

학부모8: 오선생님, 오늘 좀 늦을 것 같아요.

家长8: **吴老师，我家孩子可能晚点到。**
Wú lǎoshī, wǒjiā háizi kěnéng wǎn diǎn dào.

우리 아들을 차 태워 주는 이웃이 갑자기 일이 생겨

**帮我送儿子上学的邻居突然有事儿，**
Bāng wǒ sòng érzi shàngxuéde línjū tūrán yǒu shìr,

조금 늦게 출발했어요.

**出发有点晚。**
chūfā yǒudiǎn wǎn.

8장

347

## 슬기로운 대화 (1)

**오선생님:** @학부모7, 8 알겠습니다.

**吴老师:** @家长7,8 收到。
@jiāzhǎng 7, 8 Shōudào.

학부모 여러분 안녕하세요?

**各位家长好!**
Gèwèi jiāzhǎng hǎo!

귀찮더라도 안전교육 앱 들어 가셔서 읽기 클릭해 주세요.

**麻烦打开安全教育APP点击阅读一下。**
Máfan dǎkāi ānquán jiàoyù APP diǎnjī yuèdú yíxià.

매주 완성해야 하는 숙제입니다. 잊지 마세요.

**这是每周都要完成的作业。别忘了。**
Zhè shì měizhōu dōu yào wánchéngde zuòyè. Bié wàng le.

**학부모1:** 저는 벌써 읽었습니다.

**家长1:** 我已读。
Wǒ yǐ dú.

**오선생님:** 금요일 가을 소풍 참석하실 학부모님 있으세요?

**吴老师:** 下周五的秋游有家长们要一起参加的吗?
Xiàzhōuwǔde qiūyóu yǒu jiāzhǎngmen yào yìqǐ cānjiāde ma?

5명 자리 있습니다. 선착순입니다.

**五个名额。先到先得。**
Wǔ gè míng'é. Xiān dào xiān dé.

**학부모2:** 가을 소풍 참석합니다. 1.규현 엄마

**家长2:** 参加秋游 1. 揆贤妈妈
Cānjiā qiūyóu. 1. Kuíxián Māma.

오선생님: 지난 주에 나눠 드린 가을 소풍 안내문

**吴老师:** 上周发下的秋游通知单,
Shàngzhōu fāxiàde qiūyóu tōngzhīdān,

회신란에 싸인하셔서

**在回执单上签字后,**
zài huízhídān shàng qiānzì hòu,

내일까지 다시 보내 주세요.

**明天带回来。**
míngtiān dài huílái.

학부모3: 깜빡하고 안 냈어요. 내일 낼게요.

**家长3:** 忘记交了。明天再交。
Wàngjì jiāo le. Míngtiān zài jiāo.

학부모4: 우리 애는 안내문을 안 가져 왔어요.

**家长4:** 我家孩子没带回家。
Wǒjiā háizi méi dài huíjiā.

죄송하지만 한 장 다시 주시겠어요?

**麻烦你再给他一张。**
Máfan nǐ zài gěi tā yì zhāng.

오선생님: 큐큐에 올려 드릴 테니 프린트해서 보내 주세요.

**吴老师:** 我上传在QQ群，可以打印明天带来。
Wǒ shàngchuán zài QQqún, kěyǐ dǎyìn míngtiān dàilái.

규현 어머니, 드릴 말씀이 있으니 따로 이야기합시다.

**揆贤妈妈，我有话跟你说，我们私聊吧。**
Kuíxián Māma, wǒ yǒu huà gēn nǐ shuō, wǒmen sīliáo ba.

# 슬기로운 대화 (2)

## 친구끼리 대화

친구1: 내일 반 예선 하잖아. 난 공몰기 신청했는데 너희는?

同学1: **明天班里预选，我报了运球, 你们呢?**
Míngtiān bānlǐ yùxuǎn. Wǒ bào le yùnqiú, nǐmen ne?


친구2: 나도 공몰기 신청했어.

同学2: **我也报了运球。**
Wǒ yě bào le yùnqiú.

요며칠 연습하고 있는데 생각보다 어렵더라.

**这两天我在练习，比我想象的要难。**
Zhè liǎng tiān wǒ zài liànxí, bǐ wǒ xiǎngxiàngde yào nán.


친구3: 난 제기 차기를 신청했어.

同学3: **我报了踢毽子。**
Wǒ bào le tī jiànzi.

근데 세 개밖에 못차서 예선 탈락할 거야.

**不过, 我只能踢三个，会被淘汰的。**
Búguò, wǒ zhǐnéng tī sān gè, huì bèi táotàide.


친구4: 난 줄넘기 신청했어.

同学4: **我报了跳绳。**
Wǒ bào le tiàoshéng.

1분에 140개 할 수 있어.

**我一分钟内能跳140下绳。**
Wǒ yì fēnzhōng nèi néng tiào yì bǎi sì shí xià shéng.


친구2: 와 대단하다. 넌 꼭 본선에 오르겠네.

同学2: **很厉害。你一定能进入决赛。**
Hěn lìhai. Nǐ yídìng néng jìnrù juésài.

친구3: 작년에는 우리반이 종합 1등이었는데,

**同学3: 去年我们班得到综合第一名。**

Qùnián wǒmen bān dédào zōnghé dì yī míng.

그 때 금메달 3개 딴 친구가 전학을 갔지.

**那时候获得三个金牌的同学转学了。**

Nà shíhou huòdé sān gè jīnpáide tóngxué zhuǎnxué le.

친구1: 게 잡기 종목있으면 내가 1등할 수 있을 텐데.

**同学1: 有抓螃蟹项目的话，我一定会得第一名的。**

Yǒu zhuā pángxiè xiàngmùde huà, wǒ yídìng huì dé dì yī míngde.

지난 번 가을 소풍 때 게를 가장 많이 잡은 사람이 바로 나잖아.

**上次去秋游的时候抓得最多的就是我。**

Shàngcì qù qiūyóude shíhou zhuāde zuì duōde jiùshì wǒ.

친구4: 맞아. 나도 게를 잡아 집에까지 가져왔지.

**同学4: 对对对。我也把抓到的螃蟹带回家了。**

Duìduìduì. Wǒ yě bǎ zhuādào de pángxiè dài huíjiā le.

난 그때 가을 소풍이 제일 기억에 남아.

**我对那次秋游印象很深刻。**

Wǒ duì nàcì qiūyóu yìnxiàng hěn shēnkè.

친구2: 너희들은 무슨 과목이 제일 좋니?

**同学2: 你们最喜欢什么科目？**

Nǐmen zuì xǐhuan shénme kēmù?

난 수학은 좋은데 어문은 정말 싫어.

**我喜欢数学，非常讨厌语文。**

Wǒ xǐhuan shùxué, fēicháng tǎoyàn yǔwén.

친구3:　어떻게 수학이 좋니?

同学3: **你怎么喜欢数学？**
Nǐ zěnme xǐhuan shùxué?

1분에 두 자리 수 곱셈 40문제를 풀으라니 이게 말이 되냐?

**一分钟做40题两位数乘法，像话吗？**
Yì fēnzhōng zuò sì shí tí liǎngwèi shù chéngfǎ, xiànghuà ma?

난 미술이 가장 좋아.

**我最喜欢美术课。**
Wǒ zuì xǐhuan měishùkè.

친구1:　난 미술을 못해.

同学1: **我美术不好。**
Wǒ měishù bùhǎo.

그리기와 만들기 숙제는 딱 싫어.

**我不喜欢画画和手工作业。**
Wǒ bù xǐhuan huàhuà hé shǒugōng zuòyè.

친구4:　난 과학이 제일 좋아.

同学4: **我最喜欢科学。**
Wǒ zuì xǐhuan kēxué.

지난 학기에 콩 심기랑 누에 키우기 재미있었어.

**我对上个学期种植和养蚕很感兴趣。**
Wǒ duì shànggè xuéqī zhòngzhí hé yǎngcán hěn gǎnxìngqù.

친구1:　나도. 난 누에를 20마리 키웠는데 세 마리만 죽고

同学1: **我也是。我养了20只蚕，只有3只蚕死了，**
Wǒ yě shì. Wǒ yǎng le èr shí zhī cán, zhǐyǒu sān zhī cán sǐ le,

모두 나방이 되었어.

**其他的都变成蚕蛾了。**

qítāde dōu biànchéng cán'é le.

친구2: 누에가 고치를 만드는 과정이 정말 신기했어.

同学2: **我看蚕自己做蚕茧的过程好神奇。**

Wǒ kàn cán zìjǐ zuò cánjiǎnde guòchéng hǎo shénqí.

오랜 시간이 걸리고 나서야 비로소 완성이 되었어.

**花了好长时间才完成。**

huā le hǎocháng shíjiān cái wánchéng.

친구3: 꾸준히 하면 성공한다는 걸 누에한테서 배워야겠어.

同学3: **不断地努力一定会成功的。我们得向蚕学习。**

Búduànde nǔlì yídìng huì chénggōngde. Wǒmen děi xiàng cán xuéxí.

그래도 난 수학이 싫어.

**但是我不喜欢数学。**

Dànshì wǒ bù xǐhuan shùxué.

친구4: 쉬는 시간이 다 끝나가.

同学4: **课间时间快要结束了。**

Kèjiān shíjiān kuài yào jiéshù le.

오늘 운동회 반별 입장과 정렬 리허설 하는데.

**今天有运动会前的走方阵彩排。**

Jīntiān yǒu yùndònghuì qiánde zǒu fāngzhèn cǎipái.

빨리 운동장으로 가자.

**快去操场吧。**

kuài qù cāochǎng ba.

오선생님: 수업 시작합시다.

吴老师: **开始上课吧。**
Kāishǐ shàngkè ba.

책 펴세요. 어제 몇 페이지까지 배웠지요?

**打开书。昨天学到哪儿了？**
Dǎkāi shū. Zuótiān xué dào nǎr le?

학생1: 120페이지까지 배웠어요.

学生1: **学到第120页了。**
Xué dào dì yì bǎi èr shí yè le.

오선생님: ppt 발표 먼저 합시다.

吴老师: **首先讲PPT吧。**
Shǒuxiān jiǎng PPT ba.

오늘 차례는 누구죠? 나와서 발표 하세요.

**今天轮到谁了？上来讲一下。**
Jīntiān lún dào shéi le? Shànglái jiǎng yíxià.

학생2: 저는 만리장성을 소개하겠습니다.

学生2: **我来介绍一下长城。**
Wǒ lái jièshào yíxià Chángchéng.

오선생님: 어제 본 동의어와 반의어 외워 쓰기 시험에서

吴老师: **昨天默写近义词和反义词的小测试，**
Zuótiān mòxiě jìnyìcí hé fǎnyìcíde xiǎocèshì,

3개 이상 틀린 친구는 점심 시간에

**错了三个以上的同学在午饭的时间**
Cuò le sān gè yǐshàngde tóngxué zài wǔfànde shíjiān

다시 3번씩 써서 제출하세요.

**要抄三遍交给我。**

yào chāo sān biàn jiāo gěi wǒ.

학생3: 틀린 것만 쓰면 돼요?

**学生3: 只抄错的就好吗?**

Zhǐ chāo cuòde jiù hǎo ma?

오선생님: 아니, 처음부터 다시 써야 해요.

**吴老师: 不行, 要重新抄写。**

Bùxíng, yào chóngxīn chāoxiě.

121페이지 펴세요. 본문 다 외웠나요?

**翻到第121页。你们背完了没?**

Fān dào dì yì bǎi èr shí yī yè. Nǐmen bèi wán le méi?

학생4: 2문단부터 4문단까지만 외우면 되지요?

**学生4: 我们只要背第二到第四自然段，对吧?**

Wǒmen zhǐyào bèi dì èr dào dì sì zìránduàn, duì ba?

오선생님: 맞아요. 선생님이 검사해서 잘 외운 사람은 스티커를 줄 거예요.

**吴老师: 对的。老师检查背诵，背得好奖励贴纸。**

Duìde. Lǎoshī jiǎnchá bèisòng, bèide hǎo jiǎnglì tiēzhǐ.

다 못 외운 친구들과 교실 과제 다 못한 사람은

**还没背完和课堂作业没完成的，**

Hái méi bèiwán hé kètáng zuòyè méi wánchéngde,

학교 끝나고 남아서 하세요.

**放学后留下来做。**

fàngxué hòu liú xiàlái zuò.

학생5: 오선생님, 기말 고사는 언제예요?

学生5: 吴老师, 什么时候期末考试啊?

Wú lǎoshī, shénme shíhou qīmò kǎoshì a?

오선생님: 다다음주 목요일이에요. 다음 주부터 모의고사를 볼 건데

吴老师: 是下下周四。下周开始模拟考试,

Shì xià xiàzhōusì. Xiàzhōu kāishǐ mónǐ kǎoshì,

이름을 안쓰거나 답을 안쓰면 0점으로 하겠어요.

没写名字或者漏题的答案纸就打0分。

méi xiě míngzì huòzhě lòutíde dá'ànzhǐ jiù dǎ língfēn.

여러분들 그동안 배운 내용을 확실하게 복습해야 해요.

你们要复习巩固学过的内容。

Nǐmen yào fùxí gǒnggù xué guode nèiróng.

그럼 오늘은 여기까지 하겠어요. 수업 마칩니다.

那我们今天就到这儿。下课。

Nà wǒmen jīntiān jiù dào zhèr. Xiàkè.

참! 내일은 학교에 중요한 손님들이 오시니까

对了!明天有重要的客人要来我们学校,

Duì le! Míngtiān yǒu zhòngyàode kèrén yào lái wǒmen xuéxiào,

꼭 정장 교복 입고 빨간 네커치프 매고

你们必须要穿正装校服, 系红领巾,

Nǐmen bìxū yào chuān zhèngzhuāng xiàofú, jì hónglǐngjīn,

7시 40분까지 등교하세요.

7:40到学校。

qī diǎn sì shí dào xuéxiào.

초등학교 교문앞. 외부인 출입을 통제한다.

초등학교 급식

초등학교 도서관

초등학교 운동회 개막식. 중국 국가가 연주되고 있다.

## 老师 Lǎoshī 학교선생님
## 辅导老师 Fǔdǎo lǎoshī 과외선생님

중국은 초등학교부터 과목마다 모두 다른 선생님이 수업을 합니다. 그리고 학급마다 빤쭈런(班主任:담임)과 푸빤쭈런(副班主任:부담임)이 있는데요, 담임이 자신의 수업은 물론 학생 관리, 부모 상담 등 대부분의 업무를 담당하고, 부담임은 담임이 어쩌다 부재시에만 그 역할을 대신합니다.

우리 작은애의 담임 선생님은 위원(语文 : 어문.우리나라의 국어에 해당됨) 선생님인데요, 열의와 승부욕이 대단해서 공부면 공부, 운동이면 운동, 예능이면 예능, 모든 영역에서 반 아이들이 좋은 성적을 내도록 다그치는 편입니다. 그 결과 작은애의 반은 뭘 해도 언제나 같은 학년의 학급들 중에 최고점을 받습니다.

하지만, 공부면 공부, 운동이면 운동, 예능이면 예능 뭐 하나 뛰어나게 잘하는 게 없는 우리 아이는 그 속에서 스트레스를 받더군요. 글씨만 해도 그렇습니다. 제가 볼 땐 아이가 그만하면 잘 쓰는 것 같 같은데 담임 선생님 기준에는 미치지 못하는지 '글씨가 단정하지 못한 학생' 명단에 항상 오릅니다.

한 번은 선생님께 솔직하게 말씀 드렸어요. 아이가 글씨 때문에 너무 스트레스를 받는다, 글씨 잘 쓰는 아이들은 매일 사과 스티커를 받고 그걸 모아 선물을 받는데 자기는 그렇지 못하다, 그래서 점점 자신감을 잃어가는 것 같다구요. 그랬더니 선생님이 그 다음날 바로 글씨 잘 쓴 아이들 명단에다 우리 아이의 이름을 올려 주시더군요. 선생님 거짓말 한 마디에 아이가 얼마나 기뻐했는지 모릅니다. 역시 칭찬은 고래도 춤추게 하는데 말입니다.

작은애 공부를 도와줄 과외선생님, 푸다오라오스(辅导老师)를 구했습니다. 저녁마다 집에 와서 아이의 숙제와 어문 공부를 도와줍니다. 대학생 푸다오라오스의 경우, 어느 대학 학생인가에 따라 수업료가 조금 다른데요. 한 시간에 30~40원 정도를 주고 있어요. 그런데 고향이 다른 지방인 대학생은 방학 때 고향으로 가기 때문에 그 때는 닝보가 고향인 대학생을 또 찾아야 합니다.

358 8장 학교와 교육

중국 스승의 날은 9월 10일이고 지아오스지에(教师节)라고 합니다. 이 날은 꽃을 들고 등교하는 아이들도 보입니다. 우리나라는 선생님께 드리는 '정성스런 손편지'외의 선물이나 촌지 일체를 금지하는데 중국은 그렇지 않은 것 같아요. 선물을 드리니 단 한 번의 사양도 없이 아주 좋아하며 받으시더라구요.

일장일단이라고 하지요. 중국에서 아이를 중국 학교에 보내면 분명 좋은 점도 있지만 힘든 점도 있습니다. 다른 선택을 한다 해도 또 다른 장단점이 있을 거예요. 당장 대안이 없다면 좋은 점만을 생각하고 위안을 삼는 것이 현명할 것 같습니다. 그리고 힘든 점은 끊임 없이 방법을 찾아서 극복해 봅시다.

상장은 중국어로 奖状.
식목일 관련 미술 과제에서 받은 상장.

초등학교 ppt과제 발표.
나의 고향 한국에 대해
발표하고 있는 아들 규현.

1. 요즘 성적이 떨어졌어요.
   **他最近成绩下滑了。**
   Tā zuìjìn chéngjì xiàhuá le.

2. 마음이 콩밭에 가있어요.
   **人在心不在。**
   Rén zài xīn búzài.

3. 작문에서 감점이 많이 됩니다.
   **在作文上扣很多分。**
   Zài zuòwén shàng kòu hěn duō fēn .

4. 성적이 부쩍 올랐어요.
   **成绩进步了很多。**
   Chéngjì jìnbù le hěn duō.

5. 식기 전에 차 드세요.
   **趁热喝点儿茶。**
   Chèn rè hē diǎnr chá.

6. 웨이신으로 여쭤봐도 될까요?
   **发微信问你可以吗?**
   Fā Wēixìn wèn nǐ kěyǐ ma?

7. 그가 마음에 들어 한다면 그걸로 됐어요.
   **他满意就行了。**
   Tā mǎnyì jiù xíng le.

1. 성적　　　　　　　　　成绩 [chéngjì]
2. (성적이)떨어지다.　　下滑 [xiàhuá]
3. (성적이)오르다. 진보하다.　进步 [jìnbù]
4. 난이도　　　　　　　　难度 [nándù]
5. 요구 수준　　　　　　要求 [yāoqiú]
6. 태도　　　　　　　　　态度 [tàidù]
7. 답　　　　　　　　　　答案 [dá'àn]
8. 손을 들다.　　　　　　举手 [jǔshǒu]
9. 대답하다.　　　　　　回答 [huídá]
10. 수업을 잘 듣다.　　　认真听讲 [rènzhēn tīngjiǎng]
11. 올바르다.　　　　　　端正 [duānzhèng]
12. 나무라다. 야단치다.　批评 [pīpíng]
13. 칭찬하다.　　　　　　表扬 [biǎoyáng]
14. 감점하다.　　　　　　扣分 [kòufēn]
15. 학원　　　　　　　　　培训班 [péixùnbān]
16. 서법　　　　　　　　　书法 [shūfǎ]
17. 짝　　　　　　　　　　同桌 [tóngzhuō]
18. 자리를 바꾸다.　　　　换座位 [huàn zuòwèi]
　　　　　　　　　　　　换位置 [huàn wèizhì]
19. 낙서하다.　　　　　　乱画 [luànhuà]
20. 훔쳐가다.　　　　　　偷走 [tōuzǒu]
21. 노력하다. 열심히 하다.　努力 [nǔlì]
22. 필산하다.　　　　　　笔算 [bǐsuàn]
23. 작문　　　　　　　　　作文 [zuòwén]
24. 연습하다.　　　　　　练习 [liànxí]

**이웃:** 어디 가세요?
**邻居:** **你去哪儿?**
Nǐ qù nǎr?

**리리:** 선생님이 오라고 해서 학교에 가요.
**莉莉:** **老师请我来学校。**
Lǎoshī qǐng wǒ lái xuéxiào.

요즘 우리 애가 성적이 떨어져서 그런가 봐요.
**好像是因为最近我家孩子成绩下滑了。**
Hǎoxiàng shì yīnwèi zuìjìn wǒjiā háizi chéngjì xiàhuá le.

**이웃:** 우리집 애도 그래요.
**邻居:** **我家孩子也一样的。**
Wǒjiā háizi yě yíyàngde.

3학년에 올라가니까 확실히 어려워지고 숙제도 많아졌어요.
**上了三年级，确实难度提高，作业也变多了。**
Shàng le sān niánjí, quèshí nándù tígāo, zuòyè yě biànduō le.

**리리:** 선생님의 요구 수준이 너무 높은 것 같아요. 저 갈게요.
**莉莉:** **老师的要求太高了。我走了。**
Lǎoshīde yāoqiú tài gāo le. Wǒ zǒu le.

**오선생님:** 앉으세요. 아이에 대해서 얘기 좀 나누려고 합니다.
**吴老师:** **请坐。我要和你谈谈关于你的儿子。**
Qǐng zuò. Wǒ yào hé nǐ tántan guānyú nǐde érzi.

기말고사가 한 달 밖에 남지 않았는데요.
**期末考试还有一个月，**
Qīmò kǎoshì háiyǒu yí gè yuè,

어문 성적이 떨어졌으니 열심히 해야겠어요.

**语文成绩下滑了，要加油。**
yǔwén chéngjì xiàhuá le, yào jiāyóu.

리리:
요즘 규현이 수업 태도는 어떤가요?

莉莉: **最近他上课时态度怎么样?**
Zuìjìn tā shàngkè shí tàidù zěnmeyàng?

오선생님:
제가 학생들한테 항상 말하는데,

吴老师: **我总是跟同学们说，**
Wǒ zǒngshì gēn tóngxuémen shuō,

선생님이 질문을 했을 때 답을 알면 손을 들고 대답을 하라구요.

**我提问时，知道答案的就要举手回答。**
wǒ tíwèn shí, zhīdào dá'ànde jiù yào jǔshǒu huídá.

규현인 답을 알면서도 절대 손을 들지 않아요.

**揆贤知道答案但从不举手。**
Kuíxián zhīdào dá'àn dàn cóngbù jǔshǒu.

리리:
걔가 좀 부끄러움이 많아요. 성격이 그래요.

莉莉: **他有点害羞。性格就是这样。**
Tā yǒudiǎn hàixiū. Xìnggé jiùshì zhèyàng.

오선생님:
그리고 수업 시간에 잘 듣지 않아요.

吴老师: **还有你儿子上课时不认真听讲。**
Háiyǒu nǐ érzi shàngkè shí bú rènzhēn tīngjiǎng.

어떨 때는 몸은 있는데 마음은 딴 데 가 있어요.

**有时候人在心不在。**
Yǒushíhou rén zài xīn búzài.

8장

리리: 수업 태도가 좋지 않을 때는 따끔하게 혼내 주세요.
莉莉: **上课态度不端正的时候，就严肃批评他一下。**
Shàngkè tàidù bù duānzhèngde shíhou, jiù yánsù pīpíng tā yíxià.

저도 아이와 잘 이야기해 볼게요.
**我要跟他好好说说。**
Wǒ yào gēn tā hǎohāo shuōshuo.

오선생님: 작문 영역에서 감점이 많이 되니
吴老师: **他在作文上扣很多分，**
Tā zài zuòwén shàng kòu hěn duō fēn,

평소에 작문 책을 많이 읽게 해 주세요.
**平时让他多读一点作文书。**
píngshí ràng tā duō dú yìdiǎn zuòwénshū.

그리고 글씨를 잘 못쓰니
**还有他字写得不太好，**
Háiyǒu tā zì xiěde bú tài hǎo,

학원에 가서 서법을 한번 배우게 해 보세요.
**让他去培训班练练书法。**
ràng tā qù péixùnbān liànlian shūfǎ.

리리: 알겠습니다. 참, 규현이가 그러는데
莉莉: **好的。对了，听揆贤说**
Hǎode. Duì le, tīng Kuíxián shuō

규현이 짝이 또 규현이 옷에다 낙서를 하고
**他的同桌又在揆贤的衣服上乱画了，**
tāde tóngzhuō yòu zài Kuíxiánde yīfu shàng luànhuà le,

물건을 훔쳐 갔다고 하네요.

**还偷走了揆贤的东西。**

hái tōuzǒu le Kuíxiánde dōngxi.

오선생님: 걱정마세요. 내일 아침에 조치할게요.

吴老师: **放心，我明天早上会处理。**

Fàngxīn, wǒ míngtiān zǎoshang huì chǔlǐ.

정 안되면 짝을 바꾸겠어요.

**实在不行换同桌。**

Shízài bùxíng huàn tóngzhuō.

리리: 항상 수고가 많으십니다. 선생님.

莉莉: **老师每天好辛苦。**

Lǎoshī měitiān hǎo xīnkǔ.

오선생님: 요새 규현이 수학 성적이 부쩍 올라서 칭찬해야겠네요.

吴老师: **最近他数学成绩进步了很多，要表扬。**

Zuìjìn tā shùxué chéngjì jìnbù le hěn duō, yào biǎoyáng.

계속 열심히 하라고 해 주세요.

**让他继续努力吧。**

Ràng tā jìxù nǔlì ba.

8장

# 슬기로운 대화 (2)

### 과외선생님

**리리:** 선생님하고 공부한 후로 우리 아들 수학 성적이 많이 올랐어요.

**莉莉:** 跟你一起学习之后他的数学成绩进步了很多。
Gēn nǐ yìqǐ xuéxí zhīhòu tāde shùxué chéngjì jìnbù le hěn duō.

**과외선생님:** 전에는 계산 문제를 많이 틀렸었는데,

**辅导老师:** 他以前错了很多笔算题，
Tā yǐqián cuò le hěn duō bǐsuàntí,

지금은 정확도가 많이 높아졌어요.

现在正确率提高了很多。
xiànzài zhèngquèlǜ tígāo le hěn duō.

**리리:** 그런데 작문을 너무 어려워해요.

**莉莉:** 但他感觉作文很难。
Dàn tā gǎnjué zuòwén hěnnán.

지난 주말에도 작문 숙제 하라고 하니 울었어요.

上个周末我让他写作文，他就哭了。
Shànggè zhōumò wǒ ràng tā xiě zuòwén, tā jiù kū le.

**과외선생님:** 외국인이라 아무래도 작문이 어렵죠.

**辅导老师:** 对外国人来说，作文确实很难的。
Duì wàiguórén lái shuō, zuòwén quèshí hěn nánde.

제가 좀 더 연습을 더 시킬게요.

我让他多多练习写作文。
Wǒ ràng tā duōduō liànxí xiě zuòwén.

**리리:** 감사합니다. 식기 전에 차 드세요.

**莉莉:** 谢谢。趁热喝点儿茶吧。
Xièxie. Chèn rè hē diǎnr chá ba.

과외선생님: 지난 번 부탁하신 서법학원 알아봤는데요.

**辅导老师:** **上次你问过的书法培训班，我查了一下。**
Shàngcì nǐ wèn guode shūfǎ péixùnbān, wǒ chá le yíxià.

완다광장 맞은 편 신홍서원에서 잘 가르쳐 준다고 해요.

**万达广场对面的新鸿书院教得很好。**
Wàndá guǎngchǎng duìmiànde xīnhóng shūyuàn
jiāode hěn hǎo.

리리: 그래요? 기말고사 끝나면 바로 가볼게요.

**莉莉:** **是吗? 期末考试考完了就去看看。**
Shì ma? Qīmò kǎoshì kǎowán le jiù qù kànkan.

선생님은 기말고사가 언제예요?

**老师，你期末考试是什么时候开始的呢?**
Lǎoshī, nǐ qīmò kǎoshì shì shénme shíhou kāishǐde ne?

과외선생님: 저는 다다음 주가 시험이라 다음 주 금요일까지만 올 수 있어요.

**辅导老师:** **我是下下周要考试了，**
Wǒ shì xià xiàzhōu yào kǎoshì le,

**所以我只能来到下周五。**
suǒyǐ wǒ zhǐnéng lái dào xiàzhōuwǔ.

리리: 네. 이후에 모르는 것 있으면 웨이신으로 여쮜봐도 되죠?

**莉莉:** **好。以后有不知道的，就给你发微信问可**
**以吗?**
Hǎo. Yǐhòu yǒu bù zhīdàode, jiù gěi nǐ fā Wēixìn wèn kěyǐ ma?

과외선생님: 그럼요. 얼마든지요.

**辅导老师:** **当然可以的。**
Dāngrán kěyǐde.

리리: 참, 제 친구가 그러는데 선생님이 소개해 준 그 선생님을 아이
가 무척 좋아한대요.

莉莉: **对了，听我朋友说，**
Duì le, tīng wǒ péngyou shuō,
**她家的孩子很喜欢你介绍的那个老师。**
tā jiāde háizi hěn xǐhuan nǐ jièshàode nàge lǎoshī.

푸다오선생님: 아이가 좋아한다니 그걸로 됐어요.

辅导老师: **他满意就行了。**
Tā mǎnyì jiù xíng le.

그 친구는 고향이 닝보라서 방학 때도 수업이 가능하대요.

**因为他是宁波人，**
Yīnwèi tā shì Níngbōrén,
**所以放假的时候也能上课。**
suǒyǐ fàngjiàde shíhou yě néng shàngkè.

리리: 그럼 우리 규현이도 방학 때 수업해 줄 수 있는지 물어봐 주시
겠어요?

莉莉: **那你可以帮我问下他放假的时候，**
Nà nǐ kěyǐ bāng wǒ wèn xià tā fàngjiàde shíhou,
**能不能给揆贤上课吗?**
néng bù néng gěi Kuíxián shàngkè ma?

푸다오선생님: 네. 그럴게요.

辅导老师: **好的。没问题。**
Hǎode. Méi wèntí.

초등학교 방과후 한국어반 수업. '안녕 자두야' 잠시 감상

초등학교 방과후 한국어반 수업. 태극기 색칠하기

초등학교 방과후 한국어반 수업

# 社团课 Shètuánkè 취미반　培训班 Péixùnbān 학원
# 韩语学校 Hányǔ xuéxiào 한글학교

　　학생들은 학교에서 학과 수업 외에 일 주일에 한 번 취미반 수업을 받습니다. 숭국어로는 셔투안커(社团课)라고 합니다. 무료이고 학생들이 스스로 선택을 할 수 있는데요, 어떤 수업에 신청이 너무 몰리면 담임 선생님이 인원을 조정하기 때문에 원하는 수업을 받지 못할 수도 있다는 게 단점이지요. 작은애는 지금까지 칼라클레이반, 체스반, 그림반을 해 봤습니다.

　　저는 금요일 오후에 진행되는 이 셔투안커 시간에 한국어를 가르쳤습니다. 서툴게 한국어를 따라하는 친구들이 얼마나 기특하고 사랑스럽던지요. 2년간 해 온 셔투안커 수업을 개인사정으로 그만두었지만 학교에 가면 아직도 안라오스(安老师)!하며 반겨주는 아이들이 있어 행복하답니다.

　　이렇게 학생 모두가 참여하는 무료 셔투안커가 있는가 하면, 방과 후에 역시 학교 안에서 진행되는 유료 셔투안커가 있습니다. 방과 후 셔투안커는 무료 셔투안커보다 훨씬 다양하고 전문적입니다. 학생들은 한 학기 강습비를 선불로 내는데요. 외부의 학원들 보다 훨씬 저렴하지요. 우리 아이는 그동안 본인이 원해 장기반, 태권도반, 로봇반을 경험해 보았습니다.

　　학교 밖에서 사설로 운영되는 학원은 페이쉰빤(培训班)이라고 합니다. 한 달에 한 번씩 학원비를 내는 경우는 없고 대체로 회차나 기간을 정해 두고 한 번에 미리 결제를 하라고 해요. 그래서 뭐 하나를 배우려면 수업료가 만만치 않음에도 학부모들의 열의는 대단하답니다.

　　이 중에 주목할 만한 수업은 사회자 수업입니다. 학교에서 행사를 할 때면 언제나 여학생과 남학생이 한 명씩 나와 사회를 봅니다. 많은 엄마들이 자기 아이를 무대에 세우고 싶어 사회자 수업을 시키는 것 같아요. 그런데 행사에서 사회를 보는 아이들의 과장된 말투와 동작은 우리가 방송에서 보아온 북한 아이들의 그것과 비슷한 느낌입니다.

글씨를 잘 못쓰는 작은애를 한 학기 동안 학원에 보내 서법(書法: 붓글씨와 펜글씨)을 배우게 했지만 별로 나아지지 않더군요. 무엇을 배우더라도 흥미가 있어야 열심히 하고 열심히 해야 실력이 늘 텐데요. 흥미가 있어 선택한 게 아니다 보니 힘들어 하고 스트레스를 받는 것 같아 그만두게 했습니다.

마지막으로 한글학교에 대해 알려 드릴까 합니다. 한글학교는 중국에 살고 있는 한국 어린이들과 조선족 자녀들에게 국어를 가르치기 위해 만든 학교입니다. 어떤 이유에서건 중국에 와서 살고 있는 한국 어린이들은 한국 학교에서 이루어지는 정식 교육을 받지 못하는데요. 그 중에서 가장 문제가 한글과 국어지요.

하루 중 대부분의 시간을 학교에서 생활하는 어린이들의 경우 중국어나 영어는 갈수록 유창해지지만 모국어는 점점 까먹게 됩니다. 그래서 한글학교는 중국에서 오래 살고 있는 아이들이나 조선족 자녀에게 절실하게 필요하고, 몇 년만 중국에 거주하다 돌아가는 아이들이 다시 한국 학교에 갔을 때 적응을 잘 하기 위해서도 필요합니다.

한글학교는 외교부 산하 재외동포재단의 후원과 학부모들이 내는 학비로 운영되고 있습니다. 수업은 보통 매주 토요일 반나절 정도로 진행됩니다. 한국에서 현직 교사였던 사람이 외국에서 한글학교 교사로 근무하는 경우, 경력도 인정받고 승진에 있어서도 유리해서 대도시에서는 한글학교 근무를 희망하는 교사들이 많다고 합니다.

작은애는 6살 때부터 3년 반 정도를 한글학교에 다녔고, 저 역시 교사로 일하기도 했습니다. 그런데 월요일부터 금요일까지 학교에 다니고, 토요일 늦잠도 못자고 일어나 한글학교를 간다는 건 말처럼 쉬운 일이 아니더군요. 학교에서 학년이 올라갈수록 공부가 어려워지고 숙제도 많아지니까요.

학교 방과후수업과 외부 학원과 한글학교. 여러분이라면 어떤 걸 선택하시겠어요?

1. 태권도 수업을 신청하고 싶습니다.
   **跆拳道课我想报名。**
   Táiquándàokè wǒ xiǎng bàomíng.

2. 한 학기에 얼마입니까?
   **多少钱一个学期?**
   Duōshao qián yí gè xuéqī?

3. 서법 수업에 등록하고 싶습니다.
   **我想报书法课。**
   Wǒ xiǎng bào shūfǎkè.

4. 1주일에 몇 번 수업합니까?
   **一周上几节课?**
   Yì zhōu shàng jǐ jié kè?

5. 미리 말씀해 주시면 시간을 바꿀 수 있습니다.
   **提前告诉我的话，可以换时间。**
   Tíqián gàosu wǒde huà, kěyǐ huàn shíjiān.

| | | |
|---|---|---|
| 1. | 방과후 수업 | 放学后社团课 [fàngxuéhòu shètuánkè] |
| 2. | 등록하다. 신청하다. | 报名 [bàomíng] |
| 3. | 태권도 | 跆拳道 [táiquándào] |
| 4. | 검은띠 | 黑带 [hēidài] |
| 5. | 전문 강사 | 专业老师 [zhuānyè lǎoshī] |
| 6. | 강습비 | 学费 [xuéfèi] |
| 7. | 송금하다. | 转账 [zhuǎnzhàng] |
| 8. | 도복 | 道服 [dàofú] |
| 9. | 학원 | 培训班 [péixùnbān] |
| 10. | 서법 | 书法 [shūfǎ] |
| 11. | 붓글씨 | 毛笔 [máobǐ] |
| | | 软笔 [ruǎnbǐ] |
| 12. | 펜글씨 | 硬笔 [yìngbǐ] |
| 13. | 미리 | 提前 [tíqián] |
| 14. | 시간을 변경하다. | 换时间 [huàn shíjiān] |
| | | 调整时间 [tiáozhěng shíjiān] |

08장

아들: 엄마, 나 태권도 배우고 싶어요.

**儿子: 妈妈，我想学跆拳道。**
Māma, wǒ xiǎng xué táiquándào.

리리: 학교에 방과후 수업이 있던데 가서 신청하자.

**莉莉: 学校里有放学后社团课，我们去报名吧。**
Xuéxiào lǐyǒu fàngxuéhòu shètuánkè,
wǒmen qù bàomíng ba.

아들: 네, 열심히 해서 검은띠를 따고 싶어요.

**儿子: 好的。我要努力一定要得黑带。**
Hǎode. Wǒ yào nǔlì yídìng yào dé hēidài.

리리: 선생님, 여기 태권도 수업 어떤가요? 잘 가르쳐 주시나요?

**莉莉: 老师，这里的跆拳道课教得怎么样？**
Lǎoshī, zhèlǐde táiquándàokè jiāode zěnmeyàng?

사범: 방과후 수업은 모두 전문적입니다. 전문 강사가 수업을 합니다.

**教练: 放学后的社团课都很专业。由专业老师上课。**
Fàngxuéhòude shètuánkè dōu hěn zhuānyè.
Yóu zhuānyè lǎoshī shàngkè.

리리: 수업료는 어떻게 되나요?

**莉莉: 学费是多少钱？**
Xuéfèi shì duōshao qián?

사범: 수업료는 한 학기에 2000원 입니다. 이 계좌로 송금해 주세요.

**教练: 学费是一个学期两千元。请转到这个账户。**
Xuéfèi shì yí gè xuéqī liǎng qiān yuán. Qǐng zhuǎn dào zhège zhànghù.

리리: 도복과 신발은요?

莉莉: **道服和鞋子呢?**
Dàofú hé xiézi ne?

사범: 맨 처음 등록하실 때는 무료로 드립니다.

教练: **第一次报名，免费送的。**
Dì yí cì bàomíng, miǎnfèi sòngde.

초등학교 방과후 태권도반 수업

리리: 너 방과 후에 무슨 학원 다니고 싶어?

莉莉: **你放学后要去什么培训班?**
Nǐ fàngxué hòu yào qù shénme péixùnbān?

아들: 난 흥미 없는데 선생님이 서법을 배워 보라고 하셨어요.

儿子: **我对书法没兴趣，但是老师推荐我了。**
Wǒ duì shūfǎ méi xìngqù, dànshì lǎoshī tuījiàn wǒ le.

리리: 서법 수업에 등록하고 싶습니다.

莉莉: **我要报书法课。**
Wǒ yào bào shūfǎkè.

안내데스크: 1기에 5000원이고, 50회 수업입니다.

前台: **五千一期，一期有五十节课。**
Wǔ qiān yì qī, yì qī yǒu wǔ shí jié kè.

리리: 1주일에 몇 번 수업을 하나요?

莉莉: **一周上几节课?**
Yì zhōu shàng jǐ jié kè?

안내데스크: 일 주일에 두 번 하는데, 한 번은 붓글씨, 한 번은 펜글씨를 연습
합니다.

前台: **一周上两节课，**
Yì zhōu shàng liǎng jié kè,

**一节课练毛笔，一节课练硬笔。**
yì jié kè liàn máobǐ, yì jié kè liàn yìngbǐ.

제일 편하신 시간대를 말씀해 주세요.

**请告诉我你最方便的时间。**
Qǐng gàosu wǒ nǐ zuì fāngbiànde shíjiān.

리리: 토요일 10시와 일요일 10시 되나요?

莉莉: **星期六十点和星期日十点可以吗?**
Xīngqīliù shí diǎn hé xīngqīrì shí diǎn kěyǐ ma?

만약에 일이 있어서 수업을 못가면 어떻게 하지요?

**如果有事上不了课怎么办呢?**
Rúguǒ yǒu shì shàng bù liǎo kè zěnmebàn ne?

안내데스크: 미리 말씀해 주시면 시간을 바꿀 수 있습니다.

前台: **你提前告诉我们的话，可以换时间。**
Nǐ tíqián gàosu wǒmende huà, kěyǐ huàn shíjiān.

서법학원 마오삐(毛笔) 수업    서법학원 잉삐(硬笔) 수업

서법학원 즈슈지에(植树节)행사.    서법학원. 고시 두 편을
중국의 식목일은 3월 12일이다.    잉삐(硬笔)로 써보았다.

# 考大学 Kǎo dàxué 중국 대학 진학

다음은 올해 9월 복단대(复旦大学)에 입학한 저의 큰 아들을 조르고 졸라 쓰게 한 글입니다. 혹시라도 중국 대학을 꿈꾸는 학생들에게 제 아들의 경험과 조언이 도움이 되길 바랍니다.

2012년 7월 28일 중국에 왔을 땐 처음 와 보는 외국이 마냥 신기하기만 했다. 지금 와 돌아보니 영어와 중국어 그 어느 것도 못하던 때였지만 아무 생각 없이 그저 엄마 아빠를 졸졸 따라온 초딩 아이에게 무슨 걱정이 있었을까? 더구나 중국에 온 지 4일째 되던 날은 나의 생일이었으니 다른 생각은 더더욱 들지 않았고 마음이 붕 떠 있었다. 그 상태로 학교와 학원이 없는 꿈같은 한 달을 보냈다. 그야말로 천국이 따로 없었는데 불행히도 천국은 그리 오래가지 않았다.

9월부터 닝보에 있는 국제학교(NBIS)에 다니기 시작했다. 한국에서 6학년 1학기까지만 학교를 다녔는데 생일이 7월이라, 9월에 새 학년이 시작되는 중국에서는 7학년 반에 들어가게 되었다. 중국에 오기 전 한국에서 영어학원을 3년 정도 다녔음에도 불구하고 실제 외국인들과의 대화는 책에서 보던 것과는 상당히 다르게 느껴졌다. 처음에는 정말 영어를 한 마디도 못 알아들을 정도였지만 국제학교를 다니면서 영어 실력은 꾸준히 늘어 9학년이 되던 해에는 외국인과 영어로 토론을 해도 이길 수 있을 정도가 되었다. 한국 영어 교육의 맹점과, 변화된 환경에 적응하는 인간의 경이로움을 동시에 느꼈다.

그렇게 7학년부터 11학년까지 쭉 외국인들과 함께 공부하고 놀며, 급기야는 외국 친구들이 나를 바나나(겉은 노랗고 속은 하얗다, 즉 피부는 황인이나 사상은 백인)라고 장난스럽게 놀릴 정도에 이르렀을 때 나는 내 인생에 있어 가장 큰 결정을 하나 내리게 된다. 만약 내가 다른 친구들처럼 호주나 영국의 대학으로 진학을 했다면 지금의 이 글이 이 책의 한 페이지를 차지하는 것은 별 의미가 없을 것이다.

12학년(고3)으로 올라갈 즈음 가족들과 상해에 놀러 갔다가 우연히 입시 상담을 받게 되었고, 그때 난 비로소 중국 대학 진학이라는 구체적인 목표를 갖게 되었다. 며칠간 신중하게 고민한 끝에 집을 떠나 나 혼자 상해의 기숙학교로 옮겨 공부를 하겠다는 결정을 내렸다. 목표는 바로 복단대와 교통대. 둘 다 중국 9대 명문대 연합인 C9 소속으로 굉장한 역사를 자랑하는 대학이다. 보통 1~2년간 준비를 해서 대학에 지원하는 다른 학생들과는 달리 시험이 7개월밖에 안 남았을 시점에 입시 준비를 시작하게 되어 시간이 촉박했던 난 학교의 누구보다도 열심히 공부를 했다. 평일에는 매일 고카페인 에너지 음료를 마셔가며 졸음을 쫓았고, 주말에도 시간을 허투루 쓰지 않았으며, 그날의 공부를 끝냈는데도 시간이 남았다면 잠이 오지 않아도 억지로 잠을 청하며 컨디션 관리에도 신경을 썼다.

결과는 교통대는 1지망 합격, 복단대는 아쉽게도 1지망 탈락, 2지망에 합격을 했다. 사실 1지망으로 지원했던 학과는 남들 말을 듣고 쓴 전공이었고, 본래 내가 가고 싶었던 과는 언어 계열이었기 때문에 2지망 영문과에 합격했다는 소식에 내심 기쁘기도 했다.

복단대의 중국 국내 입지는 한국으로 치자면 연고대 수준으로, 중국인들에겐 경쟁률 끝판왕의 꿈의 대학이지만, 외국인 유학생에게 있어선 그 정도까지의 경쟁률은 아니다. 하지만 중국 대학 진학에 대해 조금만 알고 깊게 알지 못하는 몇몇 사람들은 복단대 진학을 굉장히 쉽게 생각한다. 물론 한국에서 한국 학생이 연고대에 진학하는 것 보다야 어렵지 않겠지만, 그렇다고 아무나 들어간다는 식으로 말을 한다면 복단대 유학생들 입장으로서는 헛웃음이 난다. 그동안 우리가 흘린 수많은 땀과 눈물, 심지어 코피까지도 인정받지 못하는 느낌이 들어서다.

아무리 유학생의 합격 기준이 중국 학생들에 비해 낮다고 해도, 합격생들 각자는 경쟁력 있는 무기를 하나씩 가졌기에 명문대의 한 자리를 차지할 수 있었다고 믿는다. 중국어를 중국인처럼 하거나 수학 공식을 혼자 유추해 내거나 영어를 모국어처럼 구사하는 학생들이 복단대에 진학할 수 있다는 것을 기억해 주기 바란다.

복단대에 한국인 유학생의 숫자를 줄이라는 지침이 내려왔다고 한다. 게다가 올해는 또 북경에 복단대 고사장까지 생겨서 북경대와 청화대 진학에 실패한 학생들이 복단대에 오지 않고도 시험을 볼 수 있게 되었다. 그래서 올해 복단대 지원율과 경쟁률은 역대 최고를 기록했다고 하니 여기서 살아남은 난 운이 좋았던 것 같다. 외국인이 복단대 문과에 지원하는 경우는 어문, 영어, 수학 세 과목(각 150점, 총점 450점) 시험을 본다. 이과에 지원하는 경우에는 이과 과목 시험을 더 봐야 하므로 공부할 게 더 많아진다.

나의 경우 영어는 국제학교를 다녔던 덕분에 어려움이 없었다. 하지만 어문 시험의 수준은 HSK 6급과는 비교도 안 될 정도로 어려웠다. 단어량은 기본이고 150점 만점에 작문 배점이 70점이나 되므로 결코 만만하게 봐서는 안 되었다.

세 과목 중 수학이 가장 약했던 나는 우선 문제를 닥치는 대로 많이 풀었다. 그리고 정답률이 어느 정도 올라갔을 때 오답노트를 만들었고 오답노트를 보면서 내가 약한 유형의 문제들을 풀고 또 풀었다. 아무리 해도 풀지 못할 것 같은 서술형 문제는 과감히 포기를 하고 그 외의 모든 문제는 점수를 잃으면 안 된다는 각오로 했다. 한 과목이라도 주력 과목이 있는 사람은 두 과목만 파면되니까 훨씬 유리하겠지만 주력 과목이 없다고 해서 실망할 필요는 없다. 세 과목 다 꾸준히 성실하게 공부를 하다 보면 분명히 성적은 오른다. 노력은 절대로 배신하지 않는다는 사실을 믿고 도전해 보라. 꿈을 갖고 도전하는 당신을 응원한다.

복단대 어느 강의실

복단대 한단캠퍼스(邯郸校区)
광화루(光华楼)

## 어문 시험

독해 부분에서 통지문, 산문, 기술문, 논설문 등 다양한 유형의 중국어 본문을 해석하고 답해야 하기 때문에 어문 시험을 HSK로 대비하겠다는 생각은 금물이다.

지문 유형별 난이도에 따라 미리 푸는 순서를 정해 놓는 것이 좋겠다. 통지문 - 논설문 - 기술문 - 산문 순서를 권한다. 특히 산문은 어문 선생님도 시간이 모자라면 그냥 포기하라고 할 정도로 난이도가 높고 시간 대비 효율이 떨어진다.

가끔 의도적으로 작문 주제의 지문을 엄청 길게 주거나 잘 쓰이지 않는 단어를 사용하거나 부정사를 중첩 사용해서 헷갈리게 하는 경우가 있다. 또 작문 주제를 제대로 이해하지 못하고 엉뚱한 방향으로 글을 쓰면 가차 없이 영점처리가 되므로 주의해야 한다.

## 수학 시험

시험 과목 중에 제일 점수를 따기도, 올리기도 쉬운 과목이라고 생각한다. 하지만 '유학생은 한자에서 망한다'는 수학 선생님의 말씀대로 지문 곳곳에 함정이 있으므로 주의해야 한다. 무엇 무엇이 아닌 것은?, 무엇 무엇을 제외한 집합은?, 함수의 정의역을 구간으로 쓰시오 등 문제를 자세히 보기 바란다.

시험 중에는 계산기가 허용되지 않고 손으로 계산해야 하기 때문에 계산 실수가 나오기 쉽다. 그리고 수학 공부를 할 때 원래 수학을 잘하는 사람이 아니라면 처음부터 오답노트를 쓰는 것은 의미가 없다. 어차피 다 모르는 문제이기 때문이다.

## 영어 시험

영어는 단어량이 관건이다. 평소 공부할 때 지문을 읽고 해석하는 연습보다는 모르는 단어들과 문장 유형(패턴)을 외우는 것에 집중하는 것이 좋겠다.

어차피 똑같은 지문은 절대 안 나온다. 영어는 면접을 볼 때도 중요한 요소로 작용하니 시험만 잘 보면 된다는 생각은 위험하다. 꾸준히 실력을 다져 나가기 바란다.

## 면접 시험

면접장에 들어가면 앉아도 되겠냐고 물어보고 앉는다. 긴장이 되어 표정이 굳을 수밖에 없는데, 평정을 유지하기 힘들다면 계속 의식적으로라도 입꼬리를 올려 보기 바란다.

문법이 조금 틀리더라도 자신감 있게 말하는 것이 중요하다. 버벅대면 오히려 감점의 요인이 된다. 버벅거리다 답답해서 욕이라도 나오면 바로 탈락이다. 질문을 잘 듣지 못했거나 질문 내용을 잘 이해하지 못했을 때는 당황하지 말고 정중하게 다시 말해 줄 수 있냐고 물어보기 바란다. 오히려 면접관들의 기억에 더 남을 수도 있다.

영어로 질문을 받으면 영어로 답을 한다. 만약 영어로 답하기 힘든 질문일 경우엔 정중하게 "이 부분에 대해서는 영어로 설명하기 힘드니 중국어로 해도 되겠습니까?"라고 물어본다. 면접관과 여유롭게 말을 주고받는 느낌으로 하되, 항상 자신을 낮추고 교수들 쪽을 높이도록 한다.

가끔 면접관이 마지막으로 질문 있냐고 물어볼 때가 있다. 이때 "아뇨, 없는데요." 이러면 대학에 붙고 싶다는 의욕이 1도 없어 보이므로 질문 하나 정도는 미리 생각해 놓도록 한다.

학교에 관해 궁금한 것이 많다는 인상을 주는 것이 좋은데, 나는 이때 "교통대는 올해 대면 면접 대신 스카이프를 통한 화상 면접을 실시했는데 이후 복단대도 이러한 화상 면접을 시도할 계획이 있습니까?"라고 물었다. 그러자 교수들이 "네 생각에는 어느 게 나은 거 같냐?"고 반문을 했다. 난 "면접에서는 성격이나 태도뿐만 아니라 말할 때의 미세한 표정의 변화나 감정의 표현 및 시선 처리 등을 보는 것도 중요하기 때문에 내가 면접관이라면 대면 면접을 선택하겠습니다."라고 대답했다.

면접이 끝나면 예의 바르게 인사를 하고 나간다.